經歷

猶太、基督、伊斯蘭三大宗教交鋒

歐洲宗教剪影

——背景‧教堂‧儀禮‧信仰

Bettina Opitz-Chen　陳主顯　著

三民書局

作者序

上街或散步的時候，常碰到講日語、韓語，甚至是美語的觀光客。女的多左顧右盼，男的邊走邊看市街遊覽圖；他們是去曼茵茲大教堂和聖史提芬教堂巡禮的！此二教堂名聞基督教世界。前者，在第8世紀中駐有一位中西部教區的開拓者，殉教聖徒莫尼華修斯大主教（672－754）；堂前那尊匕首插《聖經》的大石像就是他老人家。後者，禮拜廳堂有「出埃及」到「以色列大婚」系列花玻璃，吸引萬千朝聖者；那是心懷寬容、手畫恩慈的藝術大師夏卡爾（1887－1985）晚年的精心傑作。

是的！歐洲最可看的是教堂，不是嗎？但，要真的看出她的美麗和所以然來，可不容易！我們寫這本書，自不量力地想要給「歐洲宗教」做個摘要的簡介，儘管是幾片剪影。只要心裡先有個印象，若將來看到歐洲教堂，那種似曾相識的感覺是很愉快的。 具體地，我們把焦點對準在：

背景：歐洲宗教的背景深遠，深達地下尼安德塔人的洞穴；遠自僅僅知道用石頭木棍鬥爭毛象的時期；淵源有來自古巴比倫、希臘、希伯來和羅馬的占星術、神話、信仰和宗教。這些背景是認識她的基礎，何況她們還時常浮現在現代歐洲民俗和宗教現象之中。──1.交代這些問題。

宗教：現代歐洲看到的，大多是基督宗教的教堂。教堂，莊嚴地宣示著：歐洲是基督宗教的大本營。話雖如此，但猶太教降臨歐洲在基督宗教之前五、六百年；此後六、七百年，又有伊斯蘭教大軍壓境。至今，此一前一後而來的宗教，仍然健在於歐洲，特別是伊斯蘭教漸有壯大的趨勢，雖然大多數猶太人遷地為良，轉進美利堅合眾國去了。因此，要理解歐洲宗教，最好是把猶、基、伊，三大活生生的宗教同時並論。──2.反映這種認識。

教堂：談歐洲宗教，一定要談她的教堂。為什麼？因為您一下飛機，她就在視野裡，叫人「不可忘記我」！說不定在機場大廈，就有個小教堂在歡迎您！此外，歐洲教堂的內容豐富：她滿腦是文化結晶，全心輸送聖潔的感情，雙手造有精緻藝術，兩條腿出入修道院和宮廷豪門，一肩要挑人類的原罪。何等氣派啊！雖然教堂的外貌不盡亮麗，有的甚至相當寒酸

又呆板，但她藏滿文化智慧，很有內在美。真耐看哦！——3.畫有幾張素描。

禮拜：教堂最重要的功用是做禮拜，不是跳迪斯可！歐洲宗教的禮拜，規儀無數：有象徵意義深奧令人頭疼的，有淺顯得連幼稚園小朋友也熟悉的；有龐大可數十萬人做大彌撒、大朝聖，有小至點一根蠟燭、單膝一跪的。這都是上了規矩的儀禮，可喜的禮拜。值得深思的是，雖然聖母馬利亞的雕像遊行或梵諦岡祭典，場面之大不多讓我臺灣的迎媽祖或燒王船，但他們在「大熱大鬧」和「大吃大喝」方面，是多麼遜於我們的！甚至連寒食節都比不上，更遑論七月十五普渡的流水宴了！這樣的話，歐洲宗教的禮拜，有啥特色？有！有她們的殊勝處，值得一探究竟。——4.描繪小禮拜；——5.記述小巡禮和大朝聖。

人生：宗教為人，不是人為宗教；這是主耶穌的立教精神！因為宗教攸關人的存在、生死、悲喜、安危。而這些關顧，生動地表現在歡迎生命降臨凡間的「入會禮」；舉行在生命成熟時，和合育種的「婚禮」；生命終結時，恭送他進入永遠安息的「喪禮」；這些都是歐洲宗教日常開演的重要戲齣。還有，關懷人生危機，基督宗教做得很好，「教會社會服務」，到目前可能是世界諸大宗教中最High的了！——6.有Low Low的介紹。

那麼，7.寫啥？——歐洲宗教的現實和希望。

這本書，我們寫得眼花撩亂，因為翻檢了許許多多不能用的資料；我們打鍵速度變得像蝸牛，因為歐洲宗教如此多嬌，流派何等豐滿，叫我們如何安裝跑馬燈？汗顏地，給三民書局延了幾次交卷；改了幾次書的結構和寫的方式，努力再努力，結果就是您手中的這本小作了。但願她尚能描畫主題，反映三民書局的理想。

本書要的是清楚可讀的內容和形式，所以沒有辯論，沒有煩瑣引證。除了抄錄經典和統計表之外，不注出處。行文雖然力求簡明，但無法避開許多概念和名詞，所以我們有「名詞解釋」附於各節，又有「譯名對照表」。這是理解的捷徑，也是作者要「講明白，說清楚」的努力。我們不能做無米之炊，用了許多專家和出版家的資源，這都交代在「參考書目」裡——其中有畫書、小冊、期刊、教堂導遊資料，那是認識歐洲教堂的小

精靈。

　　最後，感謝三民書局的重託，給我們寫這本書的榮幸；也謝謝寫作中許多親友的關心。深願本書的出版，深得關心我國宗教現象，出力提升人文、靈性的讀友的認同和共鳴。歐洲宗教是值得再認識的，就算是他山礪石，也有攻我玉山璧玉之利吧！

　　颱風季節又到了！願上主賜福我的親人朋友和諸位鄉親。

敬祝

　　　　風調雨順撫土石不流
　　　　青山野綠映城鄉富裕
　　　　蠔肥蝦猛看眾生繁榮
　　　　國泰民安沐慈愛神床

　　　　　　　　　　　　　　　　陳玉蘭　Bettina Opitz-Chen

　　　　　　　　　　　　　　　萊茵河畔曼茵茲
　　　　　　　　　　　　　　　17 June, 2001

縮寫字表

本書引用《聖經》各卷名稱

創	創世記
出	出埃及記
利	利未記
申	申命記
士	士師記
得	路得記
撒上	撒母耳記上卷
撒下	撒母耳記下卷
王上	列王紀上卷
王下	列王紀下卷
斯	以斯帖記
詩	詩篇
箴	箴言
歌	雅歌
賽	以賽亞書
耶	耶利米書
拿	約拿書
瑪	瑪拉基書
太	馬太福音
可	馬可福音
路	路加福音
約	約翰福音
徒	使徒行傳
羅	羅馬人書
林前	哥林多前書
林後	哥林多後書
加	加拉太書
弗	以弗所書
來	希伯來書
啟	啟示錄

欧
洲
宗
教
剪
影

——
背
景
‧
教
堂
‧
儀
禮
‧
信
仰

目　次

歐洲宗教剪影
——背景・教堂・儀禮・信仰

歐洲宗教剪影——背景·教堂·儀禮·信仰

歐洲宗教剪影──背景‧教堂‧儀禮‧信仰

歐洲宗教剪影

──背景・教堂・儀禮・信仰

歐洲宗教剪影——背景・教堂・儀禮・信仰

歐洲宗教剪影——背景・教堂・儀禮・信仰

1. 歐洲，宗教的大舞臺

1-1 歐洲宗教概觀

所謂歐洲

歐洲位於歐亞大陸塊的西北部，北臨北極海，東接亞洲，臨烏拉山、裏海，東南至高加索山脈、黑海、土耳其海峽，南隔地中海，西抵大西洋。她的面積佔全球陸地的十五分之一，是世界第二小洲。

從形體看，歐洲相當畸零，遠非芋頭或番藷一類的比喻所能形容。顯見的有幾個大半島，如斯堪地那維亞、義大利、巴爾幹等等；濱海則有許多島嶼，比較大的有冰島、不列顛、科西嘉、西西里、塞浦路斯等島，又有小島無數。她有像老薑扭曲狀的峽灣，不少海灣伸入陸地，形成海港。瑞士、奧地利、盧森堡、捷克和匈牙利諸國，雖不鄰接海洋，但有萊茵河、多瑙河可通海口。

古今歐洲諸國不斷分裂變化，疆界頻頻變動。在1989年到1990年間，蘇聯放棄控制屬國，波羅的海岸的立陶宛、拉脫維亞和愛沙尼亞相繼獨立；這樣，一夕之間就增加了數個國家。根據新的資料指出，歐洲國家，包含公國和迷你型國家，如梵諦岡和墨摩洛哥在內，共有四十六個；僅一個「俄羅斯獨立國協」就涵蓋了十二個地區。

應該一提的是，1967年本洲誕生了「歐洲經濟共同體」。她是現代歐洲最重要而極具爭議性的組織。她有相當崇高的宗旨，要藉著會員國的經濟合作，來消除各國之間意識形態的衝突，化解冷戰的緊張，締造和諧富裕的歐洲。她的入會門檻頗高，目前只有十五個會員國。

人種文化歷史熔爐

歐洲民族、語言、社會、文化複雜到令人難以想像的地步：基本文化族群多達一百六十種，分屬於二十二個文化區。僅舉耳熟能詳的來說，例如，克爾特、英格蘭、法蘭西、荷蘭、斯堪地那維亞、地中海—阿爾卑斯、義大利、日耳曼、西斯拉夫、東斯拉夫、高加索等等民族文化區。可見，所謂的「歐洲人」或「歐洲文化」一類的大名詞真是太籠統了，給人想像的空間極大。

族群不像森林有清楚又相當穩定的植被，像歐洲這樣列國毗連無間的地理環境，諸民族要不混合交融是不可能的。自從西元前13世紀到西元10世紀的二千三百年間，歐洲連續不斷發生民族大遷徙* —— 從北方，從亞洲而來的「野蠻」民族入侵南歐、西歐。有的殘殺、掠奪、毀滅；有的侵入定居，混融本地民族、文化，建設新的國家。

民族大遷徙浪潮中，入侵者大力建設的首推北歐維京人。他們原是盤據在瑞典、丹麥、挪威一帶，兼做海上「買賣」的貧農。他們在西元8、9世紀之間常常襲擊東英格蘭、愛爾蘭和法國北部一帶。初來，殺人放火，燒毀民家，掠奪財寶，擄人為奴，摧毀教堂、學校，毀壞文明。但到了第9世紀末葉，一些入侵各地的維京人開始定居下來，棄邪歸正，信仰基督，並且大力進行各方面建設。後來，維京人在愛爾蘭建立了都柏林王國，英格蘭出現了

> **民族大遷徙**
>
> 所謂「民族大遷徙」在世界許多地方都發生過。歐洲民族遷徙較主要的有：西元前11世紀的海上民族，古希臘的斯巴達族；西元前8—前6世紀，黑海北岸的基米里民族和南俄羅斯草原的斯堪特民族；西元前5—前2世紀的克爾特民族；西元第3—6世紀日耳曼民族之一支的條頓民族；第4—5世紀，來自亞洲的匈奴和愛爾蘭民族；第6—7世紀的保加利亞民族和斯拉夫民族；第8—10世紀的「北方人」諾曼民族，其中一支是維京人，後來定居西歐和法國諾曼第等處。

亞利安人

這裡指的是19世紀的一種譯說：主張講印歐語的亞利安人的智能、體力、道德都優於「閃族人、黃種人、黑人」，並認為他們擔負推動人類進化的責任。後來，德國納粹黨徒惡用此說，宣傳日耳曼人或德國人是最純種的亞利安人，進而要殲滅猶太民族和吉普賽人。

此詞另指：史前時期居住在伊蘭（現今的伊朗）和北印度，講亞利安語的民族。

許多教堂，社會平靜，治安良好。南義大利的維京人，也建立了西西里王國；她有當代歐洲最好的政府，財源充裕，平等對待所有的宗教和民族。

長久以來的歷史動盪，民族交融，通婚同化不息。於是，誕生了體格高矮肥瘦多型，眼球棕黑灰藍多色，髮鬚疏密曲直不一的歐洲人！——就是在希特勒墜地的布勞瑙鄉下，或是他的祖國首都維也納，抑或暴起作惡的德國任何地方，都難看到納粹政治神話中的金髮碧眼，所謂純種的亞利安人*——是不是都逃難到好萊塢去了？

族群久而雜地磨蕩，文化習俗，宗教信仰難保不發生變化，有的提升創新，令人信服；有的沈淪毀滅，走入歷史。不過，看似消聲匿跡的民間文化習俗，在閉鎖的，偏遠的山城、海市、草地，偶爾出現。特別是那些羅馬文化薰染過的老城鎮，嘉年華會時可能看到：維京的賢良子孫頭戴牛角戰冠，身穿從地窖翻出來的海賊服，沿途操挺輕舟，兇巴巴地耍弄雙刃戰斧；農奴的才俊後裔，一身襤褸，滿面污穢，力演牧羊、製酪、採薪、耕地、收成、打麥，一幕幕落魄史。

歐洲文化美而雜，真是多采多姿，多次多方！

宗教結構

歐洲原有的無數弱小民族的宗教習俗早已沒入宗教史的廢墟；就是那不可一世的希臘和羅馬的宗教文化，都難逃被基督宗教洗禮的命運。但值得注意的是，誕生在以色列的基督宗教，竟然找到歐洲這塊肥沃的土地來

長大成人，結婚生子，繁衍不息。結果，近東的基督教確確實實征服了歐洲，而歐洲也實實在在成全了基督宗教*。不但如此，歐洲基督宗教從這基地，向天涯海角發展，而成為信徒最多的一個世界宗教*。

從宗教史的立場看，歐洲的宗教有這麼幾層架構：

第一層，史前的，已經消失的宗教信仰。她留下不少廢墟、遺跡，供遊客憑弔，給人類學、考古學和歷史學者去掀開她神秘的面紗。

第二層，歐洲民族原有的宗教信仰。這是先基督宗教，散佈在各個民族中的民間信仰和古帝國的國家宗教。如眾所周知的，這些民間信仰和古代國家宗教，也都被基督教化了。

第三層，外來的宗教。西元前6世紀，可能有猶太教徒逃難來到歐洲。西元第1世紀末葉，基督教則已傳到歐洲來了。其後約六百年，有阿拉伯的穆斯林登陸本洲。到了19世紀，印度教和佛教被歐洲的知識分子所認識，教徒也紛紛到來。第二次世界大戰後，指不勝屈的大小新興教派光臨歐洲。

五色繽紛宗教版圖

1990年代，英格蘭出版了一本《世界諸宗教手冊》，裡面有一張「世界宗教分佈圖」，用不同顏色來表示世界的主要宗教。在「歐洲」這塊土地上著的是單一的深紅色，意指本洲是「基督宗教」的天下。這樣表示並

基督宗教

基督教所有大小宗派，包含天主教、東正教、基督新教的總稱。這是近年來的用法，為一般宗教學者和人文科學者所慣用。

世界宗教

不分種族、男女、階級，教門和教義為所有的人開放。其相對詞是民間信仰，或民族宗教。目前三大「世界宗教」是佛教、基督宗教和伊斯蘭教。

不正確，但「事出有因」：畢竟基督教長大於歐洲，茁壯於歐洲，並且以歐洲為大本營而進軍天涯海角。

暫且不提猶太教、基督教以及伊斯蘭教。19世紀以後，來到歐洲的主要宗教，有下列幾種：

印度教

印度教是印度大陸最多數人信奉的宗教。此教，印度人滿有自信地叫她做「永遠的真理」，並不叫她做印度教，那是歐洲人的稱呼。

什麼是印度教？籠統的說，她主要是崇拜保存生命之神毘濕奴，或是禮拜掌管毀滅之神濕婆，或是信奉常常化身做女神的力量莎克蒂，或是敬拜這些神祇的化身、配偶、子孫。印度教是一種民族宗教，涵蓋著許許多多地方的、民族的神祇、祭禮和哲學思想。

印度教是歷史最悠久，信徒極多的宗教。她有三千年以上的歷史，信徒將近八億之多。她的信徒主要集中在印度，但自從19世紀40年代以來，歷經「現代印度之父」羅易（1777－1833）＊，現代印度聖人巴拉馬漢莎（1834－1886）＊，印度教大師

比巴加連達（1862－1902）*，諾貝爾獎桂冠詩人泰戈爾（1861－1941）*以及聖雄甘地（1869－1948）*幾位大師、賢人的努力，將印度教直接或間接的傳播到歐洲、北美洲。

到了20世紀末葉，歐洲的印度教徒已經有一百四十萬一千之數──今年春天，又有一大群印度人，應德國電子工業的需要前來就業，又增加了不少印度教徒。信徒移民、遷居，乃是古今宗教信仰遠傳的主要方法之一。

祆教

祆教，俗稱拜火教，是波斯的先知左勒阿斯特（628－551 BC）所創設的。他在三十歲的時候經驗過一連串的啟示，於是出來呼籲世人發揮自由意志，擇善棄惡。他宣稱不論階級，不論何人，死後都得接受審判，那些作惡多於行善的，將被打入地獄；反之，飛升天堂。該教主張二元論，良善又智慧的神阿乎拉─瑪茲達是眾善之源，祂創造了日月星辰、人與動物，精神和物質世界。那麼，惡從何處來？惡來自毀滅之神安古拉麥友，祂的本性就是暴力和破壞；祂創造了惡魔，用牠來統治

比巴加連達

曾在蘭莫克里斯那的門下修行，並創立「蘭莫克里斯那學會」。該會的僧侶強調善行，著重學術，熱心地將大師的思想傳播到歐美。1893年，比巴加連達在芝加哥世界宗教大會演講，轟動美國學界。於是，其後四年之久，他應聘在美國大學講學，吸引了許多學生。他說服歐美人士的主張是：「印度需要向西方世界學習科學，而西方需要向印度學習靈性。」

泰戈爾

1913年諾貝爾獎桂冠詩人。出身於孟加拉省的婆羅門家庭，有高度宗教虔誠，以及深具前瞻性的人格。他藉著著作和演講，一再警告世人各國高張的民族主義和國家主義是危險的。可惜，先知的呼聲被世人所譏誚，說他保守、落伍。

甘地

被尊稱為印度的國父，因他有效地領導印度人反抗英國殖民地政府。他是個具有深刻宗教體驗的人，從印度教和耶穌基督的倫理思想發展出非暴力主義。用非暴力的方法來謀求國家的獨立自主，令世人敬佩至深，尊稱為聖雄。甘地早年接受本國教育，後來留英學習法律，並在南非從事律師的工作。1947年和英國政府交涉獨立事務；不幸，在1948年被印度激烈分子刺殺殉國。

地獄。人的責任就是和邪惡鬥爭，就是要實踐善德，以符合善神阿乎拉—瑪茲達創造人的目的。

本教的原生地是波斯，但伊斯蘭教征服波斯後，受到迫害，大多逃難到印度以延續祆教。現在全球祆教徒有二百四十八萬六千人，歐洲只有一千人左右。

錫克教

錫克教教主是拿那克（1469—1539）。16世紀初期，他在北印度的旁遮普傳道，得到印度教九位宗師前來歸依。後來，這幾個大弟子之中，有的編寫經典，有的建設教團，形成了一個具有信仰體系和形式的教團。

錫克教不拜偶像，相信一位最高神祇，藉著心裡的信和愛來會通祂。錫克教強調人人平等，不論種姓、種族、男女。雖然該教的宗教思想根基於教主拿那克的教諭和神秘經驗，但印度教的瑜伽派和伊斯蘭教的一神論都有所影響，但不是這兩個宗教的混合物。

錫克教的大本營在中北印度，教勢興盛，建立了許多寺院，其中聞名於世的是「黃金寺」。到了20世紀中葉，該教在印度已經擁有信徒六百萬，但因政治迫害，許多錫克教徒移民到東非和歐洲。1968年，英國有三十六個錫克教寺院；目前，歐洲的錫克教信徒約有二十三萬三千人。

大同教

大同教，或譯做「巴哈教」。19世紀中葉，該教誕生在伊朗，係由兩位先知創立的。第一位是穆罕默德彌查阿里（1820－1850），他自稱做「巴布」，意思是「通道」，即是領悟了通往上帝的奧祕之道。可惜，在1850年被控謀反而以身殉道。

第二位先知叫做阿里彌查何生（1817－1892），是巴布的跟從者，後來自稱為「上帝的榮耀」，並以此聞名於世。在1863年他公開宣傳自己是巴哈巫拉預言裡，那位顯示上帝意旨，在末世解救世人的先知。他也是大同教神學思想的開拓者。

大同教信徒相信巴哈巫拉是上帝最後的啟示，他的百餘種著作，都是根據上帝的靈感寫成的，為的是要建立上帝的啟示。她的主要教義是：諸宗教和人類應該合一，因為人性相同，不應有種族歧視或宗教偏見。一切大宗教的創設者都是上帝的顯現，同時是上帝教育人類的神聖計畫中的工作者。該教沒有教士、教制、禮儀，只要是相信巴哈巫拉，接受他的教訓的人就算是信徒。

值得一提的是，該教面對中東婦女地位遠不如男人的事實提出批判，力主女人的地位、教育、就職機會、法律與政治的權利地位必要和男人相同。婦女劣等地位，對於世界上半數人口是不公平的，會助長男人不良心態和習慣。

大同教在中東創教伊始，就被認定做伊斯蘭教的叛逆而遭到迫害。1921年，在伊朗有計畫的迫害下，剝削了大同教徒的公民權，結婚、生子沒有法律認證，就是夫妻也不准在旅社同住一室。1932年伊朗政府關閉了德黑蘭大同教的學校。柯梅尼執政時代，更是動用祕密警察來控制教徒，不少信徒因而殉教，有的逃亡海外。到了20世紀末，歐洲的大同教徒約有十二萬八千人。

佛教

佛教是東南亞、中亞和東亞一帶的主要宗教。她是釋迦牟尼在西元前6世紀創設的。佛教徒在世界上約有三億，可粗分為大、小乘和喇嘛教。大乘佛教徒約佔56%，主要的國家是中國、臺灣、日本、南韓、尼泊爾、不丹、越南。小乘佛教徒約佔38%，主要在斯里蘭卡、緬甸、泰國、柬埔寨、寮國等國。喇嘛教徒只有6%，主要基地是蒙古和西藏。

佛教的宗派繁多，她們的共同教義是苦、集、滅、道——「四聖諦」*。共同持修的教法是「八正道」*，即是正見、正思維、正語、正業、正命、正精進、正念、正定。

藉著哲學家叔本華（1788—1860）的介紹，佛教影響了歐洲許多學者和藝術家；阿諾特（1832—1904）的《亞洲之光》一書，使佛教成為歐洲人眾所周知的宗教。20世紀初，英國已經成立了「英格蘭佛教協會」。到了20世紀末，歐洲的佛教徒約有一百五十三萬三千人。但佛教的影響力實在難以用信徒數的多寡來論斷：1960年代，歐洲人追求東方的智慧奧義，東補西湊的佛教修行法，流行一時。

華人民間信仰

指的是華僑的原鄉民間信仰，例如，信奉媽祖、王爺等等地方神祇，或是祖先崇拜，或是孔教、民間佛道融合的宗教信仰。這類信徒，在歐洲約有二十五萬三千人。

韓國孔教

特指韓國人的孔教，不指華人傳統的孔教或儒家信眾。歐洲約有一萬一千名教徒。

現在，我們將上述在19世紀以後來到歐洲的亞洲宗教與基督宗教，放在歐洲、亞洲、全世界三個範疇，來對看他們佔世界人口的百分比，以及在世界二百三十四個國家之中，該宗教傳播到的國家有幾個。

宗教	歐洲	亞洲	世界	人口(%)	國家
印度教	1,401,000	792,897,000	799,028,000	13.4	234
祆教	1,000	2,407,000	2,486,000	0.0	17
錫克教	233,000	22,015,000	22,837,000	0.4	34
大同教	128,000	5,382,000	6,932,000	0.1	231
佛教	1,533,000	351,043,000	356,270	6.0	128
華人民間信仰	253,000	380,350,000	381,632,000	6.4	91
韓國孔教	11,000	6,219,000	6,253,000	0.1	15
基督宗教	559,212,000	351,401,000	1,974,181,000	33.0	238
教徒人口	728,934,000	3,634,297,000	5,978,401,000	100.0	238

[根據： "Worldwide Adherents of All Religions by Six Continental Areas Mid 1999," *2000 Britannica Book of the Year*, p. 292.]

1-2 歐洲原有的古宗教

正如其他各洲一樣，歐洲原有古老又豐富的宗教信仰，雖然這些信仰和文物，絕大多數已經變成古物古史，或淪為廢墟，或深埋地下，或收藏在古董店或博物館，但是她們對於歐洲人精神文明的深刻影響，至今仍然隱約可見。這一節，我們要瀏覽一些歐洲原始的、老國的、老民族的宗教。

1—2—1 史前的宗教遺跡

焦慮的骷顱

人類的遠祖 —— 舊石器時代的原始人，留下了許多帶有宗教意味的痕跡。其中，有的發展成古宗教中的某種祭儀，有的昇華做世界宗教信仰的根苗。

最古老又普遍，宗教意味濃厚的，該算是原始人用頭顱當做儀式器具，以及他們埋葬死人的方式了。在法國薛翁特的布拉卡特洞穴，發現許多祭祀的酒杯，是原始人的頭顱，經過加工製成的；這種酒杯在西班牙布因特美斯克的卡斯提洛洞也曾發現過。德國巴伐利亞的諾登姸發現過幾個洞窟，蓄藏著三十多顆頭顱，也都是經過祭禮，而後貯藏了下來；它們排列整齊，向西看齊。

這個時期出土的原始人遺骸，幾乎都用赭石粉塗抹成紅色；有時用大量貝殼、獸骨和牙製器具陪葬。學者認為紅色粉末代表血液，是生命的源泉；貝殼則象徵孕育嬰兒的母體。這樣做，隱約透露出對於死後再生的願望。

還有，普遍採用土葬的尼安德塔人＊，在屍體僵硬之前，把它折彎，讓四肢抱胸，束縛成龜縮的坐姿而後埋葬；有的牢牢捆綁著死者的手腳，捆綁成胎兒形狀而後入土。義大利克里瑪里地的「小孩洞穴」也出土過坐姿下葬的屍體。尼安德塔人為了要讓逝者在死後的世界有工具可用，就用石斧、尖鑽、缺口的刮刀來陪葬。他們獵人首，吃腦髓，藉以獲得死者的魂神力量——這已經是相當高度的精靈信仰和力的崇拜了。

尼安德塔人的這種做法，雖有學者認為是死後再生盼望的表現。但有認為他們只是為了要防患死者的鬼魂回來報冤、作祟。因為再生的宗教概念須先有胚胎知識，以及象徵表現的能力，而這兩種能力恐怕不是尼安德塔人所擁有的。

圖1：束縛屍體的埋葬。出土於義大利克里瑪里地的「小孩洞穴」。他們所以這樣做，可能是相信人有靈魂，害怕死人的鬼魂回來作祟；縛而後葬，比較保險。

尼安德塔人

活動在距今十萬至三萬五千年間，是最接近，但尚未進化成現代人的智人。歐洲、地中海、亞洲、中東、北非等地方都曾發見過這一類尼安德塔人。之所以如此命名，是因為1856年在德國尼安德山谷發現到他們的洞穴和遺骸。但他們的身世、智能和宗教如謎，人類學者推測紛紜，尚無共識。

人要活下去，不僅是物質的、生理的問題，更是心靈的問題，宗教的基本關懷，原始宗教如此，現代高級宗教也是如此。

出獵的巫術

歐洲初民和他洲的一樣，打獵是維生的主要方式，而打獵巫術就是獵獲欲求的產物。在這方面，他們留下了許多痕跡，例如，法國圖魯茲南部的尼歐岩洞，裡面有一幅壁畫，描繪著幾隻大野牛，其中一隻受傷慘重，心窩插滿簡陋的長槍，傷口塗上赭石粉；有幾隻早已嗚呼哀哉了。學者認為這幅畫含有交感巫術作用，即是巫師作法於畫，之後追殺獵物就會像這幅〈野牛就戮圖〉所描繪的一般，獵無不獲了。

石器時代的歐洲，野生動物雖多，但僅靠鈍陋的石斧、木槍，要平安無事，要順利的獵殺兇猛巨獸，誠非易事。於是，原始人出獵前，就要作個法術，由巫師帶領勇士們大跳獵舞，做出刺殺野獸的動作。這不僅是預演，不僅是出獵前的熱身活動，也不只是發威壯膽，更重要的是要跳出咒力；相信如此這般，就有殺死猛獸，帶給大家溫飽的希望。在西班牙加泰隆尼亞的孔古魯岩穴裡，發現一幅祭儀舞蹈，畫有九女一男和動物大跳熱舞，這是出獵的巫術。

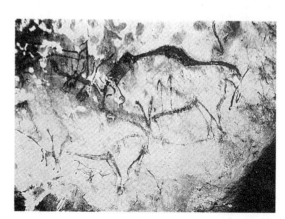

圖2：這是〈野牛就戮圖〉，畫的是出獵的巫術。

繁殖力信仰

雖然出獵的巫術重要，但動物絕不可以趕盡殺絕，反而要讓牠們大量繁殖，才能捕之不盡，獵之不絕。這層道理石器時代的人已能領會，於是發展出一種叫做「繁殖力」的巫術；藉著這種咒力，好讓人和動物大量生產，繁衍不息。

繁殖力巫術信仰，盛行於原始部族。法國洛塞爾不遠的地方，有個石洞，內藏一具裸體孕婦浮雕：她四肢短又粗，雙奶下垂，挺著一個彌勒大肚，臀部癡肥，右手托著一隻野牛角──這是鼎鼎大名的「維納斯」。她象徵著旺盛的性力、生命力和生殖力。原始人相信如此裝束的維納斯，會將她強盛的生命力和繁殖力感應給人和動物。

舊石器時期*，氏族之母維納斯的信仰相當盛行。

> **舊石器時期**
>
> 古文化的一個時期，用來衡量人類文明發展的程度。所根據的是原始人所用的器具：石器的精細或粗陋為標準。舊石器時代前期（約二百五十萬至二十萬年前），直立人只會使用天然剝落的、尖銳的「礫石器」。最早出土的是在東非。
>
> 到了舊石器時代晚期（約四萬年前），這時期的原始人已經會取用長條狀石器，再加以打擊成為厚背刀、雕刀、刮器等等；這種石器在西歐和東亞都有出土。

圖4：生殖的女神維納斯。乳大臀肥，要象徵
什麼？古人用意甚明。

　　還有，約一萬五千年前，原始人
也獻祭給自然力和死人。在德國威
爾杜夫和史特莫爾，發現獸籠裡放
置巨石，好將動物沈入湖底來祭
湖。這是給自然力的祭禮；「自
然」是人類和動物的主人，是他
／牠們繁殖的憑藉。

　　後來，在克里特和西亞的母性
女神祭禮中，國王被當做是「上
天」，是
超越的生命
力和福惠的來源；而王后則等於是沈潛
的，供給人類生命所須的「大地」。這種母
性女神*信仰，在舊石器時期末是相當普遍
的現象 —— 可能是原始人「神的概念」的肇
始。

復活的盼望

　　到了新石器時期（7000－3000 BC），
農業粗具形式，人學會了耕地、馴獸，從
游牧轉入農耕。社會生活變得比較安定，
人口增多了，築起久居的住宅；輪車發明
了，重物可以比較輕易地搬運；宗教信仰

母性女神

一種女性神明，帶有女性象
徵的創造力，如生產、繁
殖、性交、哺育、養育、照
顧等等特徵。母性女神都是
年輕，充滿性感和性力；在
神話中必然是男性神的妻
子。具體而言，像石器時代
的「維納斯」就是一種母性
女神。然而，母性女神除了
生殖力以外，強調牠的母
性，即是由保護神子，推想
到保護牠的人類眾子。從比
較宗教學的立場而言，聖母
馬利亞和天上聖母媽祖都是
某種類型的母性女神。

16　歐洲宗教剪影 —— 背景・教堂・儀禮・信仰

進步了，地母女神的信仰普遍流行。死人埋葬於石室或地下，葬禮隆重，犧牲的祭物有動物、穀類，甚至人類。

英格蘭南部索爾斯堡平原留下巨石群，有i形、有II形、有圓形，有行列，有成群的巨石。這些大石頭可能是聖地或墳場的標記，也可能是祭祀死人，祈求繁殖力的祭場。這裡有墓洞，留下燒祭和骨灰，可能是「冬死，春活」的祭祀遺跡，即是死人和植物由死復活，生生不息的祭禮——這些精密排列的巨石，正確地對焦在仲夏太陽升上來的地平線，那是巨石柱群人（2000－1500 BC）結合巫術、宗教和粗糙的科學的傑作。

綜合上述，原始宗教信仰痕跡的解釋，雖是猜測的成分頗高，但對照現代宗教中的一些「原始文化」的性格來看的話，可能發現彼此之間的某些關聯。例如，對於神聖的敬畏，祭禮中的焦慮與期盼，神話做為宗教禮儀的基礎，宗教和巫術的關係等等。

圖5：巨石柱群。在英格蘭的索爾斯堡平原，可能是太陽神廟的遺跡。

薩滿教

薩滿一詞原是俄語，指跳躍、激動、狂歡的人。薩滿教，與其說是「教」，不如說是「信仰現象」來得妥當。它指的是一種特殊的靈媒形式，其執行者就是「薩滿」，他有控制靈魂的高度技術或法術，以便執行醫病、占卜、驅鬼等等工作。以我國的情形而言，那是乩童施行法術的形式。

希臘城邦

希臘古典文明的結晶，可能是由於氏族社會經濟崩潰，分裂出來的人群所組織的小城鎮。其特色是該城鎮有獨立主權，有自主的政治、經濟、文化生活系統。在西元前10－前8世紀之間，希臘半島、愛琴海諸島和小亞細亞西部等地，已經出現許多「城邦」。值得一提的是，城邦文化生活的基本原理是由該地的哲學者規劃的；難怪她們是希臘、羅馬文明的好基礎。

我們應該知道，雖然歐洲已經有近二千年之久的基督宗教社會，但沈潛在部族裡面的仍然有泛靈信仰*，有薩滿教*。

泛靈信仰

泛靈信仰不是一種教理或宗教制度，而是一種見解和態度；相信「靈魂實體」不但存在，更是關聯著，有時干涉著人的生活和工作。其根本假設是：一個人或是一個生物，有一種可與具體形質分開的靈魂單元。這是由於人類普遍經驗到生命、睡眠、精神恍惚、死亡，等等「靈魂出竅」而得的觀念。19世紀人類學者泰勒在《原始文化》（1871）提出此說，主張泛靈信仰是最早的宗教形態。現代學者則傾向於將之理解做一種世界觀，而不是高級宗教由之進化的原始宗教形式。

1－2－2 希臘的古宗教

西元前12世紀，講印歐語的亞利安人侵入北希臘，征服了希利尼人，造成希利尼人和其他民族在小亞細亞一帶四處遷徙，社會結構改組。結果，出現了歷史上有名的希臘城邦*，希臘宗教的基型也由此產生。

我們不能詳述古希臘宗教，僅舉若干留在歐洲宗教史上的重要印記。

擬人化眾神

古希臘人感應到天上地下，四處都有神靈，都有力能，而且人需要神，需要力的幫助；他們和埃及人一樣，是如假包換的多神論者。但他們對神的理解卻大大不同於埃及人，而偏偏喜歡從衣食住行，思想感情來類比，來象徵，來描述神明，就是把諸神加以擬人化。

希臘人依靠的並不是超越的，遙不可及的大神，而是近在身旁，關聯日常生活的小神，例如，爐灶的女神海絲蒂雅；街道界石神賀密士。生活中一切正式場合，如結婚、生子、死喪，都要求告神明，也都有專司的神供人祈禱。

希臘人雖然相信超越人間的大神，但卻不向祂們祈禱，不給祂們獻祭，因為祂們太遙遠，太冷漠，不會感應善男信女的祭祀或祈願。所以，希臘人的家庭並不禮拜天神孚拉奴斯或地底冥王哈底斯。不過，賜雨水的天神宙斯，以及未成為太陽神之前的藝術與工藝的守護神阿波羅，卻都受到一般人民的頂禮膜拜。

神能的統合

古希臘人因為天然環境的區隔，使各個地區的神明、祭祀和信仰都各異其趣。但西元前12世紀北方亞利安人入侵，帶來的一些神，後來都統合了本地原有的神祇。城邦出現的時候，外來和本地神明已經混合了，諸神的功能也湊合在一起，形成錯綜複雜的希臘萬神世界。

這新形態的希臘宗教中，屬於入侵亞利安人帶來的主要神明有：天神宙斯，地母狄米特和爐灶女神海絲蒂雅等等。希臘本地的神，有宙斯的妻子希拉、大地女神莉雅、智慧女神雅典娜、眾神的使者賀密士、太陽神阿波羅、美和愛慾的女神愛芙羅黛蒂、酒神戴奧尼索斯、戰神愛力士等等。不論來自何族、何地，這些大神小神相安無事地集結在奧林帕斯山上。

政治權力的消長也清楚反映在某些主神身上：侵略者的大神宙斯被尊為諸神之王，管理天界，司雷電、雨水、地震；祂是偉大的天父，用雷擊打惡人以伸張祂的司法權柄。被征服的原住民女神希拉，原是母牛的守護神，是大地女神和時序之神，卻得下嫁給宙斯。宙斯和希拉的聯姻，難免含有輕視原住民的意思，但希臘人後來將祂們的婚姻渲染成「神聖的結合」，是天下最理想的婚姻。結果，希拉變成了已婚婦女的守護神，多少化解了外來政權的緊張。

此外，阿波羅和阿特美斯都是很典型的混合神。阿波羅原非希臘人的神，可能是小亞細亞平原畜牧民族的。祂會吹橫笛，會唱戀歌，喜愛少女少男。祂臂力過人，能開重弓，是運動員的守護神，是致人死地的射手，也是醫治的神。但阿波羅到了戴爾菲之後，竟然搖身一變，成為啟示之神；阿波羅神殿中央，從地底下時時噴出醉人蒸汽，貼近青銅祭壇前面，有一位女祭司在頒佈阿波羅的神諭。後來，可能是受到埃及太陽神希里阿斯的影響，阿波羅再增加了一件神能：黎明即起，駕馭金色馬車飛向黑夜——道道地地的太陽神！

阿特美斯原是林野的處女之神，常常和半神半人的美麗少女優遊在山水之間。祂也是野生動物的女主人，喜愛小孩，護衛少男和少女；祂更是解除難產婦人痛苦的守護神。然而，阿特美斯一到愛奧尼亞，卻變成以弗所的母性女神，胸前長滿無數豐滿乳房，是個如假包換，專司生殖的女神了。

神明的神能增減混合，反映著早期希臘政權更替和民族融合的歷史。

荷馬的諸神

荷馬*（900?或800? BC）史詩裡的神明不再散居各地，而是大家同居在奧林帕斯山上。這裡，天神宙斯和神后安坐在黃金寶座上，諸神逍遙自

在，雲遊四方，雖然還得服從神明之父宙斯的命令。宙斯的愛女雅典娜有一對灰白的大眼珠，是智慧之神；愛子阿波羅是射手之神，人體的傷害由於祂，得到醫治也出於祂。愛力士蠻勇好鬥，常被老爸宙斯責罵。女神愛芙羅黛蒂擅長刺激男女情慾，是宙斯和戴奧尼的掌上明珠。還有活潑的賀密士，是宙斯和麥雅私通的結晶，專給諸神打先鋒，當信差；祂頭腦靈敏又奸詐，一離開奧林帕斯山就變得萬分離經叛道了！

此外，還有許多神被荷馬拉上「血統」關係，納入一個神明族譜。荷馬又簡化了神明，雖然賦予自然能力，但不像先前的地方神祇，只是自然力本身。同時，諸神間的神格清楚可辨，不再混淆。有趣的是，神明就像世上的男男女女，會胡思亂想，鬧情緒，搞外遇。諸神雖是不朽的，但可以被了解，被接近，沒有神秘的幽暗，令人覺得恐怖。更重要的，祂們美麗大大勝過人類，男神健壯英俊，女神苗條綺麗，個個風趣幽默，何等風流又文明。太魅人了！

儘管荷馬的神明高度人性化，但是希臘人仍然相信諸神還是有賜福降災的功能。雖然《伊里亞德》也有宙斯降災報應壞人之說，但荷馬的大部分神明對於道德並不感興趣。神明和人類一樣無奈，都被命運的枷鎖套牢。

人的義務是祭祀諸神，來討祂們的歡喜；在家庭祭拜些小神，城市則有祝祭大神的盛典。例如，雅典城一年約有三十個大節；夏天是一年的開

荷馬

希臘偉大的古典詩人，年代和生平不詳，有推測為西元前7世紀的人。傳統認為他是《伊里亞德》和《奧德賽》的作者。前者，唱吟的是特洛伊戰事的史詩；後者，描述奧德修斯的流浪和復國故事。史詩穿插著男女諸神、戰爭、英雄和一般人的傳說。研究者有謂荷馬文盲，只會吟誦，詩是後人所寫的；因為史詩中有晚於西元前5世紀的痕跡，如《潘之讚歌》。

始，莊重地獻祭給阿波羅，以迎接新年 —— 宰殺百頭公牛當做牲醴是常事。當然，對雅典城的守護神雅典娜是不能失禮的，每年仲夏為這位女神舉行最盛大的神誕日慶典。

貴族在私家庭院，一般人在市集、廟埕，聆聽詩人朗誦荷馬史詩。如此這般，荷馬的作品默默地影響著希臘人的想像力，確實是希臘少年的文化基本教材。

奧林帕斯山這家神明，真是神話學的無價遺產，是藝術家產生靈感的泉源！

哲人的神明

希臘哲學家的神明殊異於荷馬的，幾乎都是一元論*的結晶。贊諾芬（560?—478? BC）認為神是創造的，神靈的，是最偉大的存在。神沒有像人一般的形體和心思；祂能做透徹的觀看、聽聞和思想。贊諾芬也反對一般希臘人的擬人化神觀，認為用人自己的樣式來想像神是錯誤的。

柏拉圖（427?—347? BC）則另有高見！他批評荷馬史詩中的諸神是不道德的，孟浪好鬥，淫蕩亂來，一無是處。他認為這種神明對於希臘少年的道德教育有害無益 —— 就算是荷馬神話另有寓意，但年輕人沒有那種判斷能力，所以應該反對。柏拉圖認為神明不需要人去信祂拜祂；他也反對希臘的神秘宗教，僅關心的是祀神致福，無關是非公義。此外，他以為諸神之上有一個創造者，祂是藝術家，是最高價值，是至高善。

> **一元論**
>
> 有關萬物殊異，複雜多樣的存在的原理。一元論者主張的是，萬物的來源不是雜又多的原因，而是來自單一的最後實在。例如，德國哲學家黑格爾（1770—1831）主張萬有都是從「絕對觀念」在時間中發展出來的。相對詞是多元論。

亞里斯多德（384─322 BC）雖認為在他的哲學中無須神明，但當他討論到最高的存有時，他卻將上帝理解做「根本的動者」；意思是說，宇宙中一切存有，因為被上帝吸引而開始運動，萬物依憑上帝而存在，而活動。

雖然希臘哲人的神明不食人間煙火，但對於歐洲人的神的思維和基督教神學思想都有深遠的影響。

1─2─3 羅馬的古宗教

原住義大利半島的並不是印歐民族，到了西元前2000年初，拉丁民族從北方入侵羅馬，沿臺伯河東定居了下來。到了西元前8世紀，他們混合了由山區下來的近親薩賓族，構成聞名古史的羅馬人。這時，羅馬北方有伊特魯里亞人，南有希臘人，羅馬人在此二族的影響下，發展他們的宗教。至於羅馬全面主宰地中海世界，卻是西元前3世紀末，突破迦太基人控制以後的事了。

這裡，我們僅摘舉一些理解歐洲宗教必要的，有關古羅馬人的宗教信仰。

力量的崇拜

古羅馬祭司向大地母神獻祭的時候，呼告一大群神明。但值得注意的是，這些神的名字有的衍生自農業技術，例如，初耕、整地、播種、收成、脫穀、入倉等等。這樣子的神名看來相當詭異，但要表達的卻是相當重要的訊息：神即是力！

羅馬人從家庭生活，切身體驗到力的無所不在。力表現在照顧胎兒的阿麗莫娜；看顧接近臨盆的孕婦的諾娜和麗絲娜，而巴杜勒守護分娩，璐

絲娜供給平安生產的護符。孩子生下來之後，力更顯得活躍，郜尼娜來搖搖籃，唱兒歌；娃基他奴斯惹嬰孩第一次號啕大哭。管哺乳的是璐美娜；等到孩子會吃喝之後，英杜莎管吃，菠蒂娜管喝。教導牙牙學語的是法布俐奴斯，而史達俐奴斯刺激小孩試著要站起來走路。保護小孩平安出門的是阿貝奧娜，平安入門的卻是阿特奧娜。這種古宗教信仰瀰漫著農村，散發出慇厚的田園氣息，在在顯出人類生存過程中，如何的和「力」周旋，要利用它，要和它建立良好關係的欲望。

那麼，力和神的關係是什麼？直截了當的說，力的超然提升可能成神。上一段提到的，都不是神，只是力！但當力賦予人格，吸收了超然的性質之後就成為神了。最典型的例子該算是戰神瑪爾斯，祂原來只是保護原野免被破壞，牲畜免罹疫病，免於野獸掠食的力量。但當羅馬政治勢力慢慢擴大，瑪爾斯的屬性也漸漸增加：從保護生命，避免傷亡的力量，提升到戰爭的能力，致勝希望的憑藉，而最後就是羅馬常勝的戰神。

國教的神明

羅馬政府基本上尊重地方諸神，有的甚至被國家化，成為國家宗教神祇，而其主要者，都有絮司專司獻祭。到了帝制時期，羅馬皇帝身兼大祭司，全國性的重要祭典由他主持；地區的，則由地方首長執行絮禮。

一年之中，羅馬有一百零四天是節慶或祭祀日。神明眾多，豈是人民所能盡知的。重要的神明有：天界大神朱彼特，意思是宙斯之父，原是印歐人帶來的神。朱彼特原來是雨神、雷電神，但吸收了其他神能而成為羅馬的保護者，羅馬的最高神。凱旋歸來的將軍都要來到朱彼特的神殿向祂歡呼，向祂獻上戰利品。朱彼特的太太茱諾，原是本地的性力女神，下嫁給朱彼特而成為神后。

此外，瑪爾斯和奎里奴斯是一對戰神，前者等於希臘的愛力士，專司

進攻克敵，後者專門防守。羅慕勒斯被認為是羅馬的締造者。堅納斯和維斯坦是祭祀的神：前者，是獻祭「開始」之神，是守門神，也是一時、一日、一年的開始——「元月」（January）一詞，是從堅納斯（Janus）衍生的；後者，維斯坦原是灶神，卻變成祭成呼告的「完畢」女神。

　　比較重要的神明有美娜娃，是工藝女神，祂和朱彼特與荣諾成為羅馬城卡比多奈神殿的三位主神。還有，海克力士是工藝的守護神；莫坵里是商人的守護神；阿波羅是醫治之神；福圖娜是生殖和神諭的女神。黛安娜原是樹精，卻深得人緣，是備受寵愛的婦女守護神。然而，有許多神明的來歷不得而知。

　　羅馬的宗教政策頗為高明，萬神順服在一個政權之下，只要不造反，不生事，政教都能同存共榮。

拜皇帝太陽

　　羅馬從希臘人學會將神聖榮耀歸於個人，這種現象以西元前212年制定馬塞留斯的記念日為肇始。此後，羅馬人開始歌頌君王，甚至高呼「救主提圖斯（40—81）萬歲！」東方人將皇帝等同天神的觀念，令羅馬人既著迷又驚懼。先後有龐培（106—48 BC）模仿亞歷山大大帝（356—323 BC）威嚴顯赫地接受神化；凱撒朱利安（100—44 BC）死後也封了神。羅馬將軍安東尼（83?—30 BC）在雅典被稱為新酒神，是快樂和不朽的化身；他的情婦埃及女王克麗歐佩特拉（48—30 BC）則稱為新艾西斯，是艷麗和愛情的女神。

　　後來羅馬的皇帝崇拜模式是奧古斯都（63 BC—AD 14）奠立的。他以退為進，不敢貿然稱神來得罪羅馬元老院，詭詐地將自己的名字和羅馬一起稱為「神子」。他如此混水摸魚，溜進了羅馬皇帝的神統譜了。但像尼祿（37—68），多米田奴斯（51—96）一班狂妄之徒，是多麼迫不及待地

要在有生之日封神，強迫人民禮拜。

英明的皇帝死後封神，猶有閒話，暴君稱神真是天大的諷刺了。英勇善戰，功勳顯赫的軍人皇帝維斯巴遷（17？—79），臨終時自嘲說：「我的天啊！我才不要變成神。」雖是如此，羅馬的皇帝崇拜還是一直延續到第3世紀——皇帝奧熱良（215—270）宣稱統治人民是出乎上帝的恩惠；此說，給後來的基督徒君王廢止皇帝崇拜奠下基石。

古羅馬人有崇拜叫做索的太陽神的祭祀，到了奧古斯都，索變成太陽神阿波羅。又當羅馬帝國疆界向東擴張時，太陽崇拜跟著變得更加重要。到了西維璐斯皇帝（146—211）當朝時，太陽崇拜達到極點；這是帝國統一的象徵。艷陽當空，不成為羅馬帝國的最高神也難。

史家有言，基督教雖然征服了羅馬，但並沒有完全消滅太陽神崇拜。君不見，君士坦丁堡的君士坦丁大帝（280？—337）雕像，仍然顯赫萬分地頂戴著太陽神的冠冕——他崇拜的是基督的慈愛上帝嗎？

巫術和來生

占星術從巴比倫駕臨羅馬！那是關聯人和星座，企圖利用星星能力的秘術。眾星都有專門功夫：金星維納斯供人愛情，木星朱彼特給人能力，水星莫坵里叫人發財，蛇蠍座有治病之能。但因占星的原理涉及宿命論，可用來支持當朝政權，也可用來煽動野心，圖謀不軌。因此，占星術常常被羅馬政府禁止。

此外，羅馬盛行巫術、巫醫、咒術；這些方術用來治療疾病，或維護健康，預防災禍侵襲，但也可用來害人或報仇。尤有甚者，有用巫術要變男變女，影響月亮，控制婦女經期，真是把巫術用到匪夷所思的地步了。

羅馬人的死後信仰相當複雜。古羅馬重視祖先，貴族都要保存祖宗的上半身遺像或面首。子孫的道德規範是以祖先之道為根據的。羅馬人也拜

亡靈：李瑪尼斯是死人的精靈，為人所敬畏。二月份有祭祀死者的節日，萬靈節是家庭的，不是公眾的節日。一般人相信鬼神，而巫者居間為人呼召亡靈。

關於來生，羅馬人頗有意見：有不可知論者，有毫不在乎者，有認為是永遠安睡者。但有些老饕認為死後靈魂如生，所以墳墓要有附屬廚房和餐廳，以便在冥誕日家人來和亡靈吃喝一番——古羅馬人有顯然的祖先崇拜！

此外，羅馬人有多采多姿的神秘信仰，那是來自埃及的艾西斯—歐西里斯*由死而復活的密儀，以及波斯火焰之神阿乎拉—瑪茲達*。但這一切，到了基督教成為羅馬國家宗教之後，也就漸漸沈沒於宗教史了。

1—2—4 克爾特人的宗教

克爾特人屬於印度日耳曼民族，在西元前7世紀，挾其優越的騎兵和鐵製的武器出現在萊茵河東的中歐，即現代法國、德國。到了西元前3世紀，一波波的向外挺進，其文化影響及於巴爾幹半島，北義大利和法國，以及英格蘭、愛爾蘭諸島。克

艾西斯—歐西里斯

埃及人由死復活的神話，是密儀宗教的主題。

艾西斯是埃及神秘宗教中最偉大的女神，歐西里斯的妹妹兼妻子。祂也是埃及最理想的賢妻良母，又兼五穀女神，是大地肥沃力的化身。不幸，丈夫歐西里斯被風暴之神撒特殺害，屍分十六塊，散棄於埃及各省。艾西斯哀慟萬分，到各處收屍，復合全部屍體來埋葬。經艾西斯做過巫術後，歐西里斯得以復活，並成為管理死人的冥王，也是專司復活的神。

阿乎拉—瑪茲達

神名，意指「智慧之主」。祂是波斯祆教，或稱拜火教，獨一的、最高之神。祂是創造萬物的主宰，是真理、聖潔和善良的根源。

爾特人是首先在阿爾卑斯山脈以北建立城市文化的民族。他們的文化遺跡先是被羅馬勢力，接著是日耳曼民族的擴展所覆蓋；但愛爾蘭位居偏遠，幸免於難，得以長久保存克爾特人的文化特色。

天然的祭場

克爾特人最重要的駐紮地曾是瑞士的拉登湖區。在墳墓、山頭、山林的開墾處，發現許多舉行過宗教儀式的痕跡。湖泊、沼澤地、水井、河川，也發現許多遺留物，多年積存下來的人獸屍骨；可能是獻祭犧牲的骨骸。捷克斯拉夫的里兔里卻，發現建於西元前3世紀的宗教遺跡：長方形場地，一邊是石製祭壇，圍以幾對木柱，周圍有許多豎坑，其內有人獸的骨骸和瓷甕碎片。在德國，發現土牆圍成的方塊地，其中有深的豎坑，置有祭物。不列顛也發現過豎坑、洞、井，一類祭場。

為什麼克爾特人要掘開地表，鑿洞挖井來獻祭呢？學者認為，坑洞、井川、河泊是到達另一個世界的通道，是獲得超然力量的入口——多麼理想的祭場啊！

克爾特人認為人類、動物和植物，以及鬼神和天神之間沒有清楚的分界線；他／祂們之間是可以互通的。這種觀念清楚地表現在克爾特人的藝術品上面：花蕊可開放出人類的臉龐；人類可能被想像成動物，也可變成精靈、小矮人或巨人。一切存在都能互相變通。

愛爾蘭文學有濃厚的，表現克爾特人自然觀的風格。

首級之祭

除了天然祭場以外，克爾特人建築神殿早於羅馬人。典型的是倫敦附近的希斯陸，有雙層的方形神殿出土。法國南部沿海一帶，也曾發現過更精美的克爾特神殿：入殿通道排列著許多克爾特的人首石雕，以及人類頭

顱——印證著古文獻所載：克爾特人是獵首族。他們這樣展示首級，除了當做戰利品來誇耀以外，可能含有招魂的用意。

人祭是人神之間交際的方法之一，而牲體是敵人的首級。為什麼要頭顱？因為克爾特人相信頭是靈魂的殿堂，牲體也就沒有比頭顱更好的了。令人印象深刻的，法國離古奈五十公里處的立翁隨安克，發現克爾特人用石塊圍成一個寬十五公尺，長一百八十公尺的橢圓形聖地。在入口處掘出約有一萬副人類的屍骨，數百件武器。那是被擄的敵人，斬首祭神之後，掩埋的萬人塚。

後來，羅馬廢除了人頭牲體，並消滅了克爾特的祭司。

阿爾卑斯山脈以北，首先擁有寺院一類聖地的，是克爾特民族。但他們的祭場還是以露天為主，而且大多在湖邊、泉源、山頂或洞窟裡——充滿咒力的聖地。

給眾神獻祭的方式有「蓄藏」和「燔祭」。前者是在聖地收藏著敵人的首級、刀槍、頭盔、盾牌、車輪。後者是焚燒牲體，例如，德國郎阿卡發現過方圓四十二公尺，高四公尺的祭臺，裡面埋了許多焚燒過的動物骨頭。

祭禮表象和象徵

克爾特人留存下來的祭禮表象不多，因為大多是用木頭做的；只有少數銅製面首和石雕出土。但西元前6世紀以後的飾物，卻有豐富的宗教象徵，例如，屬於那控制太陽和雷電的天神的表徵，有輪子、卐字章、螺旋物。還有項鍊，代表神的權威；表示神的全能，有四方同一式面雕的石柱；有許多動物狀飾品，像蛇、野豬、公羊等等，都在象徵著超自然的能力。

然而，主要的宗教象徵是太陽，克爾特人盛行太陽祭禮。有趣的是，

太陽的象徵竟然是馬車！丹麥吞特宏淪曾發掘到這種祭物：馬車拖載著用金片來裝飾的太陽。此外，有首尾雕成鳥頭狀的小舟，有載著容器的馬車。那是克爾特人旱災時，用來向天神祈雨的祭物。這個容器要裝啥？雨水！

克爾特的十字架

古代世界，只有愛爾蘭基督教不是從羅馬人手中傳承的。因此，他們的基督教信仰沒有混雜羅馬人的風俗或宗教因素。到了第5世紀，愛爾蘭已經有足夠的基督徒來建立教會，按立自己的主教了。

然而，愛爾蘭的基督教卻難以避免本地克爾特宗教文化思想的影響。最顯著的是，他們的十字架，上面加上一個太陽神的表徵，即是在一橫一豎的交叉處，增加了一個圓環：太陽！這種款式的十字架，是克爾特人將基督的神性做了本地化的解釋——現在，歐洲的一般首飾店，甚至某些市集的飾物攤，都可能難買到克爾特十字架。

圖6：克爾特的十字架。蘇格蘭、愛爾蘭和威爾斯基督教會傳統的十字架。架中心的圓環是古代克爾特人太陽崇拜的遺跡。

上面，歐洲原始宗教和古代國家宗教留下來的，並不盡是一些廢墟來供人憑弔，好發洩思古幽情。這些古痕跡是歐洲文化的根源，是宗教史、神話學、神學思想和宗教藝術的無價資源。有些既逝的宗教信仰，像克爾特人的占卜、巫術、治病聖水等等，隨時出現，造成E世代人類的熱潮。也許，歐洲基督宗教又得面對一些復甦的古宗教、老方術的挑戰了。

2. 三大宗教上場

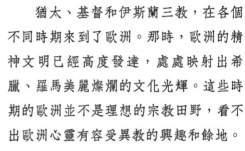

　　猶太、基督和伊斯蘭三教，在各個不同時期來到了歐洲。那時，歐洲的精神文明已經高度發達，處處映射出希臘、羅馬美麗燦爛的文化光輝。這些時期的歐洲並不是理想的宗教田野，看不出歐洲心靈有容受異教的興趣和餘地。

　　然而，奇蹟竟然發生了，這三個外來宗教都在非常的情況中，用非常的方式登陸歐洲！此一過程萬分艱難，清楚顯示著宗教信仰的力量。

2-1 焚而不燬的猶太教

猶太教是什麼？

猶太教難下簡單合適的定義。也許我們可以這麼說，她是猶太人在長久歷史過程中回應上帝向他們的顯現，所「活出來的」信仰系統和生活方式；包含著非常龐雜的猶太人行動模式、社會秩序、倫理價值觀和文化習俗。

這個宗教肇始於上帝的呼召。西元前20世紀，有一天上帝呼喚亞伯拉罕，要他離開美索不達米亞*的家鄉哈蘭（今伊拉克），遷居迦南地（今巴勒斯坦）。說是要叫他興旺，使自己和別人因此而得到祝福（創17:1－11）。亞伯拉罕如此相信，也用行動來回應上帝的應允，就向未知的世界——迦南地前進。

猶太教的基礎是上帝拯救的經驗。到了約西元前1700年，饑荒掠襲迦南地，以色列人的子孫只好逃難至埃及。法老王*先禮後兵，以色列人在埃及被奴役了；有四百年之久過著牛馬不如，隨時喪命的日子（出1）。但上帝在西元前13世紀中葉派遣摩

美索不達米亞

希臘文字義是「兩河之間的土地」，即是西亞的底格里斯河和幼發拉底河西邊的中間區域；史家從其地質和地形的特點稱之為「肥沃月灣」。地理上言，她包含現在伊拉克的大部分，以及伊朗西南部和敘利亞的一部分地區。

美索不達米亞是人類文明的搖籃之一，巴比倫文化誕生於此。考古出土的證據顯示，在10,000年前已經有人住在這裡。在西元前4,000年，本地區已經發展出蘇美人文化；而在西元前3,000年，就已經有如吾珥這樣的城市了。

以色列人的祖先亞伯拉罕來自美索不達米亞。頗有意思的，猶太教創世神話中的伊甸樂園，可能就在這個地區（創2:10－14）。

西，帶領以色列人逃離埃及，又用許多神蹟（出7─11），保佑這群難民向迦南地挺進。這是後世猶太教徒在除夕夜，家長必要誦唸給家人恭聽謹記不忘的出埃及故事。上面這二大事件，註定了猶太教的性格：民族宗教，她純粹是猶太人的宗教文化、宗教生活事務，不為外人外族設教，也沒有向外傳教的意願。

猶太教的宗教核心和生活規範是契約*和律法*。以色列人逃到西奈山的時候，上帝向摩西和這群以色列人立約，說：「你們要歸我做祭司的國都，為聖潔的國民。」（出19:6）說的是，上帝和祂子民的關係的內容。此外，又給他們一套律法：《摩西五經》*──猶太教徒的信仰依據和行動規範，教理、教規、宗教生活條例等等，都由此發展出來。

猶太教有支持體制的棟樑，那是君王、祭司、先知、智慧人、文士和拉比*。這群人士難免有人性的弱點和腐敗，但他們是屢崩屢建猶太教大廈的工程師，而且愈建愈美。最難得的是，先知們在危困的環境中，宣講上帝信息，堅固同胞的信心；文士們努力研究、編輯、翻譯經書，留給猶太教和世界萬世不朽的《希伯來聖

> **法老王**
>
> 古埃及新王朝第十八（約1539─1292 BC）到第二十二（約945─730 BC）朝的國王頭銜。法老一詞，字面義是「大廈」。埃及人將之視同天神和太陽神的化身，生前死後都是神，而且神性代代相傳。
>
> 法老王的責任是維護人民的經濟生活和精神生活的福利，保護百姓免受侵略，維持他自己的神權統治。雖然埃及人尊法老為超人，但事實上是以其人性來做判斷的。君不見，那些昏庸無道的法老，常常被革掉老命。

> **契約**
>
> 猶太教用指上帝和以色列人之間，締結的一種「關係」，即是上帝成為以色列人的上帝，揀選他們成為聖民，應許以土地、民族、國家。但以色列人必須代代順服祂，信仰祂為獨一的上帝，遵守祂的律法、戒命、典章、律例。「契約」是《摩西五經》的中心事件和思想。

律法

猶太教用語，不是一般「法律」。廣義的，泛指上帝對以色列人最根本的啟示，律法同時是上帝對人類的教誨。它是上帝的旨意，是引導人類的智慧和生活的規範，是生命的法則。

律法表現在經典時，指全部《希伯來聖經》，甚至包括猶太教一切口傳的和成文的律法。狹義的，指律法書，即是《摩西五經》；她是《希伯來聖經》的前五卷，基督教稱之為〈創世記〉、〈出埃及記〉、〈利未記〉、〈民數記〉、〈申命記〉。她們是猶太教的無上權威經典，通常都是手抄的羊皮書卷，收藏在會堂裡的聖龕裡。聚會時要朗誦律法，有一定的迎送禮儀。

《摩西五經》

《希伯來聖經》的前五卷書。相傳作者是摩西，所以叫做《摩西五經》。這五卷聖經有無上權威，非其他以色列經典可以比擬，因為她是上帝在西奈山上親自頒授摩西的。她的主要內容，簡述如下：

摩西一書，基督教稱為〈創世記〉，記載宇宙萬物和人類的起源；罪與罰的根由；以色列民族的由來；上帝和人的關係。

摩西二書，基督教稱為〈出埃及記〉，是以色列民族最重要的歷史，記載該民族如何從滅種的危機中得救，並且如何得到上帝的選召和立約。

摩西三書，基督教稱為〈利未記〉，記載古以色列人禮拜儀式和宗教生活戒律，其中有不少關於原始宗教和禁忌的資料。

摩西四書，基督教稱為〈民數記〉，記載以色列的人口普查，摩西的人格，以色列人的背叛，和上帝的眷顧。

摩西五書，基督教稱為〈申命記〉，回顧上帝的引導保佑；重申重釋上帝的誡命；鼓勵以色列人謹守獨一上帝的律法；摩西之死。

拉比

希伯來文原義是「吾師」。猶太教用指具有《希伯來聖經》和《猶太教法典》的學術研究資歷者。拉比從事猶太人社團或會堂的靈性和宗教的指導工作。昔日，拉比並不依靠出賣宗教知識度日，而是各就本業，宗教諮商都是免費服務。到了14世紀以後，拉比才成為一種收入頗豐的專業；現代，仍然有部分拉比尊古法制，只當義工。舊時，一般猶太老師或賢人都可稱為拉比，耶穌也被如此稱呼過。

經》*。

猶太教是猶僑的民族宗教。猶太人亡國，流浪天涯海角，還能保持自己的宗教嗎？猶太人能！這是史無前例的。西元70年猶太教在巴勒斯坦的大本營，也是主要象徵，耶路撒冷毀於羅馬大軍，大部分猶太人被放逐於羅馬帝國境內各地。接下來的是，近二千年的寄居世界各國。在這種情況下，猶太人如何維持自己的宗教信仰而不至於被外國宗教、文化洪流吞噬呢？維護的力量之一是，猶太教的拉比和後來的拉比猶太教*。優秀的拉比針對猶太人散存天下各處的政治、文化、經濟、生活實況，重新詮釋傳統律法，輔導他們的信仰

《希伯來聖經》

猶太教的聖經，是基督教聖經的一部分，就是所謂的《舊約聖經》；那是基督徒的稱呼，猶太教徒不以為然，因為上帝和以色列人的契約不會變成「舊約」，這契約永遠恆新。《希伯來聖經》分做三部分：律法書，即是《摩西五經》，先知書和文學叢書；其中，最重要的是律法書。

圖7：破城之日。圖示羅馬軍人攻入耶路撒冷城之後，掠奪猶太人聖殿的貴重禮俱，如金燈臺等等。

生活，甦醒他們的精神，使信仰的火種不至於熄滅。

然而，要是沒有猶太人，哪來猶太教？猶太人多次亡於強國，先是以色列國亡於亞述（721 BC），繼之猶大國亡於巴比倫（587 BC）。約半世紀後，一度成為波斯的半獨立國（538—333 BC），而又亡於希利尼（333 BC）。最後一次，西元70年，羅馬將軍提多斯帶領大軍攻破耶路撒冷城，平定了猶太人反叛，從此驅逐猶太人離開本地，流放於羅馬帝國的天下。然而，有誰能預料，近二千年後（1948）猶太人能夠復國，重建以色列。長久亡國，沒被滅種，沒被同化的根本原因是，猶太人有極清楚又堅定的「我是猶太人」的認同。

但是這種認同需要二種實力為憑藉：精神和物質的力量。非常奇妙，此二者，早在西元前6世紀，被放逐於巴比倫的猶太人已經養成了相當穩固的實力。精神上，他們編成猶太教最重要的經典：律法書；在物質上，誕生了聞名於世的「猶太商人」──《聖經》和金錢，可說是猶太人復國的決定性力量！

圖8：猶太教聖殿西牆。這是耶路撒冷聖殿廢墟的西南側，曾在這裡進行考古研究。

在義大利

西元70年的亡國事件中，猶太人分兩支逃亡：一股向東北逃到巴比倫，得到那裡許多上層階級的猶太人收容；這些猶僑是西元前6世紀被巴比倫王尼布甲尼撒俘虜的後裔。另一股向西，逃難到羅馬帝國境內，特別是羅馬；這裡也已經有了猶太人的社團，向新來的難胞伸出援手。到了212年，皇帝卡拉卡拉允許已經住在羅馬帝國境內的外國人享有公民權。從此，這些猶太難民也就擁有合法的身分了。

到中世紀之前，來到羅馬帝國境內的猶太人主要的職業是種植葡萄、釀製葡萄酒、紡絲以及經商。這些工作、職業都是羅馬社會所不可或缺的。尤其葡萄酒和絲製品是羅馬人的最愛。

猶太人在這片異教之地，直到第4世紀末，他們的宗教信仰是自由的，為政府所保障。其後，基督宗教漸漸得勢，到了足以影響羅馬皇帝的時候，竟然濫用權

圖9：波蘭科拉考，斯他拉猶太教會堂的外觀。

會堂是猶太教徒聚集禮拜和從事宗教教育的建築物，但有時也當做社區聚會所，地方政治聚會處，審判廳，講堂，喪事禮堂等等。它的出現可能在西元前6世紀，猶太人流放到巴比倫時，沒有聖殿可做禮拜，因應聚會需要而產生的。到了西元70年，耶路撒冷聖殿再次被毀之後，會堂發揮了延續猶太教傳統和宗教生活的重要功能。

會堂的建築形式，不模仿耶路撒冷聖殿，大多採取長方形羅馬官廳模式。古代會堂的建築地點，常選在地勢高曠處，或流水旁邊；方向，面朝耶路撒冷，不然就朝東。

會堂裡，男女授受不親，劃席而坐；設有「管會堂的」，負責管理，維持禮拜秩序。會堂的聚會方式，深刻影響了原始基督教會的禮拜儀式。

力開始壓迫猶太教。起初還算相當理性的，例如，鐵拿西亞地方的基督徒鬧著要拆毀該地的猶太教會堂＊，理由是猶太教徒唸誦〈詩篇〉的聲音妨害了鄰近基督教徒做禮拜。此事，羅馬教宗大葛利果（540—604）給地方主教的指示是，注意調查是否事實，若有妨礙，應提供猶太教徒在別的地方聚會。此外，大葛利果給皇帝的一封信中提到，反對壓迫猶太人，他們享有羅馬法律所保障的權利和自由。但他不同意猶太人擁有基督徒奴工。

圖10：波蘭科拉考，斯他拉猶太教會堂的內部。

到了第6世紀，猶太教常常遭受迫害，有的甚至是地方主教所縱容的。當然，猶太人無法隱忍，屢屢向皇帝或主教申訴，主張自己的宗教是法律所保護的，但控訴都沒有什麼結果。不幸的是，到了第6世紀中葉頒佈的《羅馬民法》，刪除猶太教是被政府許可的。迫害有愈來愈猛烈的趨勢，在694年，第七次多利都大公會議決定，猶太人若不願放棄猶太教的，將被罰永遠為奴。這顯然是要消滅猶太宗教！

猶太教徒生存的情境是如此的惡劣，但他們不但活了下來，更是精進不息，往更文明的層次提升。他們講本地語言，但保存母語希伯來語。在第7世紀伊斯蘭教征服南義大利的時候，他們學會阿拉伯語。猶太人的父母教導子女背誦《猶太法典》*和《美斯納》*；如此，給後來歐洲的拉比

《美斯納》

內含《聖經》後期最古的猶太人口頭律法，許多學者歷經二世紀之久，系統地編輯而成的法典。西元第3世紀初，拉比猶大王子訂下最後的形式而後問世。《美斯納》的內容涉及猶太教宗教律法的全部，分成六大部門：農牧律，祭期律，婚姻律，民法與刑法，獻祭律和潔淨律。

《猶太法典》

廣義而言，就是猶太教口傳律法《美斯納》的注釋集。有巴比倫《猶太法典》和耶路撒冷《猶太法典》等二類；前者，約在西元前600年編成於伊拉克的巴比倫，篇幅頗大，英譯本就有一萬五千頁；後者，約在西元前400年編成於以色列境內，全集90%是解釋。這兩地的拉比所注釋的內容非常龐大，包含西元前4－6世紀，千年之間的口傳律法；成文之前，這些解釋都是口頭的。

《猶太法典》有二個主要功用：一、解釋成文律法，說明它的內容，限定它適用的範圍。例如，律法規定「安息日不准做工」。那麼，什麼是「做工」？沒有權威的解釋，是無從理解或遵守的。二、使律法適應時代的處境。法律老舊，時過境遷，需要適應社會、家庭、經濟等等實況。這就需要這部法典了——其地位崇高，僅次於《摩西五經》。

學校預備了優秀的人才。這些拉比是猶太人社會的宗教、精神領袖，也是猶太人接觸歐洲基督徒學者的橋樑。

15、16世紀文藝復興時期，所謂人文主義者，開始對希伯來文感興趣，進而研究《希伯來聖經》，造成基督和猶太教雙學者的對話熱潮。結果，希伯來文的書籍源源推出，有65%就是義大利猶太教社團出版的。

現在，按郝斯索德的調查報告，1998年義大利全國猶太人只有三萬人左右。

在西班牙

首批流放到西班牙來的猶太人是戰俘。

令人驚訝的是，基督教諸王迫害猶太教徒，但卻從征服西班牙的阿拉伯人得著釋放。也許是回報吧！北非的猶太人協助伊斯蘭軍隊進攻西班牙南部。一般而言，伊斯蘭教徒比基督徒更加善待猶太教徒，西元711年伊斯蘭攻佔西班牙之後，宣佈基督徒和猶太教徒都享有宗教自由權。為什麼？因為伊斯蘭教徒認為猶太、基督教和他們都屬於「書的宗教」*，都是相信《聖經》的人，認識上帝的啟示。雖然，被統治的此二類教徒被貶為次等國民，需要向伊斯蘭政府納特別稅，但宗教信仰確實是相當自由的。

在西班牙，猶太人可以安然守安息日，學習阿拉伯語，正如同他們在羅馬人統治下自由學習希臘語和拉丁語。但是，為要保存自己的《聖經》和傳統，他們沒有放棄母語希伯來語和亞蘭語。猶太人接

書的宗教

穆斯林用語。這是對於猶太、基督教徒一種尊重的態度，因認他們都是相信《律法書》和《新約聖經》的人；這兩部書是上帝啟示的，含有真理的亮光。根據這種理解，在穆斯林統治下，猶太教徒和基督教徒常常享有宗教自由。

受了阿拉伯文化，使他們自由出入阿拉伯世界，不但經商賺錢，並且因此搭上巴比倫，把她建造成當代猶太文化的中心。

猶太人在西班牙真是生財有道，產銷精美的工藝品，使不少猶太人變成富商、地主；繼之出現中產階級的猶太集團。他們認真教育子女認識古老的猶太教傳統。猶太商人也從巴比倫帶回《猶太法典》，延聘學者來教授母語希伯來語和亞蘭語。

應該注意的是，猶太商人心中有祖國！在西班牙有一個年輕醫師薛普特，是第一個猶太人被伊斯蘭政府聘為外貿大臣。他一方面效勞伊斯蘭政府，搞好經濟，一方面利用其財力和地位，關心歐洲各地的猶太人社團，供應他們《猶太法典》。他被10世紀中葉的猶太教徒稱為「尊貴的，失散的羊群的牧人，充滿智慧、謙遜和能力的教師、領袖」。他最主要的貢獻是將猶太教的文化和精神中心，從伊拉克的巴比倫轉到西班牙的哥多華。

不過，哥多華成為拉比的教育重鎮，卻是相當偶然的：有一次，伊斯蘭海盜搶劫船隻，俘虜之中有一位義大利的猶太教大師拉比黑諾和。薛普特獲悉大師被俘為奴，隨即高價贖回，並且聘他為哥多華的大拉比，主持本地的《猶太法典》學院。結果，哥多華取代了巴比倫的猶太教領導地位，從此猶太教學術中心就轉移到歐洲來了。

伊斯蘭統治西班牙（711－1492）的11、12世紀，是猶太教徒在歐洲最平靜的時期。他們有充分的時間來發展宗教文化思想，結果是在13世紀出現了猶太教神秘主義*。這一派思想，深刻地影響西班牙猶太人對於《律法》，對於宇宙論的理解。

好景不常，1492年西班牙王腓迪南二世，征服了伊斯蘭人佔據的西班牙南部最後的立足點，奪回失土。這時，雖然猶太人將阿拉伯的醫學、科學介紹給新的主人，但沒有得到任何利益，反猶太人的情緒日盛一日。終於，使腓迪南二世取消了猶太人的公民權，並且放逐二十萬名猶太人，不

准他們攜帶任何財物，流放到鄂圖曼帝國的地中海沿岸——災難之慘重僅次於德國納粹的大屠殺。幸虧，此地的伊斯蘭教徒善待這群猶太難民。

1990年，西班牙的基督徒終於良心發現，國王卡路斯頒發該國最高榮譽獎給猶裔西班牙人，並要求他們原諒基督教國王在1492年所犯的罪行。這項遲來的道歉，世界各地的猶太人都表示歡迎。

按郝斯索德的調查報告，1998年西班牙的猶太人，只有一萬四千人左右。

在法蘭西

第6—9世紀，在法國的猶太人和同時期在羅馬的猶太人遭遇到的惡運頗為類似，要不是強迫他們洗禮、改教，就是被隔離。第9世紀的一位主教阿歌巴得（779—840）要求神父注意基督徒和猶太教徒混居一地的問題，因為有些基督徒已經在守安息日，不再上基督教堂，深深嚮往猶太教了。

然而，猶太人在法國並不是宗教麻煩的製造者，他們除了研究傳統的《律法》和《猶太法典》之外，他們是經濟與城市生活和文明的促進者。同時，猶太商人有辦法供應法國皇帝世界各國的武器，有能力供應貴族和上流社會外國藥材和華麗的布料。像這樣，法國人、猶太人平安無事地互相依存了數個世紀。

一直到了10世紀末，猶太人在法國的平安時期不再。1096年十字軍東

征，震撼整個歐洲，首當其衝的就是猶太人。這一年，僅僅盧昂城就有二千名猶太人被殺，法國境內的猶太人被驅逐出境，只有波爾多和馬賽港有少數猶太人留了下來。

到了13世紀，猶太人在巴黎人多勢眾，已經有傑出的拉比可和基督教學者對話了。但在本世紀末（1293），教宗葛利果四世禁止《猶太法典》，搜來燒毀，強迫猶太知識分子公開表明宗教態度，試探猶太人改教。若是要堅持自己的猶太教信仰，只得再擇地逃難了。但通常隔不了幾年，反猶太人情緒會趨於平靜，他們就乘機捲土重來。

1791年，拿破崙採取宗教、政治自由政策，歡迎猶太知識分子組織他們的宗教社團。有趣的是，拿破崙政府要猶太人對於幾個敏感問題表態，例如，他們是否一夫多妻者？能否接受民法規定的婚姻關係？是否願意成為法國公民，擔負當兵的義務？是否願意跟基督徒結婚？除了最後一題，猶太人的回答是："Yes!" —— 其實，天主教會還是不准信徒跟猶太教徒結婚。

於是，直到被集中在納粹死亡營之前，猶太人在法國得到安棲。他們在政治上是法國公民，宗教上是猶太教徒。花都巴黎，在這一百多年之間，變成了猶太人的耶路撒冷！

按郝斯索德的調查報告，1998年法國的猶太人有六十萬人左右。

在英格蘭

11世紀中葉，第一批猶太人踏上英格蘭。他們夥同住在法國的日耳曼族諾曼人，在1066年入侵，駐紮倫敦。英王亨利一世（1100－1135在位）保證這群猶太人享有居住自由，免繳所得稅；有特別法律保障他們的權利。

這群猶太人長於理財，英王託以課稅、財政的重要任務。於是，當地

人給猶太人一個綽號：「國王的猶太人」。例如，林肯郡的亞倫協助英王順利建設九座修道院，建築林肯大教堂，處處大興土木。亞倫死的時候（1186），他已經是全英國最有錢的人了！猶太人頗會經營錢莊，放高利貸，有不少英國貴族因此淪為他們的債務人。此外，猶太人又組織起歐洲金融協會來；一時，富猶雲集英格蘭。

猶太人不僅擅於賺錢，而且文化生活也比當代其他民族進步。英格蘭人、諾曼人還住在木屋的時候，猶太人已經知道建造石材大廈了！他們給英格蘭帶來了歐洲大陸較高的文明。

11世紀末，英格蘭的猶太人雖然避開了歐洲大陸十字軍的殺害，但仍須花錢消災，課以財產的四分之一來支持十字軍東征，而基督徒僅捐獻十分之一。在這經濟艱難的時期，當地人嫉妒富有的猶太人，政府不再給予任何保障。在約克就發生過英格蘭人賴債而動武壓迫猶太人，焚燒收藏借契的大教堂，濫殺猶太人或迫他們改教。有不少猶太人因此自殺，以示盡忠於他們的上帝。

1144年，法國發生了歐洲第一件所謂的儀禮謀殺：有個叫做諾威契的年輕人，在復活節後第二天，被人發現陳屍在樹叢裡。地方人士據此誣賴猶太人用這種謀殺來譏刺耶穌的受難，結果引起基督徒狂怒，屠殺許多猶太人。此後，儀禮謀殺成為歐洲陷害猶太人的一種模式。

13世紀初，英王約翰窮迫至極，異想天開地在1204年沒收猶太人財產，驅逐他們出境來救急濟窮。同年，又有惡法頒佈：坎特伯里主教施壓國會，通過識別猶太人法令，即是猶太人必須在胸前披戴繡有二片法版的布褂——七百餘年後（1940），希特勒強制猶太人佩帶黃色大衛之星，賤別的心態如出一轍。後來，約翰二世需要猶太人的經營能力和財力，開始保護猶太人，歡迎他們回來。

英格蘭最後一次驅逐猶太人是1290年，這年有一萬六千名猶太人離開

此地。其後，一直到1655年，克倫威爾政府才保障猶太人的公民權。漸漸地，猶太人構成了英格蘭的中產階級；有錢人的子女彼此聯姻，造成一股堅強的猶太勢力。猶太人再接再厲，進軍政治社會；於1858年已經有羅恰爾特晉身國會，但見他手按猶太《律法》，宣誓就任國會議員。在1867年，又有李以色利膺任維多利亞女王的總理大臣。

今日，歐洲猶太人的政治、經濟中心不在別處，就在英格蘭。雖然按郝斯索德的調查報告，1998年猶太人在英格蘭只有三十萬人而已。

在德國

查理曼大帝（800－814在位）時，猶太人來到了德國。他們沿著萊茵河、莫色河和多瑙河，建立了社區，特別是科隆、曼茵茲、沃姆斯、斯拜雅、特里爾、雷根斯堡等地都成為猶太人重鎮。到了10世紀，曼茵茲、沃姆斯和斯拜雅，也已經是研究《猶太法典》、修道生活和猶太教神祕主義的中心了。

起初，亨利四世（1056－1106）還善待猶太人，但後來開始限制自由，常加迫害。最難以想像的是，不准猶太人從事手工藝或經商，只准他們經營基督徒不敢插手的錢莊、放利一類的行業。德國人還不了高利貸而向猶太債主施暴的事件，也時有所聞。

第一次十字軍東征時，萊茵河的三個猶太社區，凡是猶太人不接受洗禮改信基督教的，都遭到殺害。十字軍進入曼茵茲的時候，猶太教管會堂的，為要保護猶太人而向本地主教行賄。不幸，事機洩漏，主教落跑，猶太人慘遭屠殺。不願死在基督徒刀下，也不要信基督教的，父母先手刃子女，而後自殺。這日，猶太人殉教的，有七百人，另說有一萬二千人。那一位管會堂的，在大屠殺之後，他火燒會堂，一家大小自焚殉道。一日之間，曼茵茲變成地獄。

14世紀中葉，黑死病橫掃整個歐洲。這時一般百姓久積的迷信作祟，一口咬定是猶太人作孽，誣蔑他們暗中犯下「儀禮謀殺」，放毒於水井，褻瀆基督的「聖體」——聖禮用的一種無酵小薄餅。甚至馬丁·路德也起來反對猶太人，要驅逐他們出境。

　　雖然德國上流社會人士比較理智地看待猶太人，像奧古斯丁肯定猶太人是上帝的見證者，應當受到接納，應該保護他們的生命，直到最後改信基督。但是這種說法的影響力非常有限，顯見一般人對於猶太人的偏見是多麼頑強。

　　中世紀後期，猶太人受到更嚴重的限制和壓迫，於是紛紛逃往波蘭。這時期法屬萊茵河區的猶太人，託大革命之賜，在1791年獲得了公民權。此後，猶太教在德國平安無事，教勢漸漸壯大。到了1900年，曼茵茲猶太人社區已經有三千一百零四個猶太人，並且建設了一座莊嚴的猶太會堂。在這時期，猶太人也有擠進德國政治圈的，例如，外務大臣拉特瑙（1867－1922）就是出身曼茵茲的猶太人。他身兼科學家，哲學家和政治家——不幸，1922年被反猶太人組織暗殺，喪命於柏林。

　　德國社會潛伏著強烈的反猶太人暗流。1930年代，迫害猶太人的火焰開始再度猛燒。希特勒及其無數徒眾闖下滔天罪惡，徹底粉碎了猶太人認同德國所做的種種努力和貢獻。

　　大屠殺已經過了半世紀，少數殘存下來的猶太人開始重建猶太會堂。基於虧欠的心理，德國政府和民間多方面協助。尤其是前蘇聯解體之後，德國政府特別給俄國猶太人開了移民大門；生活比較困苦的俄猶，對於這項好意也有所回應。

　　自從1989年東、西德再合一以來，德國新納粹主義屢屢蠢動。猶太人的墓碑常遭破壞，土耳其和越南勞工的第二代，被新納粹毆打也時有所聞。議會諸公意見紛紛，要政警當局提出有效的阻止辦法。

按郝斯索德的調查報告，1998年德國的猶太人有七萬人。

最後的認同

那些自13世紀從英格蘭逃難到波蘭，或後來再逃到俄國的猶太人，並沒有得到平安，所受到的歧視和殘害無異於歐洲其他國家。

災難長相左右的猶太人，經過長期磨難而覺悟到雙重奮鬥的必要：政治認同住在地社會；宗教認同猶太教文化。這種態度清楚反映在18世紀，中、東歐的猶太教啟蒙運動，由神秘彌賽亞盼望轉向今世實現的，世俗的救濟；例如，俄國的猶太人作家喊出「俄國國民，猶太宗教」。他們大量推出希伯來文和俄文的文學著作；東歐猶太人的意第緒語*文學作品也源源而出。

不僅是文學、藝術，歐洲的猶太人在經濟、金融、醫學、科學，都有優越的表現，積極貢獻於歐洲居留國；許許多多猶太人及其子孫，忠誠認同本地。猶太教徒也清楚表示親近歐洲文化的意向，像猶太教大師孟得頌主張猶太教的普世思想，推出《德文聖經》給中歐的猶太人，使他們理解德國文化。

意第緒語

猶太三大文學語言之一（其他二種是希伯來語和阿蘭語）。東歐、中歐猶太人及其後裔的語言，產生於講德語的地域。意第緒語是用希伯來字母書寫，混合斯拉夫語、希伯來語，但文法和字彙則比較傾向於德語。

保守派猶太教

猶太教的一種宗教運動，旨在保持猶太教的傳統教義，同時又主張適應現代化，然而卻不像改革派猶太教那麼激進。本派主張：《聖經》研究用希伯來文；支持錫安主義；從1985年起，接受女人為拉比。雖曰保守，但這一派的宗教生活規律卻頗迎合時代。例如，安息日可以開車來會堂參加聚會——正統猶太教是不允許的，因為安息日不准做工，而開車說是「做工」！用傻瓜相機照相，也是做工！

美國猶太教徒，有23%屬於本派，是人數最多的一派。

然而有不少歐洲猶太人反對啟蒙運動，反對改革傳統猶太教。在1845年，德國產生了保守派猶太教*和錫安主義*運動。也許這一派的猶太人從歷史看到發憤圖強的方向：建立猶太人自己的國家，才能改變命運；認同當地的文化和社會，到頭來還是納粹死亡的集中營。

猶太人終於建國了！亡國近二千年，新的以色列國神蹟似地誕生在巴勒斯坦。浪跡天涯的猶太人再次清楚地聽到，上帝向亞伯拉罕的呼召，應許和祝福，快速地回歸迦南老家。

2-2 頂戴皇冠的十字架

　　基督教誕生在猶太教的本家巴勒斯坦。所謂「教主」的耶穌原是猶太教徒，他的十二高足也是。起初，耶穌和門徒都上猶太教的聖殿或會堂做禮拜；讀的《聖經》也是猶太教的。儘管如此，基督教不是猶太教，是另外一種宗教。

　　那麼，基督教是什麼？下個迷你定義的話，她是信仰耶穌為「主」*，為「基督」，為上帝的團體。分開來說，「主」指的是耶穌和信徒的關係，「基督」是他的工作，就是救世的彌賽亞*。重要的是，耶

主

這裡指的是基督徒對於耶穌基督的一種信仰態度，承認他是「我的主，我的上帝」（約20:28）。如此用法，已經超越了「先生」的尊稱，或「主人」的權柄，而是信徒面對道成肉身的主耶穌，所意識到的歸依、順服、交託，也是一種深沈的讚嘆！

彌賽亞

希伯來文的字義是「被膏油者」，希臘文譯做「基督」。所謂「膏油」是一種祝聖儀式，古以色列的君王、先知和祭司都要由老先知來行這項聖禮，表示分別為聖，承受上帝神靈恩賜的記號。

猶太教有「末劫型」和「神權政治型」二種彌賽亞。末劫型的彌賽亞：世界末日臨到，處處發生大災難，或大神蹟，然後基督在此時降臨來審判世人，接著就是新天新地。神權政治型的彌賽亞：上帝差遣英明的君王，以公義、仁愛、能力來建設和平的王國，重啟大衛王朝。傳統猶太教徒的彌賽亞觀，主要是神權政治型的。

彌賽亞是誰？最早的見解是從大衛的子孫當中出現政治、軍事的領袖來消滅外敵，建立王國。但後來猶太的拉比們，各有不同見解，大大修正傳統的彌賽亞觀念：外國的賢明君主，如釋放猶太人的波斯王古列（？—27 BC），也算是耶和華差遣的彌賽亞——不過，基督宗教的彌賽亞是主耶穌。

穌基督將天父上帝啟示給人類，並且帶來了上帝國的福音*。

這些核心思想，使基督教很快就突破巴勒斯坦的藩籬。信徒千辛萬苦，用信心、愛德、熱血、頭顱和希望，把基督教移植到歐洲來；從歐洲，基督教再傳播到世界各國。

從死亡開始

欲加之罪何患無辭！耶穌殉道的原因並不複雜，釘他的十字架上有個罪狀牌，寫道：「這是猶太人的王耶穌。」（太27:37）諷刺十足，耶穌沒有一兵一卒，何來造反稱王？那是猶太民間領袖羅織的罪狀。

無疑的，耶穌惹上了一些有力人士。他得罪了撒都該人*，他們說耶穌要毀壞耶路撒冷聖殿，廢除獻祭的禮儀；這會斷絕他們的財路，損害他們的政治和宗教利益。耶穌得罪了法利賽人*，認為耶穌的思想、言行反傳統，不遵守摩西律法，膽敢接近罪人、女人、外人，缺乏修道人的那份氣派，真是無可救藥。耶穌也得罪了激進派分子*，他們無法同意耶穌用自己的生命來見證真理；用愛和服務來實現上帝

上帝國的福音

或稱為「天國的福音」。這句話概括了耶穌降世的目的和工作的內容，即是向世人宣告上帝恩寵的世紀已經來臨，使人在基督獲得釋放和自由，脫離罪惡和毀滅的勢力，而成為天國子民，享有心靈和肉體的平安喜樂。例如，罪人成義，貪者廉潔，迷魂甦醒，病患康健，心靈鬱卒者得到安慰。

可見，福音不僅是好「消息」，更重要的是耶穌基督的「事件」，耶穌和世人關聯的一種「境界」：上帝愛世人的恩寵。

撒都該人

猶太教的祭司，貴族階級。撒都該人可能是西元前2世紀繼續馬加比革命的一黨，他們出來改革傳統祭司，造出新的大祭司體系；關注的是耶路撒冷聖殿的獻祭和權力，結交羅馬權貴。他們對宗教的見解和實踐恰恰和法利賽人相反，不相信人有靈魂和復活，是非常俗化的族群。

法利賽人

巴勒斯坦猶太人的一個宗教派別，出現於西元前165年，活動到第二聖殿毀壞為止（AD 70）。他們對於猶太教的律法採取演進的看法，雖然接受《摩西五經》的成文法律的權威，但是重視口傳法律，認為古經需要後來的《美斯納》輔助，才能適應新時代的情景。

法利賽人不是政黨，不是貴族，而是平民，是虔誠的猶太教的知識分子。他們敬拜上帝的方式不是祭司用牲體的獻祭，而是用祈禱和遵守上帝的律法，所以沒有耶路撒冷，沒有聖殿也可以禮拜。幸虧，猶太教有這種人士，所以聖殿受毀，在會堂就以這群人為中心來實踐，來輔導猶太教徒的信仰生活。這群人有的虔誠過分，講究律法矯枉過正，以致「法利賽人」成為「偽君子」的同義詞。

激進派分子

《新約聖經》中舊稱「奮銳黨」。此詞用指猶太激進分子，採取極端的方法，如武力反叛等等，來對抗外來政權，特別是羅馬和羅馬官員。

猶太人的激進思想淵源久遠，可回溯到西元前13世紀，摩西帶領以色列人進入巴勒斯坦的時期。這些激進分子堅守摩西律法，獻身保持耶和華宗教的純潔性，民族血統的單一性。馬加比武裝革命，驅逐外來政權，復興猶太教，乃是該黨的最高峰。學界也將施洗約翰和耶穌的門徒「激進黨的西門」以及使徒保羅，視同激進分子。

另一種是，約在西元前6年由卡馬拉的猶大所創立。他們是用武力反抗羅馬的革命黨。有學者認為，猶太人在西元70年反抗羅馬，主要是由這一黨人發動的。宗教修煉上言，法利賽人是宗教激進分子。

這些激進派人士的共同信念是：用獻身的宗教熱情，來排除上帝所視為邪惡的事，並且虔誠遵守上帝的誡命，甚至加倍的遵守摩西的宗教、道德、慣俗的法律。他們相信為上帝「大發熱心」是帶有贖罪作用的；也可能彰顯上帝的義憤，以及表現上帝對罪惡的審判。

國，那是懦弱無能之徒，不是推翻羅馬政權的革命鬥士。

於是，這一群人產生了陷害耶穌的「共識」，就由祭司長派人捉拿耶穌。總督比拉多糊裡糊塗的問了耶穌，結果是查無證據，事出有因，造反死罪成立！於是，耶穌被釘十字架，死了，埋葬了（太26:47—27:68）！時間是西元30年春天。

五旬節

希臘文字義是「五十日」，原是猶太教的五旬節。這是教會的生日，也是教會主要的節日之一。此日，就在復活節後第五十天的星期日；原始教會經驗到聖靈充滿，獲到無比的傳道能力，教會大大發展（徒2:）。可能是在第2、3世紀，教會才開始記念聖靈降臨的五旬節。

希臘東正教會和北歐基督教稱她做「白色星期天」，因為教會在這天舉行洗禮，受洗的人都身穿白袍的緣故。

使徒

一般用指具有傳達信息或任差使的任務者。在《新約聖經》，耶穌用來表示回應天父上帝的差遣，並以其權柄「差送」人出去傳福音的人。最著名的是耶穌的十二使徒（太10:1—2）；另外，耶穌又差遣七十人（路10:1）。在這種意義下，保羅自稱為耶穌基督的使徒，古代教會也如此接受他。但是自從第1世紀以後，這種狹義的「使徒」，再也沒有應用於教會了。

三天後，星期天清晨，耶穌的母親、阿姨和另外一個女信徒，按照猶太人的習俗帶著香膏來到墓室，要塗抹耶穌的屍體。她們走近墳墓，看見墓石已經移開。探頭一看，不見屍體，只見裹屍布整整齊齊地擺在一邊。悲從心生，馬利亞不由得哭了起來，說有人偷了耶穌的屍體（約20:11—18）。

基督教的決定性大事發生了！耶穌復活了！耶穌出現在這群探墓的女人面前。耶穌向她們說話，吩咐她們告訴其餘的門徒，說他已經復活了。

此後四十天耶穌常常顯現。那些逃離耶路撒冷回到加利利海打魚的門徒都看見了他，耶穌和他們一起吃早餐（約21:1—12）。耶穌吩咐他們回耶路撒冷去，在那裡等候聖靈賜下的傳道力量，然後到普天下去傳福音，建立教會（太28:16—20）。後來，耶穌也顯現給其餘的信徒看見，向他們講解天國的事情（徒1:3）。然後，耶穌昇天去了（路14:50—53）！

五旬節*這一天，門徒聚集在耶路撒冷，被聖靈充滿。從世界各地回來過節的猶太僑民，經驗到這件神秘大事。這時，彼得和其餘的使徒*向眾人講道，勸他們悔

改、受洗，來領受聖靈，救自己脫離邪惡的世代。這一天，就有三千人受洗成為基督徒 —— 他們是來自亞、歐、非三洲虔誠的猶太教徒。這樣，他們把耶穌基督的福音傳播到了僑居地（徒2:5—11）。

此後，使徒充滿了上帝的靈力，行了許多治病驅鬼一類神蹟。他們勇氣大增，天天在耶路撒冷聖殿，在街頭巷尾，宣傳基督的福音。民眾喜愛他們宣講的信息，信徒快速地多了起來；他們有物同享，常在一起祈禱，心裡充滿喜樂（徒2:43—47）。

這些信耶穌的人大部分是虔誠的猶太教徒，也有幾位是該教的祭司。

第一個殉道者

西元32年，耶穌基督的福音已經瀰漫著聖城耶路撒冷，引起祭司、守殿官、撒都該人強烈的危機意識。於是，宗教當局開始迫害信耶穌的人，紛紛捉他們下獄。這時，滿有靈力，行了許多神蹟的傳道人司提反，被告到猶太人的公會*，指控他破壞摩西的律法，褻瀆聖殿（徒6:13）。

司提反站在審判長大祭司面前，面貌燦爛像天使，直陳猶太人迫害先知的惡行，來激發他們的良心。他說：

你們這些頑固的人哪，你們心胸閉塞，充耳不聞上帝的信息！你們和你們的祖先一樣，總是跟聖靈作對！哪一個先知沒有受過你們祖先的迫害呢？先知們宣告那公義的僕人要來臨，你們的祖先卻把他們殺了；現在你們竟又出賣那公義的僕人[耶穌]，殺害了他。你們是從天使手上接受上帝

> **公會**
> 中文和臺灣話《聖經》譯做「公會」（可14:55），也有音譯成「三合林」。這種公會不是「同業公會」之類的，而是近似貴族院，或元老院。它是自西元前6世紀，波斯古列王釋放猶太人回猶大地以後到西元70年之間，在耶路撒冷的一個猶太教的最高機關，由七十一位委員組成的。

法律的人，而你們卻不遵守法律。
（徒7:51—53）

大祭司惱羞成怒，判他擊石之刑*。受傷將死的司提反，斷氣之前為謀害他的人祈禱，說：「主啊，不要將這罪歸於他們！」這時，證人中有個叫做掃羅*的年輕人，對於司提反的死卻感到一種神聖的快感。

此後，耶路撒冷宗教當局乘勢全面迫害基督徒，使徒、信徒紛紛被捕下獄，有的逃亡到猶太、撒馬利亞等地；猶太僑民則被驅逐出境，回僑居地去了。司提反殉道事件像農夫撒種，處處長出基督福音的

擊石之刑

古代猶太人的極刑。按照猶太人的宗教律法，凡是觸犯這些罪行的，都處以擊石之刑：禮拜上帝以外的神，引誘人相信異教的神；獻兒女為牲醴給摩洛神；奉別的神說預言；褻瀆上帝；不守安息日；私通。

執行擊石之刑時，由揭發罪犯的證人按手在犯人頭上，表示罪由犯人承擔。然後被帶出城外，由證人擲射出第一顆石頭，然後由鄰里、眾人繼續擲石，擊死為止（利20）。

掃羅

掃羅也叫做保羅（徒13:9）。而掃羅是猶太人所熟悉的希伯來人名；當他到希臘語的世界傳道，大家就用希臘語稱呼他做保羅。又，保羅一詞的意思是「小」，他一生謙卑事奉基督，服務眾人，從他的謙小，看到他的偉大。他被公認為基督教最偉大的神學家和宣教士。

小亞細亞

就是《新約聖經》中所謂的「亞細亞」（徒19:10）。地理上言，她涵蓋黑海以南，地中海以北的陸地，也包含塞浦路斯島，鄰接敘利亞和伊拉克；西到愛琴海，含伊斯坦堡；北境是伊朗，東北接高加索小山脈。

此地區，是古代東西交會處，也是古戰場。此外，更是古世界文化交流區域，可遠溯到西元前2000年的赫人的文化，其後更是希臘、羅馬、阿拉伯文化的大熔爐。在第2世紀時，這地區已經有許多基督教會了，例如，以弗所、士梅拿、哥羅西、安提阿等等。

果實——從耶路撒冷到巴勒斯坦全境，以至於小亞細亞*一帶。

宗教迫害時鬆時緊。從西元44年以後，亞基帕王強力壓迫耶路撒冷教會。西元63年，耶路撒冷的基督徒領袖，耶穌的胞弟雅各殉教；接下來由使徒彼得帶領受苦的教會，基督徒再也不能公開聚會了。這時基督教中心耶路撒冷，也就轉移到敘利亞的安提阿，以及義大利的羅馬城。

第2世紀基督教神學家特土良，說：「殉教者的血就是教會的種子！」古代基督教會確實是如此發生、如此長大。

歐洲宗教大使

那個做證控告司提反的少年掃羅（?—64），來自基利家大數城*，是猶裔羅馬公民。他的條件優越，天資聰明，受過完整的希臘教育；家庭有可誇口的宗教背景，是虔誠的法利賽人。他回來留學，在耶路撒冷接受拉比教育的時候，投入迫害基督徒的行列。

掃羅為人是非分明，恨惡虛假，理直氣壯地參加消滅假彌賽亞的宗教運動；他確實是如此判斷信奉耶穌的人。掃羅繼續參與肅清基督教，挨家挨戶搜捕基督徒，儼然是個能幹的宗教大捕快了。

掃羅再接再厲，西元35年繼司提反殉教之後，向大祭司請得公文，帶著隨從要上大馬士革逮捕基督徒。快要進城的時候，忽然有一道強光從天上照射他，掃羅就從馬背上摔了下來，仆倒在地。

> **基利家大數城**
>
> 小亞細亞東南岸，基利家省的首都；此城咸信已經有六千年之久的歷史，有「世上最古老之城」的美名。西元第1世紀保羅的時代，本城住民有希臘、羅馬和猶太人；已經是個高度希臘化的城市。保羅相當誇口他出生的這個大數城，說：「並不是無名小城」，意指政治、經濟、知識方面都是當代有名的。事實如此，她是羅馬軍事要地，位居肥沃的基利家平原，盛產羊毛、紡織品和帳篷。

「掃羅，掃羅！你為什麼迫害我？」有聲音對他說。

「主啊，你是誰？」掃羅問。

「我就是你所迫害的耶穌。起來，進城去，有人會把你所該做的事告訴你。」（徒9:1—6）

這是掃羅的神秘經驗！復活的耶穌，選召了他，要他來傳福音。於是，掃羅，成為耶穌忠實而又有才能的使徒保羅。大約是在西元46或47年，保羅來到小亞細亞的基督教中心安提阿傳道，建設了好多教會。幾年後，保羅轉到馬其頓境內傳道，建設了腓立比、帖撒羅尼迦等教會。基督徒的信心得到堅固，一些教會生活的問題，教理的疑問，也都得到解答。

保羅的神學思想深邃，有力地詮釋了福音真理，奠下基督教穩固的思想基礎。他有許多著作，收在《新約聖經》裡的，有《羅馬書》和《哥林多前、後書》等十幾種。無疑的，他是基督教最重要的傳教士和神學家。

鬥獸場的奇蹟

西元64年7月，「暴君焚城錄」在羅馬城公演了！縱火燒城的是尼祿皇帝（54—68在位）指使的部隊。他為了要轉移民怨，就將禍首轉嫁給羅馬的基督徒。於是有了非常的理由展開迫害，許多基督徒被捕，集中在梵諦岡花園來公開行刑。相傳，使徒彼得和保羅在這次教難中殉道。

尼祿皇帝殺害基督徒的手法非常殘忍：令基督徒空手鬥猛獅、鬥野牛；殖民地的基督徒則被釘十字架，羅馬籍的被斬首。又有綁在木樁上活活燒死，或埋在大麻屑裡當垃圾慢慢焚燒的。健壯的基督徒被強迫做礦工，婦女則押去當妓女。

教難雖然猛烈，但羅馬城的基督徒並沒有因此被消滅，反而有許多勞動階級的人奉教，也有少數上流社會人士歸依，例如，羅馬執政官夫拉維

圖11：羅馬尼祿皇帝的頭像。

圖12：古羅馬的圓形劇場。羅馬迫害基督
宗教時期，基督徒曾在這裡和野牛相鬥，
或被迫彼此決鬥。

圖13：基督徒被迫跟野獸決鬥。這幅磚畫見於北非利比底斯瑪格拿地方的一棟別墅。
描寫202年，非洲迦太基迫害基督徒的慘況。在圓形劇場中，有基督徒婦女鬥野牛，
群眾毫無憐憫地狂喊「血洗！」要她們鬥到氣絕為止。

亞革利兔和夫人。這位執政官夫人在尼祿皇帝迫害基督徒期間，提供私人
墓園，給基督徒秘密聚會。

　　尼祿皇帝迫害之後，雖然基督徒有隨時受苦的可能，但嚴重又普遍的
教難發生在西元250年之後；里昂、維也納，處處有基督徒殉教。然而，

這一切迫害並非基督徒的過失，民眾好像患了一種誣陷情緒症。古教會神學家特土良，說：

> 但當羅馬城的臺伯河氾濫，
>
> 殖民地埃及的尼羅河沒有水灌溉，
>
> 乾旱或地震，
>
> 饑荒或瘟疫，
>
> 羅馬人就說：「來，把基督徒餵獅子！」

邪教？正信！

當然，基督徒本身也有引起人家反感的地方，他們對於本地宗教、文化和習俗，絲毫不感興趣，而又相當排斥。還有，基督教的禮拜儀式，都可能引起鄉人的不滿或猜忌。例如：

- 基督徒排斥當地的傳統宗教，因此被指控做無神論者。
- 信徒拒絕崇拜羅馬皇帝；這無異於叛國的行為。
- 基督徒人窮勢弱，膽敢輕看富貴，鄙視社會的主流價值和生活方式。
- 聖餐禮所謂的「吃基督的肉，喝他的血」，被誤解做吃人肉，喝人血。
- 男女信徒相親，夜裡做禮拜聚集一室，被抹黃做放縱情慾。

儘管一般人的控訴頻繁，教難屢屢，但基督徒的信仰堅定，忠實於他們的主耶穌。此外，基督徒又有一般羅馬人缺乏的善德。例如：

- 團契中沒有階級之分，貧富之別。
- 信徒彼此相愛，互相扶持；奴隸、兒童和婦女得到照顧和尊重。

- 他們行事為人光明磊落，道德生活高尚。
- 他們面對死亡，冷靜又勇敢，酷像希臘、羅馬的哲學家。

「看啊，他／她們多麼相愛！」羅馬人對基督徒讚嘆著。日子一久，他們獲得了非基督徒的同情、理解和接納。

當然，若是僅有崇高的道德理想，還是不能成為世界大宗教。這方面，基督教擁有一些滿足人類宗教心靈的思想特色，那是：

- 公義、慈愛的上帝的信仰與論說，並且給善惡幽靈餘地。
- 能夠肯定闡明上帝啟示的旨意。
- 一部極有權威的《聖經》。
- 按照符合上帝旨意和德性，來追求世俗所不重視的善德善行。
- 具有賞善罰惡的來世生活觀。
- 象徵新生活開始的入會典禮。
- 罪得赦免的應許。
- 有一位贖罪的神，使人藉著聖禮和神交往。
- 人類皆兄弟的思想、教導和實踐。

到了第2世紀，羅馬城的基督徒已經不是躲在社會陰暗低層的族群了。當代羅馬城醫生卡連，給朋友狄奧吉尼特的信上，說：

「基督徒善於用譬喻來說明他們的信仰；他們實踐高尚的道德生活媲美哲人。基督徒參加各種社交活動，出入公共溫泉浴場；他們穿著羅馬人的衣服，講羅馬人的語言；他們贏得人民的好感，隨時都能為信仰做見證。他們真是地上的鹽*！」

第3世紀中葉，基督教成為羅馬國教的前一世紀，教會已經有專業的

圖14：基督徒殉教（上圖），寫
字蠟板外皮的畫飾（c. 506
年）。圓形劇場（下圖），有五萬
個座位。1750年教宗本篤十四世
祝聖為聖地，因這裡曾製造過無
數基督的殉教者。

傳教師了。他們在羅馬、東非、北非、西亞傳教，設立了許多教會。到了
本世紀末，宗教迫害比較寬鬆，信徒趁機熱烈宣傳福音，認真帶領人參加
聚會。基督徒的人數快速地增加了許多。

　　意外地，教難時期以生命來支持真理，來壯烈殉教的犧牲精神，感動
了不少教外的人，使之成為基督徒。在這時期，教會裡出現了幾位學識人
品都很好的護教士，例如，游斯丁（100?—?165）、愛任紐（c 130—

202)、特土良（?155－230）、居普良（200－258）等人；後來，又有大師級的神學家奧古斯丁（354－430）*。他們堅固基督徒的信仰，辯護不實的指控，給教會奠定了信仰和神學的良好基礎。

皇冠上的十字架

一進入第4世紀，羅馬帝國已經不敢輕看基督教會了。羅馬當局眼看用壓迫的方法消滅不了基督教，於是採取另一種策略：妥協和利用。

西元311年羅馬皇帝加利流崩逝，素來同情基督徒的君士坦丁和大力擁護異教的馬克米里安爭奪帝位。翌年秋天，君士坦丁從北義大利直驅羅馬城外。兩軍隔河紮營，君士坦丁的兵力遠不及馬克米里安。在決戰前夜，君士坦丁求告於基督徒的上帝。夜裡，君士坦丁夢見光輝奪目的十字架和耶穌的名字，又聽到聲音向他說：「靠此得勝！」於是，君士坦丁命令兵士，徹夜將「十字架」這個記號塗在盾牌、盔甲上面，表示做為基督徒而戰。此役，君士坦丁大勝，佔據了西羅馬。馬克米里安陣亡。

這次戰役的勝利，君士坦丁認為是基

圖15：羅馬城的地下墓穴。羅馬政府迫害基督宗教時期，基督徒曾在這裡秘密聚會或做禮拜。

督徒的上帝所賜，於是更加積極擁護基督教，給予種種方便。西元313年，他和東羅馬皇帝理吉紐相會於米蘭，聯合頒佈〈米蘭上諭〉*，給基督教法律上的保障。它的要點是：在羅馬帝國境內，基督教和其他宗教享有平等地位；被政府沒收的財產發還給教會。

西元323年，西羅馬皇帝君士坦丁和東羅馬皇帝理吉紐兵戎相見；理吉紐戰敗，君士坦丁統一羅馬帝國。此後，基督教會從政府得到許多特權，例如：教職人員免繳所得稅；教會有權接受捐贈遺產；城市住民禮拜日不准工作；禁止非基督教的獻祭。此外，君士坦丁帝熱心建造教堂，像羅馬城的彼得大教堂和保羅大教堂。最值得批判的是，這位皇帝也要排解教義爭論，他主導325年召開的尼西亞大公會議，在皇權的陰影下制定了基督教極重要的文獻：《尼西亞信經》*。

君士坦丁大帝死（337）後，皇子君士坦丟（317－361）和君士坦斯分別登基為東、西羅馬皇帝。這二位年輕皇帝對於基督教的熱心尤甚於其父。兄弟倆在346年聯合令諭，封閉國內傳統宗教的廟宇；凡是向神像獻祭者，處以極刑。

後來，皇帝提阿多修（379－395在位）更是寵幸基督教。他在380年的上諭，規定基督教為羅馬帝國的國教，是唯一合法的宗教。可惜，這些法令毀壞了諸教平等的羅馬法律精神，給後來教會濫用權力，迫害異己，埋下了惡因。

圖16：尼西亞大公會議。制定基督宗教的根本信條的最重要會議。中央戴冠冕的是君士坦丁大帝，背景中央的，是被判為異端的阿留斯。這是9世紀西奈迦特蓮修院的聖像。

　　此後基督教徒增加迅速。羅馬政府多方面配合教會：提供土地、材料，援助建築教堂的經費等等。城市、鄉村，大小教會如雨後春筍，基督教會就在羅馬帝國的基礎上繁榮了起來。教會漸漸壯大，教權高漲，政府也樂於互相合作，彼此利用，以擴張教會，以安定政治。然而，皇權污染

圖17：最早的聖彼得大教堂。現在僅是梵諦岡聖彼得教堂的壁畫。圖示君士坦丁建築於324—326年的教堂，就在彼得和其他基督徒殉教的墳墓上。這教堂是羅馬會堂式的建築，廳堂兩旁各有兩個迴廊。

了耶穌基督福音的純潔性是不爭的史實。難怪第5世紀神學大師奧古斯丁指出，國家權力的本質有如土匪，不可毫無保留地祝福它。

十字架和皇冠聯姻，豈不滑稽？

歐洲的基督教化

雖然381年基督教成為羅馬帝國的國教，但是歐洲變成所謂的基督教國家，卻要再等一千年之久。這件艱難的大工程，從羅馬出發，慢慢基督教化西歐、中歐和北歐的日耳曼民族；然後是巴爾幹半島東部、東歐和俄國的斯拉夫民族。到了11世紀，基督教才算傳遍整個歐洲。

第4世紀末葉，基督教化歐洲的工作從兩個基地出發：東羅馬帝國的君士坦丁堡和西羅馬帝國的羅馬大城。此二中心採用的教會語言不同，前者是希臘語，後者是拉丁語。這種語言和地域的不同，後來在神學思想、教會制度、儀禮、藝術、建築，等等都有相當大的差異性。從這方面看，近六百年後（1054）希臘東正教和羅馬天主教的分裂絕不是偶然的。

分裂結果，呈現了宗教改革前的基督教二大疆域：歐洲西南部是天主

圖18：梵諦岡聖彼得大教堂。圖示夕陽
西照時，殿堂充滿著非常綺麗的光輝。
本堂的中心焦點是聖彼得的寶座；寶座
兩旁各有二位教父站立著，表示教會擁
有純正的教義。在一千七百年之中，有
二百三十七位教宗登上這個座位。

圖19：梵諦岡的西斯汀教堂。教宗是在這
裡誕生的，這裡有梵諦岡最美麗的圖畫。
祭壇背景就是米開朗基羅的〈最後的審
判〉，天花板畫的是〈創世記〉。

教會的天下，北歐是希臘東正教的世界，而巴爾幹半島一帶，則是兩大陣
營角力的地區了。然而，基督教普遍傳播到歐洲各國並不是倚靠教會的分
裂，而是諸教會多方面的努力傳教的結果。除了教徒遷徙和信徒個人領人
信教之外，歐洲的基督教化有幾種相當重要的方式：計畫的傳教，統治者
決定，侵略者的政策和修道院的影響。

　　先看一下計畫的傳教吧！這是由羅馬教宗，派主教前往某地負責傳
教，建設教區，或主教派遣傳教士游走傳道，開拓教會。例如，590年，

教宗大葛利果訓練一批宣教士，派往英格蘭傳教。又如，波尼法修斯主教（672－754）從英格蘭來到德國中部傳道，設立了教區，建設了富爾達修道院，有效地推動傳教工作，教育人民 —— 這位「德國的使徒」殉教前八、九年之久，擔任曼茵茲大主教。

德國漢堡以北至丹麥、瑞典、挪威有「北方的使徒」之稱的安斯嘉主教（672－754）及其繼承者余尼大主教（917－936）負責傳教工作。後者傳道的對象以上層社會人士為主；他們努力傳教，但效果不彰。北歐的基督教化卻要再等上二百多年，那是丹麥國王肯特（995?－1035）熱心奉教，在他統合的瑞典、挪威和英格蘭這些地區設立了神職人員的教階系統，使宣教工作順利開展。

其次，統治者決定。這種基督教化說的是，國王，或政府，或領主，

圖20：羅馬梵諦岡的聖彼得廣場。

決定本區人民的「官定宗教」，強迫百姓接受。例如，日耳曼皇帝克羅威克一世（466—511），於496年討伐阿利曼人叛亂，情勢困頓，因祈求耶穌基督而得勝，而奉教。於是他決定全體人民都得改信基督教。又如，西元1000年，冰島的日耳曼執政者，決定島民全部改信基督教。

從統治者的立場看，宗教的一致性有利於政治統合。同時，基督教標榜的是仁愛、服務、嚮往天國，對於帝國的政治、社會安定頗有利用價值。

還有，侵略者的政策。這指的是基督徒國王征服了某一地區之後，強迫領地的人民改信基督教。例如，查理曼大帝（742?—814; 800—814在位）征服東歐斯拉夫民族和日耳曼民族的撒克遜人之後，規定領土之內只能信奉基督教：受洗，或者受死！——心不甘，情不願，只知侵略者，不知耶穌基督的人群，一時之間扶老攜幼，集體受洗成為基督教徒——教會的一筆糊塗賬！

最後，修道院的影響。修道院多采多姿，有建在沙漠荒野，遠離紅塵的；有蠹

圖21：波尼法修斯的石雕像。他是「德國的使徒」，帶領北日耳曼民族歸依基督，於975年殉教。雕像的背景是曼茵茲大教堂。

圖22：阿托斯山修道院。自從10世紀以來，本山是東正教的主要修道中心；本修院的名言是：「阿托斯山的每一顆石頭都在祈禱」。山在希臘東，海拔六千五百英尺。

圖23：法國東部毗連尼斯山的聖馬丁修道院。這是11世紀初，典型的羅馬式建築。修道院是早期神學研究和社會服務的根源，對於歐洲的基督教化扮演過重要的角色。

立市鎮，而關門自修的；有篳路藍縷，開闢荒地，兼營一個世俗社區的。最後這種修道院，功能是多次多方，不但關顧靈性，而且提供區裡住民的保護、教育、工作、就業、娛樂。第4世紀的一項記錄指出，僅是君士坦丁堡一地就有三百間以上的修道屋；修道士好像牆圍，用祈禱和服務來衛護他們。

此外，也有修道士雲遊四方來傳道。例如，10世紀的聖尼孔（1000?）到格里底，又到希臘南方伯羅奔尼撒向斯拉夫民族傳教。18世紀，聖柯斯摩斯（1714－1779）從希臘東北的阿托斯山出發，向希臘人，阿爾巴尼亞人做巡迴佈道。這類傳道僧侶扮演了重要的基督化歐洲的角色。

最有力的傳播基督福音，應該是教會的社會服務吧！修道院的創始人聖巴西流（330－379），認為修道院的使命就是實行基督的仁愛。他在撒

圖24：〈聖法蘭西斯奏請圖〉。法蘭西斯請教宗英諾森三世，准他成立修道團。宗旨是要過著為了神的緣故而成為窮人，來過著清修的團體生活，以利服務世人。

圖25：神授君權。圖示基督給國王羅馬努斯和皇后友多佳加冠；可見，教權何等高漲。象牙浮雕，約作於945年。

該利亞城創立一個大型的修院，從事醫治病患、收容孤兒寡婦、救助貧民的工作；它就是救濟院、醫院、孤兒院和收容所的綜合體——後世基督教會不斷地繼續這種有效的傳教媒介。

應該一提的是，修院的社會服務，是根據「靈性」的洞識和「知識」的指導。唯有這樣的社會服務，才能長遠地見證真理，傳播福音。應該點出的，修道院是靈性和知識的寶庫。

歐洲基督教地理

16世紀初，宗教改革*在德國爆發。這件世界史大事，不但豐富了基督教神學思想，而且增添了歐洲基督教版圖好幾道鮮艷的色彩：路德宗、喀爾文宗、聖公宗，等等新的宗派。

此後，因為歐洲各國的國王宗教立場的不同，而重新洗牌，形成了歐洲新的宗教地理。概略而言，歐洲基督宗教大勢是這樣的：

天主教：西歐的愛爾蘭、比利時、盧森堡和法國；南歐的葡萄牙、西班牙和義大利等國；中歐的奧地利和德國；德國約有一半以上的宗教人口是天主教徒。

宗教改革

在16世紀初，反對羅馬教會某些教義和做法的運動。在德國有馬丁‧路德（1483－1546），墨蘭頓（1497－1560），瑞士有慈運理（1484－1531）和喀爾文，蘇格蘭有諾克斯（1505－1572）等人所倡導的改革教會的運動。

初期改革者不能接受的教理和實際問題，是買賣「贖罪券」；教宗和煉獄的赦罪權；《聖經》的權威；腐敗的宗教制度。

贖罪券或稱為「赦罪符」。天主教相信人在神父面前告解後，獲得赦罪，但人需要行善，以積善功，來抵償自己的罪過，再多的善功則積成教會的功庫。教會有權動用功庫，來寬免罪罰；並能赦罪於煉獄之中。

這種赦罪的思想，到了14世紀淪落成贖罪券買賣。原為籌募建築聖彼得教堂經費而發行。有布拉格大學校長胡斯（1373?－1415）反對教會販賣贖罪券，認為這種做法是違背《聖經》的教訓：赦罪是神恩，不能買賣。胡斯因此被天主教會判為異端而殉道。

16世紀初，亞伯拉希特（1511－1568）大主教，在曼茵茲等教區販賣贖罪券，派專員鐵咨勒（1407－1519）徵收票款。路德聽到這種大弊端的風聲，極力反對，於1517年10月31日在威丁堡大教堂，貼上〈九十五條論題〉要求公開辯論。有誰知道，販賣「贖罪券」竟然成為宗教改革的導火線。

其實，「改革」是基督宗教的精神，至今基督宗教仍然不斷地在改革自己。這也是歐洲精神文明的動力。

圖26：皇冠上的十字架。圖示德國皇帝代表帝國和基督的權威，來施行統治。

天主教是基督宗教中最大、最古老的一個宗派。「天主教」一名，是由於該教稱呼上帝為「天主」而得；正名應該是「大公教會」，更確切地說，是「羅馬大公教會」。「大公」原義是「普世的」，後來加了一層「正統」的意味。其教制和教義殊異於其他基督宗教，例如，馬利亞、聖禮、教宗、《聖經》等等教義，都有異於基督新教所主張的。

東正教：所謂「東正教」是「東方正統教會」的簡稱，又名「希臘正統教會」；她是基督宗教三大系統之一。本宗大別為「俄羅斯東正教」和「希臘的東正教」。前者，聚落在東甌的俄羅斯；後者，在南歐的希臘。

至於東正教的產生是這樣的：西元1054年，東、西基督教分裂，以君士坦丁堡為中心發展出來的教會就是東方東正教會；西方就是羅馬天主教會。這個教會集團以維護古代基督教正統教義和儀式為職志，又因為這一群教會分裂出來的時候都屬於「東方」的教區，所以就稱為「東正教」。

東正教的神學語言是希臘文，神學解釋是用希臘哲學的思想和方法為

主。東正教會主要分佈於前蘇聯境內、亞美尼亞、北西伯利亞、羅馬尼亞、保加利亞、希臘等地。東正教分設君士坦丁堡、安提阿、亞歷山大利亞以及耶路撒冷等十五個自治教區。

路德宗：主要分佈在北歐諸國，芬蘭、挪威、瑞典、丹麥、冰島、德國；德國宗教人口約有一半屬於本宗。她是德國神學家、宗教改革者馬丁·路德（483－1546）在1529年創設於德國。其主要教義是「因信稱義」*，所以又稱為「信義宗」。

喀爾文宗：主要的教區在中歐瑞士和西歐的蘇格蘭。本宗是法國神學家、宗教改革者喀爾文（1509－1564）在1541年創設於日內瓦的。本教派由信徒選舉長老和牧師來共同治理教會，所以也稱為「長老

圖27：馬丁·路德和夫人范摩勒，宗教改革者和路德宗的創始人。他翻譯的《聖經》，使德文有了標準，奠定了德國文學的基礎。她是基督新教的第一夫人；有她，才有路德輝煌的事業。

教會」。主要教義是確信並服從上帝的絕對主權，而榮耀上帝是人生在世至高唯一的本份。

聖公宗：又名「聖公會」。主要分佈在英格蘭、北美洲。在1535年分裂自羅馬天主教，而成為英格蘭的國教。本宗最初採取政教合一的形式，即是英國的國王或女王就是該宗的元首。安立甘宗的信仰、制度和神學思想，可說是兼容並蓄地介於天主教和改革宗之間；其教會制度和儀禮比較接近天主教。她給人的觀感是——社會上層階級人士的教會。

應該一提的是，由於部分聖公宗信徒不滿意本宗的教義和宗教的形式，於是再「改革」出浸禮宗和衛理宗等教派。但是，

圖28：約翰‧喀爾文畫像。宗教改革者，長老宗的創始人。像的下端寫道：「在509年，他生於里昂的比卡的里。法國人以他做屬靈領袖而為榮；蘇格蘭人則尊他為主要的先知。」

分裂出來的這兩宗教會，並沒有在歐洲發展，而遠播到美國。她們在新世界的教勢，比在發地歐洲強盛得太多了。此二宗，我們簡單介紹於下。

浸禮宗：又稱為「浸信會」。17世紀英國神學家史密茲（？—1612）領導清教徒脫離國教後產生的教派；1609年在荷蘭成立浸禮宗教會。之所以用「浸禮」或「浸信」為會名，是突顯出她的教義和儀式的一種特色：洗禮的教義和形式，即是受洗的人必須全身浸入水中。

衛理宗：又名「循道會」。英國神學家約翰‧衛斯理（1703—1791）和弟弟查理‧衛斯理（1707—1788），以及一群不滿英國聖公宗的人，推動教會復興運動而產生的教派。1791年，約翰‧衛斯理逝世這一年，脫離聖公宗，成為獨立宗派。本宗強調聖潔的生活和高尚的基督徒品格。

早期從安立甘宗分出來的，還有貴格會和門諾會。門諾會是1536年，西門斯（1496－1561）創設於荷蘭的。本派主張成人洗禮，相信信徒職著修心養性，力行善德，可能達到成聖的地步；反暴力、反戰爭；實踐社會服務。我國花蓮市有門諾醫院，早期專為原住民診療，口碑甚好。

至於貴格會，也叫做「教友派」，創立者是福克斯（1624－1691）。「貴格會」一詞是"Quakers"的音譯，原意「顫抖」；可能因為本教派信仰熱烈者，禱告時會顫抖的現象而得名。本會沒有成文的教義、教條、信經，沒有傳道人員，也沒有洗禮、聖餐等聖禮。信仰上，主張的是聖靈直接感動人心，啟示真理，因為人心有「靈光」可以感悟。聚會時，沒有講道，大家靜坐，過了好一會兒，有被聖靈感動的人就起立，講述感動，鼓勵信仰。本會信徒主要分佈在英格蘭和新英格蘭。

概言之，到目前為止，歐洲仍然是天主教、東正教和改革宗為主的地盤。雖然如此，基督宗教的其他宗派，不論大小卻從美國紛紛來歐洲向這裡的「老基督徒」傳教。這種現象頗值得歐洲的基督教徒和神學人反思探討。

基督教這個大家庭

基督徒真是擇善固執的一群善男信女，為了分辨《聖經》的不同理解、儀禮的不同主張、教義的不同堅持，而一再互相「改革」，繼續創造宗派。

您可知道，到了21世紀基督宗教這個大家庭，有多少親戚，多少宗派？不多，不多！只有兩萬零八百種宗派而已矣！雖然主要集團只有六個，宗派的傳統也只有一百五十六種。從下個圖表，不難看出這些宗派之間大部分都是親戚。

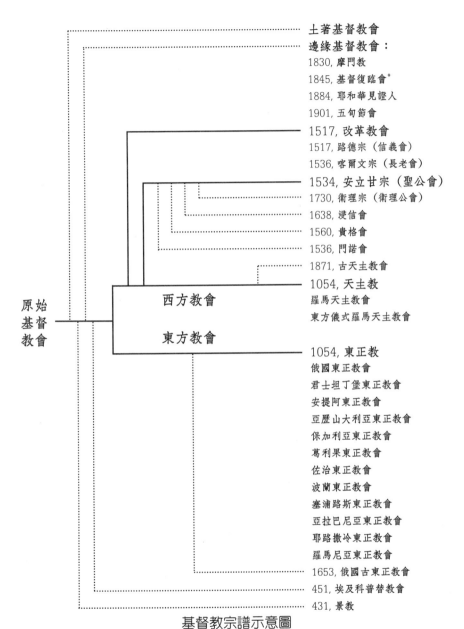

土著基督教會
邊緣基督教會：
1830, 摩門教
1845, 基督復臨會*
1884, 耶和華見證人
1901, 五旬節會

1517, 改革教會
1517, 路德宗（信義會）
1536, 喀爾文宗（長老會）

1534, 安立甘宗（聖公會）
1730, 衛理宗（衛理公會）
1638, 浸信會
1560, 貴格會
1536, 門諾會
1871, 古天主教會

1054, 天主教
羅馬天主教會
東方儀式羅馬天主教會

1054, 東正教
俄國東正教會
君士坦丁堡東正教會
安提阿東正教會
亞歷山大利亞東正教會
保加利亞東正教會
葛利果東正教會
佐治東正教會
波蘭東正教會
塞浦路斯東正教會
亞拉巴尼亞東正教會
耶路撒冷東正教會
羅馬尼亞東正教會

1653, 俄國古東正教會
451, 埃及科普替教會
431, 景教

原始
基督
教會

西方教會

東方教會

基督教宗譜示意圖

[根據David B. Barrett ed., *World Christian Encyclopedia.* （Oxford University Press., 1982）, p. 35.]

對於上面這個示意圖，有幾種「教會」須要稍做解釋：她們都是基督宗教這個家族樹的一部分，有樹根，有支幹。我們解說的順序從最左邊的「根基」開始，然後從圖的右上方開始說明；上面已經交代過的，不再重複。

原始基督教會：所謂「原始基督教會」，也就是第4世紀30至70年代的基督教。這時期的教會沒有一定的制度，尚未完全從猶太教脫胎換骨，猶太教的色彩相當濃厚。同時教會主要分佈在巴勒斯坦和地中海東部的猶太人的社會中。原始基督教會顯然地沒有宗教組織，當然也沒有世界宗教的氣派。

土著基督教：這是指分散在非洲和亞洲非白人的基督教會。她們的教會高度地整合著當地文化傳統。應該注意的是，在西方主流基督教會的教勢衰退之時，非洲的土著教會卻表現得相當活潑。

邊緣基督教：指的是19世紀以來在美國發展的教派。她們大多冠上「基督教」，也都標榜著《聖經》為根本典範，但通常都加上創設人的著作為「聖典」。這一類教會的共同特色是極端地強調某一種基督教教理，例如，強調聖靈充滿、主張遵守《舊約聖經》的某些儀禮。她們認真傳道，但排他性特強。這一類教派主要的根據地幾乎教在美國，第二次世界大戰後向外發展；現在教勢興盛。

從改革宗的立場來看，摩門教、五旬節會、基督復臨會和和耶和華見證人，都歸類做「邊緣基督教」。雖是如此，這幾種教派，相當用心來教歐洲傳教。

所謂「摩門教」，又稱「耶穌基督末世聖徒教會」。美國史密斯(1805—1844)於1830年創設的。之所以稱為「摩門教」，是因為該教根據《摩門經》

而建立教義和制度；按該教的說法，《摩門經》係上帝在摩門山上給教主的啟示。本教的大本營在美國，特色之一是，派遣一對對青年到世界各國傳道——雖然宗教經驗和知識不一定很深邃，但傳教的勇氣相當驚人。

「五旬節會」，是柏漢於1901年在美國創設的。1906年以後經薛摩爾發展到美國許多地方。本派主張信徒和聖靈合一的神秘經驗，追求聖靈的能力和恩賜，如祈禱治病、驅鬼等等。本會再分成幾個不同團體，有「火洗聖教會」和「會幕五旬節會」等等。她們共同的強調點是聖靈的感動和聖靈的恩賜，尤以《聖經》記載的「五旬節」（徒2:1—47）來當做該會的願景。本教派成功地推展到美國各地，吸引了許許多多信徒。

近年來，「耶和華見證人」在歐洲各大城市大力傳教，並且獲得不少信徒。本會，舊名叫做「守望臺」，1884年拉索爾（1852—1916）創立的。本派反對基督宗教三位一體神論，主張獨一的耶和華；並強調末世將有善惡大決戰，而耶和華僅僅選召十四萬四千人為他的見證人。這些人不但得永生，同時和基督一同統治世界。二次大戰中，德國本派教徒受到納粹黨的殘酷迫害。

所謂「古天主教會」，是1871年德國人范杜琳嘉（1799—1890）為首，和慕尼黑大學的同事反抗1870年梵諦岡大公會議宣佈的「教宗無謬說」而創設的。因為他們反對這項教義，而遭到開除教籍，但是他們仍然接受天主教其他一些傳統，故冠之「古」字，表明她是「舊派的」天主教會。

景教：基督教涅斯多留教派的中文名稱。該派在唐太宗貞觀九年（635），從波斯傳入中國。德宗建中二年（781）立的〈大秦景教流行中國碑〉有這樣的話：「法流十道……寺滿百城」；寺就是「波斯寺」，景教的禮拜堂。可見，當時有許多中國人信景教。到了武宗會昌五年（845），受廢佛的影響，教士被驅逐，教堂被毀壞，景教一時從中國絕跡。蒙古人入主中國時，該派宣教士再來，與天主教並稱「也里可溫教」。

基督新教

基督新教又稱為「改革教會」，包含「路德宗」和「喀爾文宗」二大集團。前者，係1517年，馬丁‧路德在德國發動的宗教改革，之後脫離羅馬天主教而建立的教派，以及其後按照路德宗的教義和制度建立的教會。後者，是1536年法國人喀爾文在瑞士日內瓦的宗教改革所建立的喀爾文宗，以及按照該宗的教義和制度建設的教會。

至於所謂改宗係改革當時羅馬天主教的某些信仰和制度，例如，在信仰上，主張回歸《聖經》，強調「因信稱義」和「上帝的主權」等等教義；在制度上，脫離羅馬教宗的管轄，而發展出另類教會制度，分別是路德宗的主教制和喀爾文宗的長老制。路德宗教會主要分佈在德國、芬蘭、瑞典、丹麥、挪威、北愛爾蘭、南非、澳洲、紐西蘭；而屬於長老宗的教會則主要分佈在瑞士、蘇格蘭、荷蘭和北美洲等地。

本地教會

指不屬於歐美宣教士所創設，或無關歐美基督宗教傳統的基督教會。這種教派的特色之一是，神學觀念、教會生活和組織形式，相當程度容受了本地的民間信仰，或文化傳統，或政治意識形態。例如，中國的「三自愛國教會」。

啊！基督宗教這棵老樹，支幹是那麼多又複雜，枝葉是那麼茂盛，真是太複雜了。下列，我們來看一下基督宗教主要宗派的信徒數吧！

從信徒人數而言，基督宗教主流教會的信徒仍然以天主教徒為最多，並能維持天主教的盛大教勢而不墜。至於改革宗的主流教會，路德宗、長老宗、聖公宗、浸禮宗、衛理宗等，她們的信徒人口有減無增，有待增長。至於所謂的「土著基督教會」（或稱為「本地教會」*）和「邊緣基督教會」，教勢興旺，呈現出一片活潑又熱烈的宗教氣氛，例如，五旬節會，實在是後來居上。

這些基督教主要集團的人口，有如下表：

教會宗派	基督徒人數	基督徒總人數（%）
東正教	139,500,000	9
天主教	912,600,000	56
路德宗（信義會）	84,500,000	5
喀爾文宗（長老會）	48,000,000	3
安立甘宗（聖公會）	53,200,000	3
衛理公會	25,600,000	2
浸信會	67,100,000	4
五旬節會	105,800,000	7
土著教會	35,200,000	2
其他各教會	142,500,000	9
總計	1,614,000,000	100

基督宗教主要教派的信徒人數

[根據Peter Brierley ed., *UK Christian Handbook: Religious Trends.* 1998/1999, No. 1.（London: Christian Research, 1997），p. 1.6.]

換個角度看，歐洲和世界其他各洲的基督徒人數如下：

洲別	基督徒人數	世界基督徒(%)	洲人口(%)
歐洲	434,900,000	27	60
北美洲	345,900,000	22	76
南美洲	308,100,000	19	96
亞洲	262,700,000	16	08
非洲	243,700,000	15	33
大洋洲	18,700,000	1	65
世界總數	1,614,000,000	100	28

世界各洲基督徒人數

[根據Peter Brierley ed., *UK Christian Handbook: Religious Trends.* 1998/1999, No. 1.（London: Christian Research, 1997），p. 1.2.]

現代歐洲是宗教多元的社會，不但傳統基督宗教的各個宗派同存共榮，美國那些邊緣基督教派熱烈派傳教士來歐洲向「老基督徒」傳新的基督教。當您駕臨德國，走出法蘭克福機場，或漢堡大火車站之後，可能看見二人一組的「耶和華見證人」，手持宗教文宣安靜地站在走道的一邊，或派發傳單，或伺機向人傳教。漫步萊茵河邊古城曼茵茲，常可遇到胸前別著小名牌的摩門教年輕「長老」，用惡補了幾個月的德語要跟您談道。

　　打開電視，螢幕可能映出一群德國的青年，熱烈地談論著歸依伊斯蘭教的經驗；基督徒女人大談嫁給一個已經另有妻室的伊斯蘭教徒的感受。此外，我國的佛教、道教也飛臨歐洲，在維也納、在倫敦、在柏林傳起佛法。這一切，難免引起歐洲老基督徒的某種壓迫感，雖然歐洲的E世代大多淡然處之，但有頗感好奇的，有趨之若鶩的。

　　現在，歐洲傳統基督宗教有志人士，眼見教勢不振，老教徒一去不回，而新教徒不來，真是憂心忡忡。教會領袖，也想盡辦法要來復興這個日漸沒落的世界大宗教。

　　結果如何，就有待繼續觀察了！

2-3 穆斯林進軍歐洲

先知穆罕默德

伊斯蘭教*是先知穆罕默德創立的，其教義向所有的人開放，是帶有強烈傳教熱情的世界宗教。

穆罕默德於西元570年誕生在隊商和宗教的重鎮麥加。不幸得很，他出生前父親阿布杜拉就逝世了。到了六歲的時候母親亡故，由祖父收養。不久，祖父也辭世，再由伯父養育成人。他是哈西麥特族人，但從《可蘭經》*可以想像得到，他幼年時期家境可能相當貧窮（《可蘭經》93:6—8）。

聖賢不論出身，穆罕默德雖是個文盲，只學過牧羊，但天資聰明，生得又英俊又好看；尤其是誠實可靠，深得鄰里和眾人的喜愛。此外，他心地純潔，對於當時阿拉伯人的精靈崇拜，和不道德的風俗痛心疾首。

穆罕默德長大後受雇於駱駝商隊，和藹能幹彌補了不識字的缺憾，且得到同事們的尊重。特別是雇主，四十歲的富孀卡蒂雅信任他，倚重他。後來，同浴愛河結成夫妻，生了三男四女；不幸，僅有女孩花蒂瑪長大成人，其餘的孩子都未及長成——沒有男孩繼承是穆罕默德的最苦，也是

伊斯蘭教

「伊斯蘭」係阿拉伯語，意思是「順服」，順服真主安拉的旨意。中文舊稱「回教」，這是偏限在「回族的宗教」的理解，應以現代「伊斯蘭教」一名為妥當。

伊斯蘭教是第7世紀初，穆罕默德在阿拉伯半島創立的宗教，與猶太教、基督教一樣，屬於一神教。伊斯蘭教是對外開放的世界宗教，雖然帶有濃厚的阿拉伯風土色彩，和基督教、佛教並稱世界三大宗教。

圖29：穆罕默德誕生圖。有清楚
可見的拜占廷畫風和聖像畫法。
14世紀初的作品。

伊斯蘭教的遺憾；因此，傳承的問題紛爭
不息，直到今天。

　　穆罕默德的婚姻美滿，夫人賢慧又體
貼。因為生活富裕，使他有充分的時間來
做定期靈修，隱退於麥加北方不遠的岩洞
裡。西元610年，穆罕默德四十歲，齋戒月
的某個晚上，天使加百列向他顯現，連續
數次命令他說：「背誦！背誦！」這時他
非常懼怕，全身發冷。接著，天使就轉述
阿拉的啟示，要他背起來，要他當真主的
使者，要他去宣傳阿拉的信息。

　　有二十二年之久（610─632），真主斷
斷續續地啟示穆罕默德。這些「背誦」下
來的啟示，到了第三代卡利夫余圖曼（655
─656在位）才編輯成《可蘭經》。

《可蘭經》

中文舊名《天經》，或《保命
真經》，是伊斯蘭教最根本的
經典，是先知穆罕默德在二
十二、三年之久，真主啟示
的記錄。先是口頭背誦，在
第三任卡利夫余圖曼任內才
完成記錄，製成欽定本。全
書有一百十四章，用長短不
一的韻文寫成；章幅長短懸
殊，早期的多短篇，後期的
長篇；但短篇排在後面，長
篇在前。到了1143年，歐洲
才有拉丁譯本的《可蘭經》。

真主阿拉的呼召是無法逃避的，先知穆罕默德努力不懈到處傳道，在街頭，在市場，在人家，用詩般的語言宣傳真主的啟示：

奉至仁至慈的真主的名：

你說：他是真主，是獨一的主；

真主是萬物所仰賴的；

他沒有生產，也沒有被生產；

沒有任何物做他的匹敵。

……

當太陽變成昏暗的時候，

當星星墜落的時候，

當山巒崩裂的時候，

當孕駝被拋棄的時候，

……

當功過簿被打開的時候，

……

當樂園被帶來的時候，

每個人的靈魂就知道自己做了什麼。

（《可蘭經》112; 81:1—4, 10, 13—14）

雖然，伊斯蘭教的系統相當複雜，但是阿拉給穆罕默德的啟示，要他宣傳的真理卻是單純易懂的。他傳道的主要內容有：阿拉是絕對獨一的真神，滿有恩惠和力量；祂是創造主，萬物由祂而來；人當敬拜真主，不可拜偶像或任何受造之物；真主要人心懷慈愛，救濟孤苦，力行公義，厭惡邪惡；不可兇殺，毋溺女嬰，勿貪財物；在末日，真主要施行審判。

後來，穆罕默德又發出信仰生活的教示，信徒的本分有：念功、拜

功、課功、齋功、朝功，等「五功」*；他也強調悔改和真主的赦罪。最後，伊斯蘭告白穆罕默德是真主最後的先知，集猶太教和基督徒真理的大成。

起初，穆罕默德在本地麥加傳教，不但沒有引起多少人注意，而且遭受到冷嘲熱諷。當他說自己是真主的先知的時候，引起麥加宗教領導階級古拉氏人的反彈；他鼓吹社會公義，愛護貧民，也引起麥加有錢人的不安。幸虧，賢慧的太太信任他，相信他，並且成為他的第一個信徒。四年後，有義子，有富商古拉氏族的阿布巴可（後來成為穆罕默德的第一個卡利夫*），有幾對夫妻檔，又有幾個獲得釋放的奴隸，一共四十人成為真主的信徒。

五功

念功，薛哈達，就是服頌信式。目的在堅定對真主的信心；嘴唸 "Lā ilāha illa Allāh, Muhammad raslūl Allāh." 意思是「真主以外沒有其他的上帝，穆罕默德是真主的先知。」

拜功，沙拉特，就是祈禱。每天在需潔淨的地方，在黎明、正午、日偏西、黃昏、夜晚等時刻，按照規定禮拜的方式做五次祈禱。團體祈禱時，要朝向麥加。

課功，查卡特，慈善獻金。目的是為著救助貧困、缺乏的、奴隸、乞丐等等。這一義務後來發展成相當複雜的規定，例如，舊時駱駝五頭以下的免獻；二十三至三十頭，獻一小雌駝。但現時伊斯蘭國家，課功是一年所得的2.5%。

齋功，拉瑪坦，齋戒禁慾。時在伊斯蘭年曆第九月，即是「拉瑪坦」月，所以用以名之。除了病人、孕婦、哺乳的嬰孩和旅行在外的人，從黎明到黃昏，不食不飲，不抽煙，不行房，不聲色之娛。主要目的是修煉清心寡慾，體驗窮苦，激發慈心。

朝功，哈吉，朝聖。一生中至少到聖地麥加朝聖一次。到了聖地就得按規定參加幾天儀式複雜的禮拜，其餘時間得和來自各地的伊斯蘭教胞討論宗教信仰的問題。這樣發揮了伊斯蘭的團結精神，經驗平等、和睦的宗教理想。

卡利夫

阿拉伯語，原義是「繼承者」。這是古代穆斯林社會領袖的頭銜，意指先知穆罕默德的繼承人。嚴格而言，這個頭銜僅指穆罕默德等前四位領袖而已。以後的領導人大都用他們的王朝為頭銜。當穆斯林國家採取民主制度以後，卡利夫就沒有存在的餘地了，例如，土耳其在1924年廢止卡利夫，實施共和。

圖30：阿拉的先知穆罕默德帶領歷代大先知，亞伯拉罕、摩西和耶穌在做祈禱；中央者，是「最後的先知」穆罕默德。這是耶路撒冷阿克沙清真寺的壁畫。

伊斯蘭的發展

穆罕默德的信徒慢慢增加，古拉氏人麥加神祠的生意也就漸漸減少。他們的財路被穆罕默德阻擋了，於是要驅逐穆罕默德和追隨他的人。古拉氏人迫害信徒：用燒紅的鐵棒燒灼身體，或裸體烤曬太陽，或重石壓迫胸部；但是，這些酷刑不能動搖信徒的心，只有殉教，沒有變節。古拉氏人到處搜查先知，要置他於死地。此時真是危機四伏，穆罕默德倚靠伯父的掩護，而保住了生命。如此藏匿，何異於軟禁？

在失望的幽谷，忽然出現了希望的光輝：有人來邀請先知播遷到另一個城市。原來，麥加北面約二百八十英里，雅特里布的阿拉伯人和猶太人部族發生糾紛。當地住民久聞穆罕默德大名，拜託他來排解紛爭，並且統合地方力量。先知熟慮過後，就答應了下來。於是他和信徒秘密地分做幾個梯次遷到雅特里布。這是伊斯蘭教決定性的一件大事！從此穆罕默德擁有了宗教和世俗合一的權力。這年是西元622年。

穆罕默德在這新都自由傳道，信徒大增，領導權穩固。於是他和當地人約法三章：伊斯蘭教是宗教和世俗權力的依據；統一領導的力量是信仰而不是部族；盡一切努力來促進保衛伊斯蘭大家庭：蘊瑪*。此外，先知制定星期五為伊斯蘭的禮拜天，以及禮拜和祈禱的程序。本城雅特里布，也改名做麥地那，先知之城！

雖然先知在麥地那功業有成，但是本城的阿拉伯人和猶太人對他陽奉陰違，麥加古拉氏族人的敵意仍然未減，使先知燃起回來麥加本地確立權力的決心。經過多次大小戰役，終於在西元630年，穆罕默德率一萬大軍進攻麥加。沒有激烈的抵抗，首領阿布蘇福淵就將命運交給真主，信了伊斯蘭教。先知大獲全勝，進入麥加廢除卡巴祠堂內的部族偶像，倡導帶有阿拉伯風土性格的新宗教。這時，穆罕默德的勢力已經穩穩控制了整個阿拉伯半島。

二年後（632），穆罕默德安息在最小的愛妻艾莎懷中。有生之年，他看到了親手創設政教合一的新宗教。

蘊瑪

意指穆斯林的大家庭。最初，伊斯蘭視宗教和國家為同一回事，採取一種「共同體兼國家」的形式。如此，伊斯蘭教超越了種族、國家，並且做為所有穆斯林的「兄弟愛」的基礎。這是穆罕默德的理想，雖然要貫徹在伊斯蘭國家頗有困難，但當伊斯蘭國家面對「外侮」的時候，都會聽到「蘊瑪」的呼聲，甚至有發動所謂「聖戰」的吶喊。

佔據西班牙

雖然阿拉伯半島是穆斯林*的搖籃，但是到了8世紀初，她已經不能忍受廣袤沙漠的侷限，而侵犯外國，前後征服了法國以南，直到印度河一帶的國家。除了本家以外，本世紀穆斯林的版圖，有北非，地中海諸國及其島嶼，美索不達米亞，波斯和中亞諸國。

穆斯林

阿拉伯語，意指「順服真主上帝旨意的人」，實際上，指的是伊斯蘭教徒。雖然《可蘭經》也稱基督徒為「穆斯林」，但這僅僅指出此詞的原有意涵而已。

711年，穆斯林軍隊征服西班牙西部的高德人，佔據西班牙大半天下，據以建立伊斯蘭政權，發展阿拉伯文化，直到1492年。732年，穆斯林阿拉伯軍隊試著向法國挺進，但被法王查里斯（688－741）擊敗，阻止了他們的侵略。

值得一提的是，穆斯林阿拉伯人佔據西班牙時期，帶來了比本地更高度的文明。顯見的有宏偉華麗的建築，其中最有名的要算是王宮毆阿安布拉和格拉納達城。尤其是後者，可說是伊斯蘭建築藝術的精品。

還有，穆斯林的阿拉伯政府主要的關注是政治權力和財富，對於宗教，特別是猶太教和基督教，若不叛變的話都能得到寬容。這時社會平靜，猶太教精通拉丁文和阿拉伯文的學者，著手翻譯希臘哲學，如亞里斯多德和柏拉圖的重要典籍成阿拉伯文。阿拉伯的自然科學、醫學、數學名著也被譯成拉丁文 —— 穆斯林阿拉伯人從印度學來的「零」這個概念，也傳到了歐洲。

穆斯林學者從西班牙引進希臘哲學的做法，給基督教神學帶來了相當大的衝擊。像12世紀中葉，穆斯林哲學家兼醫學家阿威羅斯（1126－1198）精通亞里斯多德（384－322 BC）哲學和基督教神學，並且努力匯通亞里斯多德形上學的上帝觀*和基督教《聖經》的上帝的教義，而引起神學界

基督教的神學術語，或稱為「上帝論」。這是神學的基本課程，較舊的理解是：研究上帝的存在、位格、本性、屬性等等問題，例如，三位一體論、創世論等等。較新的是：反省所經驗、直覺、認識的上帝的啟示和作為，所做的概念陳述。上帝不是人類知識分析的目的物，如何認識上帝和述說上帝，成為「上帝觀」的重要課題。

經院哲學

又稱「煩瑣哲學」，因為這行的學者多是小題大作，喜歡鑽牛角尖的緣故吧！又稱「士林哲學」。這門學問產生於中世紀的天主教修道院，那是收藏經書，發展學術的所在，命名經院哲學頗合事實。

經院哲學盛行於11-14世紀的歐洲，其為學的主要特色：重視理性推理，以及努力匯通希臘哲學。

的騷動。後來，終於有了回應：中世紀經院哲學＊，像大師阿奎那＊（1225－1274）的神學思想和方法可說是給阿威羅斯的一個答覆。

到了1492年，阿拉貢國女王以莎伯拉（1474－1504）和她的丈夫卡斯提爾國王腓迪南二世（1479－1516在位），出兵討伐入侵西班牙將近八百年的阿拉伯人。他們驅逐穆斯林教徒和猶太教徒，收復失土。從此，西班牙回歸基督教世界。

入侵巴爾幹

到了14世紀，鄂圖曼土耳其帝國發動軍事擴張。他們佔領了部分東歐和巴爾幹半島。1389這一年，鄂圖曼征服了柯索莫，引起伊斯蘭教徒和基督教住民之間的嚴重衝突。約六百年後（1999），柯索莫基督教徒殘害伊斯蘭教徒，可說是當年鄂圖曼侵略，埋下的禍因。

土耳其的軍事在膨脹中。1453年鄂圖曼帝國的駱駝大軍踐踏東羅馬帝國，帝都君士坦丁堡陷落了。那座落成於537年，世上最大的拜占廷拱頂建築物，東正教的聖索菲亞大教堂——原為拜占廷帝國的宮廷教堂，也是君士坦丁堡的主教座堂——變成

清真寺，到了1935年再淪落為博物館。

　　本世紀，鄂圖曼土耳其帝國延伸到巴爾幹，當地阿爾巴尼亞和波希米亞人基於現實利益，紛紛改信伊斯蘭教。值得稱讚的是，伊斯蘭宗教政策一向比較自由，認為猶太教徒和基督徒是信受《聖經》的人，而予以尊重。如此，伊斯蘭教、猶太教和基督教三教信徒，在巴爾幹各信己教，各討生活，相安無事。

圖31：伊斯坦堡的聖索菲亞大教堂。1453年鄂圖曼大軍攻陷東羅馬帝都君士坦丁堡，這座建於537年，世上最大的拜占廷拱頂建築物，隨之易手；有一段時期她被當做清真寺。因為這座大教堂的建築非常精美，深刻影響到後來伊斯蘭建築清真寺的建築風格。

圖32：在耶路撒冷「磐石大清真寺」前，穆斯林面向麥加跪拜進行祈禱。

　　到了1989年，共產專政解體以後，諸民族尋求認同，在這種覺悟下，巴爾幹半島上的三教信徒，彼此發生矛盾，屢有爭戰。還有，天主教徒佔多數的克羅埃西亞獨立了，其他地區則由聯合國和平部隊維持秩序。

包圍維也納

　　16世紀30年代，土耳其軍隊秣馬厲兵，皇帝蘇里曼帶兵包圍維也納（1529）。土軍一時攻不下城池，又遇到大風雪，嚴寒難當，只好退兵。這時整個歐洲基督教國家，被阿拉伯伊斯蘭教徒滅亡的恐慌所籠罩。

　　百餘年後（1683），土耳其皇帝卡拉莫斯塔法（1664－1703）帶三十

萬大軍再度包圍維也納；城裡可抵禦之兵才有一萬七千員。從六月起圍城三個月之久，要塞被摧毀，存糧將盡，獻城求降，只在旦夕之間。但土軍失策，再轟崩城牆，迫得奧軍只好背城死戰。危急當中，救援的波蘭騎兵趕到；於是，內外夾攻，土兵潰不成軍，棄甲逃命 —— 奧軍擄獲槍炮如山，後來用其金屬鑄成維也納聖司提反大教堂的巨鐘乃是大名頂頂的「佈滿憐」。

維也納抗拒土耳其的穆斯林軍隊成功，總算保住歐洲基督教不至於被伊斯蘭化！然而，歷史真是奇妙難測，誰知第二次世界大戰後，土耳其的穆斯林用另一種方式，被邀請到歐洲。

接收歐洲？

1960年代，中、西歐各國勞動人口缺乏，工資昂貴，生產力嚴重不足。於是從一些穆斯林國家，尤其是土耳其，引進廉價勞工。雇主國政府規定的是短期勞工，沒有長期居留的辦法，宗教和心靈的需要根本不在他們考慮之內。

到了1972—1974年，因經濟蕭條而停止引進穆斯林勞工，但政府開放穆勞的家屬來歐依親。結果，生養眾多，充滿寄寓之地；歐洲的穆斯林新社區出現了！

然而，歐洲穆勞們的孩童，除了一般教育外，是按照土耳其的伊斯蘭教風俗來教養的。例如，女生上學、外出一概包著頭巾；女學生拒絕穿泳裝入池；往可蘭學校上宗教課等等。這種行為給本地人嗅出一股強烈又傲慢的宗教文化氣息。

歐洲基督宗教的教堂處處，司空見慣，認為是當然的現象。現在歐洲的某些大都市，例如，英國或法國比較容易得到國籍的國家，已經建設了不少清真寺了。伊斯蘭教徒比較密集的社區，要求政府設立伊斯蘭學校，

圖33：滿漢音的清真寺。德國有些地方議會，不允許他們正式設立寺院，目前只能登記做「協會」。

要求建設宣禮塔*，以便按時叫醒教徒來祈禱，來做禮拜。

　　德國是單一國籍的國家，而土耳其的穆斯林大多不願意放棄國籍，所以在議會未見顯然的影響力。但他們在德國人多，紛紛要求政府比照基督宗教，在公立學校開伊斯蘭宗教課程，在大學設立伊斯蘭宗教部門，以造就德國的伊斯蘭領導者和教師——在穆斯林多的社區，如布蘭登堡，已經有用德語教授的伊斯蘭教課程了。

　　中、西歐是民主、自由的國家，所有

宣禮塔

這種塔、樓，通常是清真寺的部分建築，是宣禮員按祈禱、禮拜的時間呼召穆斯林禮拜的地方。宣禮時唸誦一定的經文：「阿拉至大，阿拉至大……」教徒隨聲回應。

的宗教都得到法律的保障和規範。然而，近年來出現了伊斯蘭教激烈分子，自認他們是「日漸消失的基督宗教的後繼者」。他們在德國，用德文發行的《伊斯蘭少年雜誌》，有這麼一段激烈的話：

> 這片土地是我們的土地，積極來改變她是我們的義務。藉著阿拉的幫助，我們將把她造成地上的樂園，好獻給伊斯蘭大家庭，也可獻給全體人類。
>
> 阿拉已經設立你們做為承受這片非信徒的土地的後嗣；繼承我們的田園住宅，一切物件，以及我們將要居住的國家。
>
> [根據：Ibrahim El—Zayat, *Islamisches Jugend——Magazin "TNT"*, Ausgabe 1/1996]

這種極端的伊斯蘭教分子的言論和做法，引起德國部分人士的反感，而發出了「基督徒的德國！」的反響。

此外，法國學校一向沒有宗教歧視，而且諸教平等，沒有讓某一種宗教表現特有的色彩的空間。但穆斯林女生堅持頂戴象徵伊斯蘭宗教文化的頭巾上學，造成一定程度的宗教文化的壓迫感。因此，引起法國社會的不滿，而遭到糾正。

近年來，歐洲伊斯蘭教徒人口激增，約有二千四百萬人，僅次於基督宗教信徒數；當知，這種勢力已經造成歐洲基督徒的緊張。素來，穆斯林未曾獲得一般歐洲人的認識和理解；現在，應該是穆斯林展現喜愛和平的宗教精神的大好機會了。

3. 歐洲教堂美妙多

「看來看去，還是看教堂！」從歐洲回國的班機裡常常聽到我國的觀光客發出這樣的牢騷。難道歐洲的教堂，真的沒啥好看嗎？其實，歐洲教堂建築、藝術屬於世界級的不少。歷史悠久的城鎮，通常都有堪稱宗教、政治、文化、社會寶藏的老教堂。但是，要看出教堂的「好看」來，除了一顆好奇心之外，必要懂得起碼的一些相關知識，或有專業人員的解說。

這一章裡我們要談的是：歐洲教堂的建築風格，教堂的象徵、記號，音樂、藝術以及教堂和她的住民。然後，介紹猶太、基督、伊斯蘭等三教比較有名的教堂。

3-1 看不盡教堂榮美

　　歐洲有的是古老而又有名的教堂。在羅馬不勝枚舉的教堂中，可使用的二十五座建於第4世紀；波蘭舊首都科拉考就有六十座中世紀禮拜堂。在那些歷史地帶，有的是美不勝收的各式各樣大小教堂和荒廢的城堡毗鄰而立。

　　老教堂歷盡滄桑，正像她立足的歐洲。大堂小堂頗有個性，有一定風格，不會整座拷貝仿造。有些大教堂，綜合著幾個不同時期的建築形式，例如，羅馬聖彼得大教堂的基本結構是羅馬式的，大圓頂是巴洛克，大天花板的聖畫則是文藝復興時期的作品，是許多名師經過數世紀不斷創作的結果。

　　自從君士坦丁大帝在西元330年，建新都於君士坦丁堡之後，東、西羅馬教會的教堂建築，慢慢發展出各自的風格。大致而言，西羅馬教會發展出來的有羅馬式、哥德式、文藝復興式、巴洛克式和洛可可式，以及第二次世界大戰後的現代式教堂。東正教的教堂雖然也有像西方式的教堂，但她們的傳統標記卻是大圓拱屋頂和大蒜頭形的塔樓。

羅馬城堡大會堂

　　第4世紀40年代以後的一千年之中，歐洲主要的教堂是羅馬式的，即是長方形的公眾大會堂「巴西利卡」，有時加上一對瞭望塔似的高樓。巴西利卡原是羅馬城的法律、商業和公眾的聚會場所。當時，羅馬教會大興土木，主要考慮的是信徒聚會時夠用的空間。這樣考慮的結果使他們沒有模仿耶路撒冷的聖殿，或是希臘、羅馬神殿的樣式。

羅馬式教堂的牆壁很厚、石柱粗大，足能支持她沈重的大屋頂。結果是窗戶少又小，教堂裡面缺少陽光，顯得相當幽暗沈悶；點上蠟燭，晃晃燭光頗能製造靜寂和神秘的氣氛。教堂常常建在市中心，而且大多坐西向東；東端有個半圓形的聖壇，神職人員在那裡主持禮拜，奉行聖禮。若是皇家的大教堂，祭壇雖然在東端，但西端則建有比較高的階臺，上面設有國王做禮拜的座位；這裡也是王室和文武近臣做禮拜的地方。教堂的大門向西的比較多，但難得一開，因為是王者之門！這一款式的大教堂看來煞像堡壘，頗能彰顯古羅馬人堅毅不拔的意志和尊重法紀的精神。

然而，巴西利卡大教堂一路發展下來，再也不是單純的長方形大廳堂了。她那

圖34：羅馬風格的教堂。

圖35：羅馬風格的教堂內部。光線、窗戶、柱廊，以及成群的殉道士都指向聖壇，構成上帝之家，歷代基督徒聚集之所。拉美拿市的聖阿波里那禮教堂，約建於西元500年。

圖36：「黃金大門」。德國佛萊
堡大教堂拱門，建於1225-1230
年。這款大拱門是法國式的，
兩旁的浮雕刻有歷代聖徒，或
《聖經》人物；這帶有宗教教育
的用意。

大廳堂的兩旁可能各增建一
排大圓柱，隔出了迴廊；有
的兩旁向外伸展，結合著半
圓型小廳，使長方形大廳的
左右二側有了耳堂。這樣，
長方形大廳和耳堂交叉，形
成十字形的大教堂。平時做禮拜或參觀教堂，則從南北二側的小門出入。

　　雖然羅馬式教堂的結構源自羅馬本地，但裝飾，不論是雕塑或圖畫，
卻都是基督教藝術，專為傳播基督教信仰而做。雕塑和圖畫總是以耶穌基
督和他門徒的故事，或聖人、君主、偉人，或歷史大事為主題。教堂裡接
近屋頂的四周，光線可及的壁上，常有圖畫，主題幾乎都是上帝創造天
地，樂園裡的亞當夏娃，耶穌傳福音、受難和復活，地獄和天堂之類的故
事。這些圖畫相當粗糙，不是藝術精品，而是利用看圖畫來認識宗教。這
時期，帝王和一般民眾絕大部分是目不識丁的，識字是教士和學者的專
利。

　　羅馬式大教堂的牆壁粗厚堅固，有足夠的餘地來鑲嵌淺浮雕、壁龕、
小雕像。這一式教堂的重要特色是大門有個半圓形門楣，上面有複雜的浮
雕；主題還是耶穌和他的門徒，不然就是教會史上的賢君聖人。但浮雕的

手藝平凡，人物擁擠而模糊，形象古拙又呆板。雖然如此，這個門楣跟整個大門配合得很好，給教堂增加許多穩重古樸的氣派。

德國阿亨法爾茲是典型的羅馬式大教堂，建堂者是神聖羅馬帝國皇帝查理一世（800－814在位）。該教堂西端是皇帝的座位，座位下方有廳堂，廳堂有雙重圓柱：內層八根，外層十六根，構成一個圓形大廳，這裡就是一般百姓禮拜的地方。這座教堂建築象徵的是皇帝的權力，宣示國王的威嚴：朕秉承羅馬大皇帝法統，是上帝在世的代表！此後，神聖羅馬帝國的皇帝登基，都在這裡舉行。

當今歐洲，比較著名的羅馬式大教堂，除了上述德國阿亨大教堂之外，有德國沃姆斯、斯拜雅、特里爾、曼茵茲等大教堂，有法國的委茲雷大教堂，義大利的比薩大教堂，西班牙康伯斯特拉大教堂，英國的杜姆大教堂等等。

這一式大教堂，彰顯君王的權柄容有餘，榮耀上帝的虔誠實嫌不足。

哥德的通天教堂

到了12世紀中葉，出現了哥德式教堂。這種嶄新的建築風格的出現，需要好多條件：高昂的宗教熱情，豐富的財力，進步的神學見解和建築的突破性技術。神學上，太陽光被理解做上帝的恩典，是教堂應該充滿的；於是，高挑的、光亮的教堂成為理想形式。技術上，要克服厚壁與大柱的限制，來建造高又薄的堂壁，高高撐起大屋頂，釋放出大量空間，以迎接陽光。

終於，在1140年，法國出現了第一座哥德式大教堂：巴黎郊外，聖丹尼斯修道院教堂；建造者是院長蘇格爾（1081－1151）。這是教堂建築史的大事，很快就轟動了整個歐洲，條件夠的紛紛效法。巴黎聖母院哥德式大教堂開工了，一建就是二百年！義大利、德國、英國等地，相繼出現這

一款式的教堂。

　　哥德式教堂很容易辨認，她的廳堂高挑，一對飾滿小十字架的尖塔插入雲霄。教堂的牆壁高而薄，窗戶大又多；屋頂高得不成比例，大廳的空間大大地伸展開來，傲慢地踢開羅馬式教堂的幽暗。

　　走近哥德式教堂一看，建築師的智慧令人驚嘆不止。大廳兩側牆壁用飛樑和扶壁牽連著，加強了牆壁的力量，使之可以儘量拉長高度，儘量多開大窗戶。屋頂改造成輕巧的肋拱圓頂，用她自己的肋骨分散了重量，減輕壁的負擔。這樣一來，牆壁也就能夠釋放出空間來做窗座，來安裝大幅玫瑰彩窗。陽光照射花玻璃，映照出巧匠畫製的，聖像化的《聖經》人物和故事，或歷史人物，或素樸的圖案。大教堂如此聖化了太陽光，會眾和歷代聖徒同沐神恩，就是在上主的聖殿裡。

圖37：德國科隆大教堂外觀，是哥德式的建築。相傳在第1世紀50年代，這裡就已經有教堂了。現在所看到的，在1248年開始重建，完成於1880年；建築時間長達六百三十二年之久，是德哥德風格教堂之最大者，也是歐洲少數的大教堂。

圖38：德國科隆大教堂內部。

廳堂高，光線足，教堂裡什麼都顯得高聳，以至於使做禮拜的人自覺渺小，自我退位了，靈魂變得輕盈，頗有伴隨通天尖塔飛上天堂的感覺。這時，宜當靜坐殿堂中，注視祭壇上方基督的「苦刑的十字架」*，參悟神愛世人，贖罪救苦的奧秘。

哥德式大教堂最適合聆賞風琴演奏，大廳本身的音響效果把旋律和音符美化成天上僅有的音樂！聆聽一場蒙特威爾第

哥德式教堂的浮雕，雖然還是鑲嵌在牆壁，主題離不了宗教史人物或《聖經》故事，但已經雕琢出比人體還高大的全身雕像，面貌如生，體態修長，個性和感情表露無遺。工匠精工細雕，鬍鬚都能隨風飄動，長袍輕柔垂下。

苦刑的十字架

十字架的一種，架上仍然掛著被釘死的耶穌的身體。他頭戴荊棘冕旒，血流滿面，面貌愁苦；他肋部的傷口滴血，腰間繫著小布巾以遮羞。相對的是「復活的十字架」，即是由橫豎兩根木材架成的十字架，上面沒有懸掛耶穌的肉體。

苦刑的十字架可能是第9世紀的基督教藝術家，為要強調耶穌基督的受苦而設計的。天主教、東正教和她們的信徒特別喜歡這一式的十字架；歐洲的路德宗教會，也沿用它。但是，改革宗教會卻主張用「復活的十字架」。

圖39：哥德風格的教堂。扶壁和拱圓頂的發明，掃除了羅馬式教堂因巨柱、厚壁、細窗所造成的幽暗。空間擴大了，挑高的塔樓，大幅的花玻璃成為可能，將豐富的神采榮耀帶入了教堂。

（1567—1643），或舒茲（1585—1672），或特里曼（1681—1767），或巴哈（1685—1750），或韓德爾（1685—1750），或海頓（1732—1809），或莫札特（1756—1791），或貝多芬（1770—1827）的聖曲吧！美憶一生相隨，睏頓心力有精英。巴哈說過：「真正的音樂是為榮耀上帝而有的，她能甦醒疲憊的靈魂。」

　　歐洲有名的哥德式大教堂頗多，如巴黎的聖母院，德國科隆的大教堂，英國劍橋的國王學院教堂，西班牙的多利都教堂，義大利的米蘭教堂等等。不過，許多「偉大的」教堂難得單獨一式，像維也納聖史蒂芬大教堂，一建就是四、五個世紀（12—16世紀），無數建築師發揮了合作同榮的大公精神：入雲尖塔，高一百三十六公尺；神聖祭壇，華麗巴洛克。

　　若說喀爾文宗空虛的教堂為的是見證，上帝是道；那麼，哥德式教堂要讚揚的是，上帝是光。

再現希、羅神殿？

到了15世紀初，文藝復興發源地義大利的佛羅倫斯人，大力推動回歸希臘羅馬古典的運動。他們挾其雄厚的財力，復興了古典藝術和科學。此時，出現了像米開朗基羅（1475—1564）和達文西（1452—1519），集藝術、建築、雕刻和科學於一身的天才，給人類留下教堂建築，宗教藝術，甚至是解剖學的不朽作品。

這時期，教堂建築強調的是平衡、和諧，放棄哥德式的過度豪放逸脫，結構不成比例的風格。文藝復興時期的建築師們重新闡釋古典，採用古希臘羅馬各種形式的石柱來做為建築的基本單位，屋頂也恢復渾融的大圓頂。渾圓、對稱、均衡、穩定是羅馬式教堂建築的風格——羅馬的聖彼得大教堂莊嚴的圓拱屋頂，就是米開朗基羅的傑作。

鳥瞰本期的教堂，廳堂基礎佈置是古希臘正十字形，正身和伸手同長，象徵基督的敦厚圓融；而前期，哥德式的是瘦長拉丁十字架形式。這種形式上的改變，也是文藝復興時期神學概念的改變，就是要走出耶穌苦刑十字架的陰影，代之以正形十字架的完美。

文藝復興的精神，清楚表現在教堂內外的雕塑上面。前期的聖徒或是偉人的雕像，仍然站在牆壁或壁龕的邊緣；文藝復興時期的藝術家把雕像

圖40：政教合一的痕跡。圖示德國阿亨大教堂裡，查理一世的王座高高安坐左端；而耶穌基督的神聖祭壇，在另一端。

從石壁釋放出來，雕出了獨立的人形。同時，雕像的造型和神采，強調的是強壯的身體，是個既自信又文雅的人，例如，唐納太羅的名作〈聖喬治像〉；就是米開朗基羅的〈聖殤〉，把那位懷抱耶穌屍體的母親馬利亞，雕琢得多麼年輕美貌，神氣安詳，毫無喪子的哀傷！

這時期，教堂裡面粗糙的看圖識教的壁畫消失了。藝術家的地位大大地提高了，他們自由自在地表現著才能和創作的欲望，源源推出空前絕後的名作。例如，米開朗基羅在梵諦岡西斯汀教堂天花板上的〈上帝創造亞當〉，畫的是雲彩上充滿精力和智慧的長者，用手指輕觸著煞像健美先生的亞當的手指──上帝被形象化了！祂是無形無像的啊！

有不少教堂、圖畫和雕刻見證著時代的精神：神聖實在和概念的人格化，肉體化。

亮麗教堂巴洛克

歐洲百年宗教戰爭（1520－1648）過後，政治清明、社會安定、宗教自由、經濟繁榮，教堂建築出現了新風貌：巴洛克教堂誕生了！其後，隨著富裕的社會，風靡了以後的三個世紀之久。相對於哥德式教堂，巴洛克幾乎不加節制地用任何華麗的、燦爛的物件來裝飾教堂；裝扮得逸出教堂美的可能想像。

巴洛克教堂保持著文藝復興時期的建築風格，渾融和諧的圓形屋頂，取代了哥德式高聳入雲的尖塔。也用石柱，但將之改造得精巧，增加許多細部的花飾。強調的是，整座教堂的華美，甚至包含教堂四周的環境。單純石塊的堆砌，或飛樑扶牆組合的大廳不復出現，教堂像一座結構複雜的精美宮殿！

入堂一看。哇！金光閃閃！滿堂燦爛光明，天上的榮耀透過晶瑩的玻璃窗射入了聖堂。天花板耀然浮現大幅傳世名畫，鮮艷、輕快、歡樂，徹

圖41：德國巴伐利亞的維斯教堂，是著名的巴洛克風格的建築，是朝聖的教堂。

底驅除了羅馬教堂的幽暗肅穆。一串串花雕，一隊隊飛翔的小天使裝飾著支撐拱頂的圓柱。臺座用的是五彩繽紛的大理石；建築師摒棄了千百年來堆砌神殿的砂岩。

入堂參加一場大禮拜的話，但見金碧輝煌的大教堂的十字架，祭壇，聖餐杯、盤，一類的聖俱嵌金鑲銀；大小主教的僧冠、袍褂、胸牌、牧杖，一身披掛點綴的是象牙、瑪瑙、碧玉、珍珠、鑽石，真是寶氣襲人──頑固派基督徒一見，難免哀嘆教風日下，萬分世俗！

華麗的，宮殿似的巴洛克教堂，當然是基督教禮拜堂，雖然她和受苦的耶穌，認同平民的教會，極不相稱。但建贈的帝王或貴族，應該不盡在炫耀他們的富強吧？慷慨的虔誠也是教會史的一頁！

巴洛克教堂是藝術心智，政治權柄，宗教虔誠的結晶，是歐洲教堂的驚艷，是善男信女將恩賜迴向美善之源的上帝！

頂戴蒜頭的教堂

一提到東正教，就聯想到莫斯科紅場的聖巴斯大教堂（1554－1560年建造）。這座大教堂由七、八個廳堂組成，每一個大小不一的廳堂上面收

縮成多角形，多層的塔樓，而最上面一層是東正教的標誌：蒜頭形尖頂。這座教堂的外壁是紅色石頭，鑲滾著白的、綠的線條，色彩非常鮮艷。太特別了，這座教堂毅然否定了和諧、平衡或比例的建築法則，是一座舉世無雙的東正教大教堂。

　　早期東正教教堂，牆壁筆直，窗戶小又少，費力地頂著大穹窿——這一種教堂的典型是，拜占廷皇帝游士丁一世（483－565）建於君士坦丁堡的聖索菲亞大教堂（建於532－537）。這座巨大教堂，中央的大穹窿直徑有三十三公尺，四周幾個附堂的屋頂都是小圓拱；堅實的牆壁開了上百個窗戶。此後，聖索菲亞大教堂成為模特兒，令東正教許多教會熱烈模仿，雖然要建的只是個小教堂。但是，前蘇聯境內的東正教則多數採用蒜頭型尖頂。其實，這種蒜頭尖頂是拜占廷教堂的榮耀，堂堂大名叫做「帝國屋頂」！她象徵聖靈的火焰，以及信徒獻給上帝的虔誠祈禱。

圖42：東正教的「蒜頭形」教堂。俄國師傅手藝精巧，用木材建築，尤見細緻美麗。本堂是俄國吉起的「基督榮顯變貌教堂」。

一般而言，不論東正教教堂外觀是否壯麗，教堂裡面總是金碧輝煌；她不喜歡巴洛克艷飾的光輝，她有的是無數聖像發射出來的光芒。聖像的聖人面貌一律面無表情，刻意抹煞掉他們的情感。堂裡沒有壁畫或雕像，這一類的藝術是不允許的，說是帶有偶像崇拜的嫌疑，歷史上就發生過「反聖像之爭」*。但是，東正教信徒卻藉著瞻仰、默想聖像，由之獲得感動和靈感。如此，他們把雕像或聖畫聯結到靈性意義。西方教會，特別是後來的改革宗，就是缺乏這一份宗教藝術修養。

圖43：挪威木造的教堂。盛產木材的國家，自然用這資源來建築教堂。這款教堂從第11世紀開始，但至今只剩下二十五座。

反聖像之爭

指的是第8—9世紀，拜占廷帝國反對崇拜聖像而發生的紛爭。爭端是東羅馬帝國的基督教，從第6世紀末開始，教堂、修道院或家庭，處處流行基督、馬利亞、聖徒和天使的圖像，有馬賽克的，木板的，或雕像的。教會當局也有聖像儀禮，參雜了迷信的成分。

反對者認為這已經有偶像崇拜的嫌疑或事實，是《聖經》所不許可的，「摩西十戒」明禁崇拜偶像（出20:4）。拜占廷皇帝李奧三世（717—740在位）公開反對，並在730年禁止使用聖像；他的後繼者君士坦丁五世（740—775）迫害使用聖像的人。後來，屢禁屢用，終於在843年，皇后提阿多拉（c. 810—862）敕令准許崇敬聖像。東正教贏得了最後的勝利。

東正教會堅持使用聖像的理由是：耶穌基督道成肉身為真正的人，可以也可能用線條顏色來描繪，反對的話，豈不是否認耶穌基督完全的人性？還有，聖像有宗教教育的功用，信徒可由聖像進入神聖界，是很好的靈修「媒體」。

東正教的祭壇隱藏在內廳的聖所裡面，那裡祭司執行獻祭，從外面看不見，不准一般人越聖界一步。大廳和聖所中間，用「聖像屏風」*隔開。那上面，有按照東正教神學觀排列的耶穌基督、聖母馬利亞、十二使徒、天使長和歷代聖徒等等聖像。教徒做禮拜的地方就在大廳；不設座位，會眾一概站著做禮拜。

上面舉出的教堂，尤其是大教堂，不論是蒜頭形的也好，巴洛克式的也好，文藝復興式的也好，哥德式的也好，羅馬式的也好，可說都是各個基督教會黃金時代的產物。每個座堂有她錯綜複雜的聖俗交

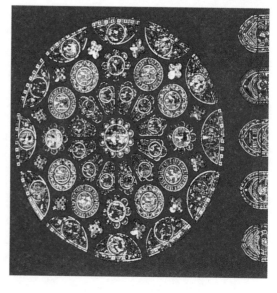

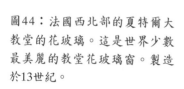

圖44：法國西北部的夏特爾大教堂的花玻璃。這是世界少數最美麗的教堂花玻璃窗。製造於13世紀。

織的過去，可說是滄桑歐洲歷史和文化的縮影。

歐洲的小教堂都有個性，有她可看處。至於，第二次大戰後建築的教堂，則大多屬於社區活動中心型。這一類教堂建築規模小，相對於歷史性的大教堂，顯得微不足道的樣子，但是實用性比老大教堂好得太多了。

教堂的藝術精品，往往是祭壇、雕像、圖畫、聖像、花玻璃、象徵物等等；說不定出現在您面前的，就是傳世傑作。例如，作於1976年，德國曼茵茲里司提反教堂的花玻璃，是20世紀名畫家夏卡爾（1887－1985）的作品；主題包含「創造的故事」、「以色列人出埃及」、「耶穌基督的故事」等等。整年絡繹不絕到這教堂來的人，多數是要觀賞花玻璃上的這些聖畫。

老教堂常常隱藏著一般文獻不記載的秘密，好的專業解說員會不厭其詳的，揭發她的真面目。還有，教堂建築的細部有其可看處，例如，怪獸形的滴水口；雕有精靈的柱冠；隱藏在壁角的小妖精；側堂的壁龕。大教堂的地下室，更是不可忽略；幸運的話，可能看到石棺上雕滿蟾蜍蚯蚓在鑽噬屍體的浮雕。

——歐洲，沒了教堂，還像歐洲嗎？

圖45：德國哈律堡鎮大教堂裡的「馬利亞教堂」的花玻璃。上面畫的是耶穌的生平，《舊約聖經》裡的國王、先知、使徒、天使的故事。這花玻璃是要獻給聖母馬利亞的。

3-2 聖界的象徵與記號

　　象徵是什麼？它是用來指向當前未能直接經驗到的實在之性質、內容或意義的符號或表象；它們可以是言語、行動或物件。但重要的是，象徵和它所要表示的對象之間，需要有性質的，甚至是歷史事件的關聯。例如，十字架之成為基督教的重要象徵，是因為它關聯著耶穌的死，進而表現了基督犧牲的愛。

　　那麼，記號是什麼？它是指示的，約定俗成的，用來代表或指點特定目的的事物、事件或人物。例如，交通號誌，三色的髮廊市招等等。

　　歐洲教堂有許多象徵和記號，我們僅介紹幾種比較重要的。

聖彼得的大公雞

　　遠眺教堂，最先引人注意的目標大概是矗立在教堂屋頂的十字架上面那隻金屬公雞吧！尤其是從東亞來的訪客，因為東亞的大公雞上得了諸神的供桌，就是上不了大寺廟的屋頂。

　　這隻大公雞，有人叫它做「風信雞」；它隨風轉動，指示風向。不過，教會並不當它做風信雞；它是個象徵！改革宗的基督徒認得它，叫它做「彼得公雞」！如此稱呼，卻有個相當沈重的一段歷史，就是在耶穌蒙難的前一個晚上，耶穌預言：教難來時眾叛親離，十二門徒也不例外！這時，滿腔熱血的彼得，堅決保證至死不渝，絕對盡忠於耶穌。但耶穌坦白說彼得：「今夜雞叫以前，你要三次不認我。」（太26:34）果然，在這受難夜，雞叫之前，彼得三次發了重誓否認自己是耶穌的門徒！

　　教會用這個「彼得公雞」為象徵，並沒有給聖彼得丟臉的意思。這個

圖46：聖彼得的大公雞。在比較大的老教堂常可看到它。曼茵茲聖司提反教堂。

象徵是要提醒基督徒反思自己的信仰，檢驗信仰的忠誠度。此外，彼得公雞另有二項重要的象徵意義：一、公雞啼晨，帶來黎明；似此，耶穌基督勝過黑暗的權勢，帶給人間光明。二、雞啼之前，牠會用翅膀拍打自己的胸脯；如此，彼得公雞提醒傳教士在宣揚福音之前，必須好好修練自己。

公雞在宗教史上佔有一席地位。基督教之前好久的希臘、羅馬宗教，最常用的祭物是公雞，是獻給諸神最好的牲體。於此，公雞提醒信徒獻祭的宗教義務，以及激發虔誠的心。不過，這不是基督教會的用法！

歐洲天主教的老教堂的屋頂上常有彼得公雞，但自從16世紀以後，改革宗的教堂不再用這種公雞了。若是有的話，那是從天主教會「接收」過來的。

主耶穌的十字架

現代世界，十字架被用濫了！女人、男人用做飾品配件；醫院、紅十

圖47：十字架為勝利的記號。
第4世紀一個石棺上的浮雕細
部。十字架上面有個桂葉的花
圈，圈內的字母是「耶穌基督」
的縮寫字母，表示靠基督勝過
死亡。

字會用做記號；神職人員，
上自教宗下至修女修士，隨
身謹帶；教堂更是用種種款
式的十字架來做象徵。

　　不論是金的、銀的、銅
的、鐵的、石的、骨的、牙
的、木材的、塑膠的十字
架，原來象徵耶穌犧己救世
的人格和工作。基督教堂高
舉十字架，或是基督徒畫十字做聖號，表示信仰的認同，心靈的歸依，也
是在耶穌基督的名分向上帝的祈禱。至於神父、祭司或牧師，禮拜時畫的
十字聖號，則表示耶穌基督的臨在，和主耶穌的祝福。

　　雖然基督教堂不能沒有十字架這個象徵，但它不是基督教會發明的，
它來自波斯。古波斯人認為罪犯的血液是骯髒的，而大地是清淨的；處死
罪人時，不准讓他的血來污染大地。於是，十惡不赦的死囚，只好把他吊
在木架上，讓路人咒罵，禿鷹啄食，風吹雨打，艷陽煎熬，慢慢折磨至
死。一說，後來羅馬人補上「釘」的這道酷刑。

　　十字架的極刑，西元前6—4世紀的波斯人、羅馬人、迦太基人、猶太
人，都曾採用過。例如，西元前519年，波斯王大利烏一世（522—486 BC）

一次將三千個政敵處死在十字架上。西元前88年，猶大王兼大祭司亞歷山大，一次將八百個反對他的法利賽人釘死在十字架上。這種極刑，羅馬政府只用在非羅馬公民的造反者，土匪和海盜身上。

羅馬政府執行釘十字架的方式是這樣的：嫌犯罪狀確定，宣判釘十字架之後，隨即執行。獄卒當庭剝掉死囚的衣服，開始鞭打、戲弄、辱罵。然後由一小隊兵士押出去遊街示眾，以為殺雞警猴；這時犯人得背負著他的「十字架」，只是那根長約三公尺的橫木，拖著沈重的腳步，蹣跚走向城外的刑場。

刑場上，十字架那根直木已經粗暴地豎立了起來。犯人一到，劊子手就地按倒犯人，拉開他雙手，用粗大的鐵釘從手腕釘牢在他背來的那根橫木上面，有時得用繩索固牢以支持體重。然後將之套牢在直樑上。垂下來的雙足疊齊，再用鐵釘釘牢；有時再用粗繩綁住大腿，或用鐵棒打碎脛骨，以防逃脫——或說，讓犯人早點死去，以縮短他痛苦的時間。雖然犯人受此重創，健壯者還得再挨上七天以上，才會衰竭而死。

應該說的是，耶穌被釘十字架之後，過了三個小時就斷氣了；他的脛骨沒有被打碎，他被釘十字架的方式則無異於其他罪犯。還有，耶穌死得如此快速，看守的士兵難以置信，就用長槍刺戳肋下，流出血和水，證實了他已經逝世。按猶太人安息日的律法，耶穌的信徒約瑟向彼拉多求得收殮耶穌的遺體，並安葬在他自己的墓穴裡（太27:45—61）。

為什麼被釘十字架的耶穌這樣快就逝世呢？《聖經》沒有回答這個問題。傳統的說法是：因為耶穌的精神、意識、感情背負著人類全體的罪惡和苦悶，心裡憂傷痛苦至極，以至於心臟暴裂，隨即死亡——自從耶穌被釘到斷氣的這三個小時，黑暗籠罩大地（太27:45），連太陽也傷心得喪失了光輝！

為什麼基督教會用殘酷的刑具，十字架來做象徵呢？這個問題我們可

從歷史和信仰二個層面來看。

從歷史而言，那是羅馬皇帝君士坦丁在西元337年，為向那曾經被釘死在十字架上的耶穌表示尊敬，通令廢止十字架極刑。此事密切關聯君士坦丁「靠十字架得勝」的神秘經驗——眾所周知的，西元312年秋，君士坦丁統一羅馬決死戰前一個夜裡，他夢見「靠十字架得勝」。他是將勝利歸因於基督徒的十字架的幫忙。有此因緣，到了350年左右就開始流行；此前，誰敢公開用它？基督教那時還是一種非法宗教！

從信仰而言，十字架最能清楚顯示耶穌基督受苦救世的工作和他的精神；十字架最能妥當表示基督徒願意效法耶穌的博愛和服務的精神。用十字架來象徵耶穌基督的事功，基督徒的信仰，是再合適不過的了！同時，耶穌基督對祂的信徒也有「背十字架」的呼召，祂曾對他的門徒說：「若有人要跟從我，就當捨己，背起他的十字架來跟從我。」（太16:24）使徒保羅也真的如此回應基督：「我不誇耀別的，我只誇耀我們的主耶穌的十字架，……就世界而論，我已經釘在十字架上了。」（加6:14）

後來歐洲有好多世紀政教勾結，互相利用，皇帝的寶座、王冠、權杖、皇袍，忙著用金銀、寶石的十字架做為榮耀權柄的裝飾。就是武士殺人取命的劍戟、坐騎的披褂，件件裝鑲上十字架來增加殺傷力；戰袍、盔甲、盾牌，紛紛漆上十字架來避凶保命。

十字架有說不盡的故事。相傳君士坦丁太后在326年前往耶路撒冷朝聖。她用盡心血，終於找到釘耶穌的那根十字架。她帶回來收藏在君士坦丁堡大教堂；這是所謂的「真十字架」！後來，真十字架隨著君士坦丁堡淪陷於伊斯蘭教徒之手。為了奪回這根真十字架，西方基督教國家在1204年，發動十字軍東征，終於光復這根寶架。為了這件事，羅馬天主教會還特別制定5月3日為「真十字架發現記念日」——直到1960年，才被教宗約翰二十三世（1881－1963）擱置這個節日。

十字架的基本造型有這幾種：

希臘十字架：由橫、直二根相等長度的樑木構成的十字架。

拉丁十字架：直樑長於橫樑的十字架，橫樑長約三公尺，直約四公尺。這是教會和信徒最普遍喜愛的款式，因為據說耶穌就是釘死在這一種十字架上。

安東尼的十字架：橫樑蓋在直樑之上端，成為T字形。我們查了不少資料，就是查不出這位「安東尼」是誰。

聖安得烈的十字架：二根同等長度的樑木交叉成X形的十字架。相傳耶穌的門徒安得烈，就是殉教在這一款式的刑具上。

克爾特的十字架：就是在拉丁形十字架的交叉處，多加一道圓圈。這不是個別殉教的十字架，而是神學的十字架；克爾特民族理解耶穌基督是救世之光，於是將該民族傳統的太陽崇拜結合在基督的信仰上——十字架中心的那個圓圈原是象徵太陽。

其他又有數種十字架，例如，卍字形、丰字形的，等等。

此外，耶穌被釘十字架的圖畫，比十字架的造型複雜得太多了。就以十字架上的耶穌的面容而言，第5世紀以後的八百年之間，基督教畫家認為耶穌十字架之死是克勝死亡，因此沒有表現耶穌受苦的面貌，有的刻意把耶穌的眼睛畫成張開的——不是「死不瞑目」，而是「復活的勝利！」只是到了13世紀以後，因為文藝復興的影響，耶穌的人性得到重視和強調，他在十字架上的面容也畫得萬分憂傷，甚至被痛苦所扭曲。

十字架的藝術表現非常豐富，幾乎每一個名家都會按照自己的文化背景和神學了解，來刻畫十字架上的耶穌。於是，受苦的基督有黑白黃棕各色人種；他面部的表情有憂鬱的、痛苦的、安詳的；耶穌的胴體有瘦皮包骨如鴉片仙的，有筋肉發達如體操選手的，有肥胖如富賈鉅商的。

筆者看過許許多多十字架，最難忘的是德國科隆大教堂裡面，有一個

大十字架，架上被釘的耶穌不是排骨族，而是啤酒公會的標準會員，大腹便便。這是所謂「吉樂的十字架」*。

圖48：吉樂的十字架。頗有意思的是，架上的耶穌基督顯然長一個啤酒肚。這根十字架在德國科隆大教堂，深深吸引著巡禮者。

圖49：東正教的十字架。造型比其他十字架複雜，最大特色是直樑下端總有個骷髏頭。意指必死的人亞當，經基督的十字架，可得復活。這是俄國東正教會在1988年，贈給德國路德教會的，為記念死納粹的被害者，並表示教會的懺悔。立在柏林威廉記念教堂。

響徹雲霄教堂鐘

鐘是歐洲基督宗教的重要記號，幾乎每一座教堂都有，差別僅在鐘的多少和大小罷了！但是歐洲基督教會到了第6世紀，才開始在禮拜儀式中用鐘。比起其他宗教算是後輩晚生——這是，東周用銅鐘之後的一千年。

為什麼歐洲基督教遲遲等到創教五百餘年之後，教堂才用鐘呢？最直接的理由是，基督教的母親，猶太教的禮拜儀式是不用鐘的。同時，異教普遍使用鐘，巫師用鐘來呼風喚雨、解除咒詛、呼召精靈、驅除惡鬼；人和動物也都佩帶小鈴鐺來當護符。這在基督教護教士的眼中是一種迷信，教會怎敢使用？

然而，歐洲基督徒生存的文化環境卻甚喜歡鐘！希臘、羅馬基督徒的小孩受洗的時候，父母私下把鈴鐺繫在小手上，討個基督的吉利。社會處處用鐘，迫使教會必要重新詮釋鐘的宗教意義，好好的應用她來充實基督徒的宗教生活。文化強於神學，基督教會終於正式在宗教儀禮上面使用鐘了——這是歐洲基督教本地化的一件大事啊！

到了第6世紀，修道院用鐘聲來規範修女。提醒她們按時祈禱、研究《聖經》、勞動服務。後來，法蘭西斯修道團*的修院，教導區域裡的人，聞聽到晚鐘的時候，得就地停工，誦唸〈聖母祈禱文〉三遍。到了14世紀，增加到一天有晨、午、晚，三次鳴鐘，來呼召教區的人民祈禱。

歐洲教堂鐘和人民的生活息息相關。平日，教堂大鐘忠實報時；社會發生了緊急大事，要大大鳴鐘示警。例如，流行瘟疫惡疾，敵軍壓境，發生火災，此時敲鐘促人逃避或參加救助；不見五指的濃霧籠罩不散的時候，用鐘聲來引導野外工作的人平安回家；死囚在市集要斬首或行吊示眾的時候，也要鳴鐘召集市民來認識國法之不可侵犯。

時過境遷，現代國家有其警報系統，教堂鐘可以專心服務教會了，但還有教會堅守古傳，像筆者居住的德國曼茵茲老城，她的主教座堂洪鐘仍

然保持著千百年來,按更次報時!

<table>
<tr><td>

法蘭西斯修道團

或稱為「聖方濟會」。創設人是大名鼎鼎的法蘭西斯(1182－1226),俗名叫做柏拿多內,是義大利的亞西西人。在一次禮拜中,聽到基督的呼召,他就決志出外傳道,以效法基督為職志,沿門乞食,雲遊四方,到處照顧病患,安慰憂苦的人。他的行為感人,吸引了許多人來跟隨他。他在1209年向教宗英諾森三世(1160/61－1216)請得同意,成立了本團。1212年又成立法蘭西斯女修道團。

他的修道團是以模仿基督,以愛結合,在極度貧乏中經營共同生活,來傳道,來服務世人為宗旨。教會史家咸認,聖法蘭西斯是所有聖徒中最配得稱聖的。死後,兄弟們在他手掌和肋骨發現類似耶穌的釘痕,可能是他一生徹底效法耶穌基督的感應吧!

</td></tr>
</table>

教堂鐘按不同種類的禮拜或祈禱而鳴奏不同音調的鐘聲,例如,復活節、聖誕節和平常星期天的禮拜,鳴鐘定的音調和時間都不同。當然,婚鐘和喪鐘是絕對不同的——德國墓園大多設有小教堂,為她的死者的安葬,奏出低沈緩慢,淒涼的喪鐘,送故人最後的一段路。

富庶地區的教堂,尤其是主教座堂,幾乎都建有宏偉的鐘樓,安置著五或七個一組的大銅鐘;中型教堂,少不了三、五個一組,小教堂也有一、二個成組的鐘。試想,城裡幾十座大小教堂,百鐘齊鳴,聽者會有什麼感受?

圖50:教堂大鐘。芳名「和散拿」,是名師巫歐的作品。鑄於1497年,現在埃爾弗得的西美里教堂。

到了13世紀的時候，教會紛紛鑄造巨鐘。這時歐洲造鐘技術已經登峰造極。又過了三百年，出現有史以來最大的銅鐘，那是俄國可祿可祿皇帝捐資建造的；鑄鐘的時間約有三年之久（1733－1735），巨鐘重十八萬公斤。可憐，因為這口鐘實在是太笨重了，久久無法裝上鐘樓。安裝工程一再延宕，到了1737年，不幸喪生於大火。哀哉，終其一生「沒沒無聞」，懷抱巨鐘虛名，啞然含恨而亡。

13世紀，也是教會熱心把巨鐘人格化的時代。凡是大鐘都要有個榮耀的名號，像明斯特大教堂，有巨鐘大名叫做「弗萊格的讚美上主洪鐘」。鐘既然有了名字，教會也就順理成章的給他施洗，給他聖化，好讓更有效地服務聖教會。這樣一來，教堂鐘漸漸披上神秘的面紗：鑄鐘師傅偷銅減料，必遭暴斃的報應；教堂巨鐘有消雷滅電的能力；敲響教堂鐘可驅逐久久不散濃霧。相傳，基督受難節這一天，教會沒有鳴鐘，因為大小銅鐘成群飛往羅馬接受教宗的祝福──多麼可愛的想像啊！

鑄鐘是件大事，豈可沒有鐘銘？德國曼茵茲主教座堂大鐘的銘文，道：「噢，榮耀之王！您與和平一起來到！」

詩人也不甘寂寞，紛紛歌頌教堂老鐘：

讚美上主有我

呼召人民是我

聚集教士得我

弔慰逝者我去

驅逐瘟疫我來

裝飾禮拜我做

也許，新教徒成性愚直吧！他們就是偏偏要給教堂鐘的神秘力量破功，不給鐘施洗也就算了，還萬分缺乏幽默地力斥鐘的無能。有一句鐘

銘，說：「我不能擊落雷電！」這還用說？在避雷針還沒有誕生之前，大教堂插雲鐘塔是相當顧忌雷電的！此外，更可愛的是，新教徒啟用新鐘的時候，還要藉著牧師的講道來化解鐘的巫術信念。

昔日，凱旋將軍帶兵回來，要大大鳴鐘示慶；一旦戰敗，城池落入敵人手中，教堂鐘聲悲哀消音，跟人民一同受苦，淪為敵人的戰利品。窮兵黷武的國家，教堂銅鐘難逃被熔化成槍炮的命運。這種情形，也許德、法兩國的教會都頗有經驗吧！拿破崙一世侵略鄰國，以及第一、二次世界的德國，教堂大鐘遭受到糟蹋的不計其數。

值得一提的，建於1895年，柏林維爾翰記念教堂大鐘的遭遇。她原有的六口大鐘是用普法戰爭時，虜獲的法軍大砲銅材鑄成的。第二次世界大戰中，這幾口大鐘遭到熔成武器的厄運；她的大教堂也被盟軍炸成廢墟，僅有前後兩座破碎的塔樓罰站原地。該大教堂在1961年修建完成，德國人為要記取歷史教訓，把廢墟整合在現代式的教堂建築。同時，用純淨新金屬鑄造了六口大鐘，並且逐一從《聖經》選取經文來做鐘銘：

> 大鐘，銘曰：「你們的城市成為灰燼。」（賽1:7）以及「但我[上帝]的拯救永在，我的公義永存。」
>
> 次鐘，銘記：「他不因我們的過犯報應我們。」（詩103:10）
>
> 三鐘，銘載：「上帝啊，你的道是聖潔的。」（詩77:13）
>
> 四鐘，銘曰：「上主啊，求你拯救你的子民，賜福給屬於你自己的人。」（詩28:9）
>
> 五鐘，銘道：「所以我們做基督的使者，就好像上帝藉我們勸你們一般，替基督求你們與上帝和好。」（林前5:20）
>
> 小鐘，銘刻：「盡力保持聖靈所賜合一的心。」

電動鳴鐘裝置發明以前，大小銅鐘都得依靠人力操作。大小鐘分別被

固定在幾根粗壯的橫樑上，樑的兩端再套進輪軸裡面。然後用力搖動這些懸掛大小鐘的橫樑，鐘錘就隨著整個鐘的擺動而打擊出不同的音調來。

搖鐘是很費力的，小教堂的一口小鐘，一人拉繩搖鐘還可應付得來，若是中型教堂三至五口一組的大鐘，就得要三個壯丁來伺候了。難怪，昔日大教堂都得招募壯漢當義工來輪班搖鐘，大教堂通常有五至七口大鐘啊！

雖然現在都市的教堂都是電力鳴鐘，但原東德的大部分老教堂還得用人力。筆者曾在荀堡的一個老教堂，跟另外二個壯丁爬上四樓高的鐘樓，各執一根粗麻繩，使盡全身力氣，才搖動得那三口大中小老鐘。遠聽教堂晚鐘頗有詩意，但在鐘樓裡搖動穿腦大鐘，極不好玩！—— 此時，我忽然憶起鐘樓那位怪人！

教堂的鐘聲，關聯著祈禱和禮拜，但是她的聲音卻是一種深沈的記憶，化成遊子最懷念的，最美麗的鄉音！

虔誠祈禱隨燭獻

通常，天主教的朝聖者或觀光客一進入教堂，會在門邊的小聖水盆，或小聖泉沾點聖水在額上以象徵潔淨心靈，畫個聖號來表示上主的保佑和祝福，以及自己的誠心歸依。然後，由迴廊走近耶穌苦刑的十字架面前屈膝致敬，或肅立瞻仰基督受苦的十字架，或低頭默想基督的救恩。接著慢慢走到某位聖人的壁龕前面，來默想這位聖徒的風範。若是教堂設有耶穌受難的十四景（可能是浮雕、木刻或圖畫；郊外的教堂，則設在林園裡），也都逐一瞻仰。

巡禮一周後，要是這座教堂設有蠟燭臺的話（一般都設在側廊），就點燃一根，或數根蠟燭，恭敬獻上 —— 這是為自己或所愛的人代禱的記號。然後帶著上主的平安再滾進紅塵。

奧妙神聖古祭壇

除了十字架之外，教堂裡頭最重要的象徵要算是祭壇了！所謂「祭壇」，顧名思義，是祭司向神獻上牲醴的祭臺。基督教相信耶穌獻上他自己的身體為「牲醴」，以成全上帝和世人之間的和平。強調這教義的教會，如天主教和東正教，他們的教堂都建有華麗又莊嚴的祭壇，讓神父、祭司在那裡施行獻祭。

獻祭的神學見解在基督教各宗派間極不相同，以至於祭壇的風格有極大的差異！天主教堂的祭壇，總是建於東、西端的最中心位置。東正教會以祭壇為上帝的寶座，因此將它隱藏在隔離自教堂大廳的聖所裡面；禮拜者、朝聖者看不見它，女人絕對不能進入。喀爾文宗的教堂沒有祭壇，只有「聖餐桌」，因為強調耶穌基督已經完成最後的獻祭。

天主教祭壇的最重要部分，不在它的精美藝術，而是一個精美的「神龕」，裡面供奉著耶穌基督的「聖體」——正如猶太教有「書卷龕」，其中珍藏《摩西五經》。此外，祭壇上一定有「長明燈」，象徵聖父上帝的臨在。

另外，祭壇某處，特別是大教堂，還埋藏著某個聖人的遺骸或遺物。一般而言，這座教堂就用這位聖人的名字來稱呼她——宗教改革以後，新教由天主教承受的教堂，雖然保持著原來的祭壇，但是埋藏在其中的聖人的遺骸或遺物都被天主教會取回去。這是應該的，因為基督新教不尊崇聖徒遺骸、遺物。

雖然路德宗和安立甘宗教堂都有祭壇，但壇上不擺設神龕或長明燈，取而代之的是一座十字架，一對大燭臺，一大本展開的《新舊約聖經》。這樣擺設的象徵意義是：十字架表示耶穌基督自己經完成了獻祭；點燃的蠟燭代表基督徒的祈禱；展開的《聖經》表示上帝聖言的啟示和臨在。

這個分別為聖的祭壇，乃是天主教和東正教的神父、祭司聖化「聖

餅」，以及某些教派的牧師準備聖餐的地方。祝聖過後，就招呼信徒走到祭壇來領受「聖體」，或「餅」和「葡萄酒」——至今，天主教和新教對於耶穌基督的「聖餐」還未能有所共識。正式的場合，基督新教的教徒，不准領受天主教的聖餐。

宣揚福音的講壇

　　基督宗教從猶太教的宗教制度承襲了二個重要的功能：祭司和先知。從教堂的象徵物而言，祭壇代表祭司功能，而講壇則是象徵先知功能，那是實施教導、宣佈上帝聖言的所在。講壇，特別是老教堂，大都建造在大廳的左或右側，並伸入大廳。

　　星期日的禮拜，神父、祭司、牧師就在這講臺上宣講福音。當然，特別聚會也在這上面來教導《聖經》、說明教義。中世紀教會，已經廣泛地用講壇來宣傳宗教事務，例如，推銷贖罪券，招募討伐伊斯蘭教徒的十字軍。近代改革宗的教會，強調通過講壇來教導社會改革的《聖經》教訓。第二次世界大戰前，德國有些牧師在講壇批評獨裁的希特勒政權，以至於被捕而殉命於集中營。

圖51：虔誠祈禱隨燭獻。德國科隆大教堂內。

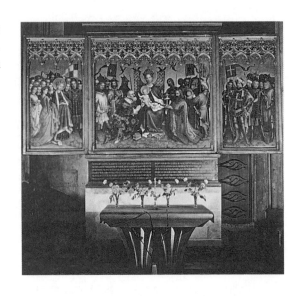

圖52：科隆大教堂守護聖徒的祭壇摺屏。大教堂內常有許多小教堂，可供家庭或小型禮拜使用。

　　講壇的重要性可由教堂的禮拜節目看出。講道佔星期日一般禮拜的三分之一以上的時間。當知，改革宗的開山祖馬丁・路德和喀爾文，都是大師名嘴，講道都在一個小時以上。他們藉著講壇宣揚福音，同時鼓吹宗教改革，而建造了路德會和長老會兩個大宗派。有此淵源，後來這二宗教會，尤其是長老宗，特別著重講壇的所謂先知的信息。

AΩ，XP和小魚

　　歷代基督教會也用一些文字、或圖案來當做記號。常見的有以下幾種。

　　"AΩ"，這個象徵曾在羅馬地下基窟發現，把AΩ分別畫在耶穌圖像的左右兩邊。教會史家認為它們是西元250年左右，逃難於基窟的基督徒留下來的符號。還有，在一些古燈盞或戒指上面，也常發現這個記號。如此代代相傳，現代歐洲基督教堂的講臺、祭壇、蠟燭、等等物件上面都可能看到AΩ。

AΩ是希臘文字母表的第一個字母「阿爾法」，和最後一個字母「亞米茄」。因此，AΩ意指「最初和最後」、「開始和終結」等概念。但用此二字，特指耶穌基督是永遠的主，是信徒靈性生命的開始和完成。神學家將這二字理解做基督是拯救的歷史的開始和完成。這樣解釋是有《聖經》根據的，〈啟示錄〉說：「昔在、今在、將來永在的主，全能的上帝說：『我是阿爾法，是開始，是亞米茄，是終結！』」（啟1:8）

　　"XP"，最初出現在西元312年，羅馬皇帝君士坦丁在最後一戰之前夜夢見的。他相信這是克敵致勝的記號，於是命令兵士的頭盔和盾牌畫上這記號。後來，君士坦丁統一東西羅馬之後，這個象徵也就隨之流行了起來。

　　長久以來，XP被當做「避邪」的符號！現代歐洲基督教堂仍然普遍應用這個象徵，常出現在蠟燭、徽章、旗幟、牧杖、服飾，等等器物上面。

圖53：魚，古代基督教徒的記號。關聯基督、洗禮、希望和復活等意義。因為拼合希臘文「耶穌基督，神子，救主」各字的第一個字母，剛好是個「魚」字。

那麼，XP象徵的是什麼？它們原是希臘字母chi和rho，轉寫成拉丁字母，就是X做CH，P做R。這個CHR雖是單字的一部分字母，但顯然要指謂的是「基督」（Christos=CH+R+istos）。

　　舊時，君士坦丁用這兩個字母來象徵「靠著基督得勝！」現代，基督教會用它來表示耶穌基督的同在和祝福。

　　「魚」，古今基督教會就是喜歡它這樣的一個圖案。羅馬地下墓窟可見，教堂的器物可見，基督徒的車子常常可見。筆者管見所及，臺灣基督徒比歐洲的基督徒，更喜歡用「魚」來做車飾。

　　那麼，這條「魚」有何指謂？魚這個字的希臘文轉寫成拉丁字母是"ICHTHUS"，它正是"Iesos CHristos THeou Uios Soter"，意思是「救主耶穌，上帝的兒子」。可見，這條魚是所謂「縮寫字的圖案」象徵。

　　據說，在基督教還是個秘密宗教的時期，為要認識對方的身分，有意無意間畫上「魚」的圖案。基督徒一見，自有一定的回應。

　　上面，我們簡要的點出這些象徵和記號的根本意涵。但願有了這一層常識，將來看見它們，會有幾分知性的歡喜。

3-3 聖樂、聖畫和聖像

　　歐洲教堂的榮美不僅在於她的硬體，有的是看不完，寫不盡，引人入勝的聲和影：聖樂、聖畫和聖像。聖樂，在好多都市的教堂常可聽到；聖畫，那些價值連城的，幾乎都收藏在博物館來供人欣賞；至於聖像，用意不在於展覽，而是教會和信徒靈修的物件。這裡，我們就這三方面的教堂藝術做個簡介。

3—3—1　聖樂

　　歐洲教會音樂，仍然以天主教、東正教和新教的傳統為主。這樣講並不否認以色列和阿拉伯音樂的影響，那是第10世紀以前基督宗教和此二宗教藝術的磨盪。

樂器中的女王

　　風琴，也叫做管風琴，發明的年代不詳，可稽的最早記錄是西元前250年。她是所有樂器中最大，最複雜，並且隨著工藝科學和造琴技術而繼續發展著。

　　基督教會禮拜開始使用風琴，是第10世紀以後的事，那時只有主教座堂和大教堂有這種裝備；因為風琴的製造困難，造價昂貴。試想，一座中型風琴的音管就有三、四千根，佔用整整一個樓房 —— 德國巴騷大教堂，在1928年建造了世界最大的風琴，音管有一萬七千根，長的約有五公尺，短的只有二·五公分。

圖54：風琴演奏。第9世紀初的琴師如此表演，兩旁有人用力在拉著風箱。原為《聖經・詩篇》第150篇的插畫。

　　歐洲基督教會，到了19世紀，風琴可以大量生產之後，才普遍使用風琴於教會的禮拜。此後，不論城市鄉村，大小教堂，幾乎都有型號不一的風琴了。應該一提的是，德國、法國、荷蘭、義大利、西班牙和葡萄牙，有不少17世紀以前製造的老風琴。她們至今猶仍非常「健康」，聲量和音質俱佳。

　　可惜的是，有不少價值連城的老琴，卻遭到破壞或遺棄；雖然有一群愛琴者用心救琴，還是慢了一大步。其中，最有名的要算是那位去蘭巴倫從事醫療傳教的史懷哲（1875－1965）了！他曾經四處募捐，修復了德國的一些老風琴。在救琴者努力不懈之下，保住了一些好琴，例如，德國18世紀造琴大師西里伯曼（1683－1753）製造的風琴。前東德有不少名貴的風琴，因過去近半世紀共產政府的宗教壓制，教會缺乏經費，無法維護，以至於朽壞。可惜！

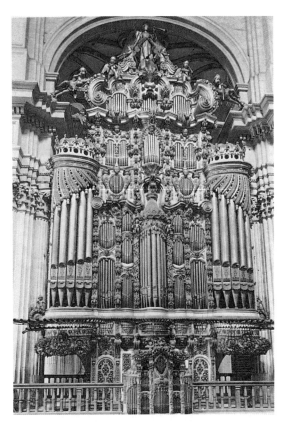

圖55：西班牙格拉納達大教堂的風琴(1745年製)。

改革宗教會初期，曾爭論過做禮拜是否可用風琴。這個問題，長老宗採取了相當保守的態度，認為風琴屬於權貴樂器，甚至常常取代了聖歌班和會眾唱詩，大大有礙信徒讚美上帝的心意。此外，琴師容易疏忽，讓琴聲震動殿宇，掩蓋會眾唱詩的聲音。雖是如此，流風所至，基督新教的教堂只要經濟許可，莫不努力從俗，購置風琴了。

東正教會自古至今，做禮拜不用風琴，主要地依靠聖歌班。她們訓練會眾，使他們都能唱出美麗的聖歌，和聖歌班一起唱和來讚美上帝。

話又說回來，歐洲大教堂動不動就有百公尺廳堂，除了風琴還真難找到第二種能把音符旋律充滿殿堂的樂器呢！何況一個敏銳的心智所能詮釋的，世上的音色所能模擬的，風琴都可能忠實地鳴奏出來。難怪，有大教堂就有風琴；在大教堂做禮拜，聆聽風琴奏樂，實在是一大享受。

現在，歐洲都市教堂的風琴演奏會，仍然擁有一定的聽眾，雖然少年人的聽琴人口不多。至於風琴在教會聖樂中佔有的重要地位，跟巴哈

（1685—1750）和布克斯佛得（1637—1707）等，宗教音樂大師的大量作品有密切關係。今日歐洲教會經濟較好的，還能聘用專業的「教會音樂師」，他們專司風琴演奏、指揮聖歌班。

歐洲，除了東正教的教堂外，就是平日也不難聽到風琴演奏。例如，挪威的尼達羅斯大教堂、倫敦塔菲嘉方場的聖馬丁教堂、巴黎聖母院、德國萊比錫多馬斯教堂、或捷克布拉格的聖維特斯等等大教堂，平日都有定時的風琴演奏；就是星期天禮拜的前奏曲，只要是「A級」琴師彈奏的，總是扣人心弦的 —— 可能來一曲巴哈的，或20世紀法國梅湘（1908—1992）的聖曲。

聆聽天使頌讚

每逢教會重要節日，某些大都市的教堂可能有「神劇」*或聖歌演唱。就以德國漢堡來說吧！這個以基督新教為主的都市，一年到頭有一萬三千場聖樂演奏或演唱會；全市基督教會聘有一百一十位專職聖樂師。聖誕節前，大教堂演出巴哈的聖誕神劇多達三十次以上。基督受難週，至少有二十個教堂演出基督受難神劇。現代神劇，著名的彌撒曲或安靈彌撒曲，都在演奏之列。難怪，漢堡贏得了世界教會音樂首都的美名。

自從12世紀以來，「神劇」廣傳於中、西歐；常在基督受難週、復活節、聖誕節演出。她是由獨唱、合唱和聖歌隊來演唱《聖經》故事的，並且伴以交響樂。神劇演唱算是規模比較大的演唱會，有錢的大教堂才能演出。歐洲人不論是否為基督徒，喜愛神劇的人頗多，演奏會幾乎場

> **神劇**
> 從《聖經》選取的主題而編寫的大型樂章，而用半戲劇性的對唱，包含獨唱、合唱和管弦樂的演出。而不同《聖經》故事的情節，是通過不同聲樂來表現的。她可以在教堂或音樂廳演出，因為不是宗教儀式的音樂。

圖56：法國聖歌班(c. 1500)。她們唱的是沒有伴奏的經文歌。在這世代裡，難得人手一冊歌本，只好將歌譜寫得非常大，讓所有的隊員都能看個清楚。

場客滿。

較常演出的神劇，而又比較有名的，要算是巴哈的《聖誕神劇》和根據〈馬太福音〉和〈約翰福音〉寫成的《基督受難神劇》；韓德爾（1685－1759）的《彌賽亞》、《掃羅》、《所羅門》、《約瑟》和《示巴的女王》等作品；孟德爾頌（1808－1847）的《以利沙》和《保羅》；聖桑（1835－1921）的《參孫和大里拉》；李斯特（1811－1886）的《基督》。

「清唱曲」也是教堂常常演出的聖樂。這種音樂在17世紀時，從義大利發展出來，後來傳播到歐洲各地。清唱曲大師首推史卡拉第（1660－1725），終其一生寫過六百首；此外，比較著名的有，法國的夏邦提耶（1676－1749）；德國的特里曼（1681－1767）和英國的布射爾（1659－1696）等人。

教會的清唱曲用獨唱或雙重唱來表現，主要地唱出《聖經》的經文，或禮拜儀式的禮文。雖然清唱曲的規模比唱神劇小得多，但她也擁有一定

的聽眾。應該一提的是，巴哈對於教會的清唱曲有極重要的貢獻；他擔任萊比錫多馬教堂琴師任內（1723－1725），每年寫出五十八首清唱曲。2000年是巴哈誕生兩百五十週年，名指揮家李寧編輯了巴哈全套作品，一時轟動了德國聖樂界。

「彌撒曲」在中世紀時是歐洲天主教主教座堂，每次做禮拜必唱的聖歌；那是聖歌隊唱的儀式禮文。這時期的某些大教堂擁有自己的合唱團，甚至是聖樂學校，例如，德國德勒斯登的十字架教堂，從1220年起至今，一直擁有童聲聖歌隊——就是在共產的東德時期，每次演唱還是爆滿。現在，一般大教堂的禮拜難得一聞彌撒曲了。

歐洲天主教大教堂，到了11月可能有合唱團或聖歌隊，伴隨著風琴或交響樂隊演唱「安魂彌撒曲」。這種曲子原為追思禮拜而寫的，用來哀悼逝者，緬懷英烈。現在，卻把她當做年終歲末的聖樂，用來點醒信徒，人生短暫；用來勸人反省，預備大限來時安然歸天。

安魂彌撒曲有其一定的程序：首先是求告上主，唱出「求主憐憫」樂章，懇求上主讓死者獲得永遠的安息。接下來唱「憤怒之日，災難之時」，提醒人改惡從善，因為上主要施行最後審判。再來是「三聖頌」和「上帝贖罪的羔羊」等樂章；此間，可插進「永遠慈光」和「上主的拯救」等等樂曲。

比較著名的安魂彌撒曲的作者有：英國的拜爾德（1543－1623），義大利的凱魯碧尼（1760－1842），奧國的莫札特（1756－1791）和舒伯特（1797－1828），德國的布拉姆斯（1833－1897）和貝多芬（1770－1827）。他們都留下了千古不朽，傳唱不息的安魂彌撒曲。

上述音樂在長久的過去曾是教堂禮拜的「聖樂」，但現在已經幾乎聖俗不分，一般樂團也都會演唱，也都擁有一定的喜愛者。

葛利果的聖歌

「葛利果聖歌」*是中世紀天主教會崇拜禮儀必有的音樂。乍聽此樂，可能覺得並不怎樣，因為僅是單部男聲，不准有顫音，不許有性感音色。她的音階系統特別，既非大調，也非小調；不用樂器伴奏，是清音吟詠。她刻意唱成非人格的、客觀的、化外的聲音；也許，唯有如此才像天使的聲音，才能歌頌上帝。

其實，葛利果聖歌是很耐聽的，越聽越覺得美妙。若能認識她的音樂特質，可

圖57：教宗大葛利果。他是保存舊學開創教會新文化的偉人。圖示他的秘書正在替他記錄音譜，相傳神賜靈感，使他創作出美妙的「葛利果聖歌」。

葛利果聖歌

葛利果聖歌是西洋文化的瑰寶之一，代表著中世紀基督徒信仰的里程碑；她是16世紀之前西洋音樂靈感的源泉，她清純的旋律至今仍然到處受到喜愛。這是天主教會的禮儀音樂，是單旋律的，單聲部齊唱，而唱詞主要採用〈詩篇〉或《聖經》的經句。

後人將這種聖歌的作者歸給教宗大葛利果（590—604在職），說是他改革教會禮拜儀禮的成果；教宗可能寫了一少部分，託名的比較多數。到了第9世紀中葉，傳說大葛利果所以能夠譜出美如天韻歌聲的音樂，是來自上帝的靈感。

能更容易欣賞她。葛利果聖歌有二種重要功用：功能音樂和禮儀職分。前者是，按照修士一天八次，不同時間舉行的靈修禮拜，而唱詠的經文歌；後者是，專門為大教堂和修院禮拜的祭奠和彌撒而唱的聖歌。

在大教堂中聆聽葛利果聖歌，若能了解詠唱的主要經文，頗能感受瀰漫在神秘氛圍中的寧靜；若能虔誠修心，隨著吟詠的旋律來做空靈靜修，則可窺見聖界的榮耀。然而，葛利果聖歌是用拉丁文唱的，在第二次大公會議（1962－1965）時，因為主張教會的本地化，各國教會採用自己的語言，因此葛利果聖歌幾乎從天主教會的禮拜儀式中消聲匿跡。

但近年來，葛利果聖歌頗有復活的現象，而再度擁有不少聽眾，並且重新獲得天主教和基督新教的重視。在大教堂、修道院，以及新教有聖歌隊的教堂，都可能在禮拜中聽得到。為什麼中世紀的老聖歌重獲人們的喜愛？也許現代人已經厭倦喧囂勁爆的吼叫聲吧？葛利果聖歌清純不顫，能開化七情六欲，回響的是聖界的寧靜和上主的榮耀，頗適合心身疲憊的現代人。

教堂的老聖詩

從公眾做禮拜而言，基督新教一向強調禮拜者開口讚美上主，不可讓聖歌隊來代表信徒。因此，宗教改革大師馬丁‧路德和喀爾文設計的禮拜程序中，有會眾唱聖詩的部分，而且一場禮拜要唱五、六首。

起初，基督新教沒有自己的聖詩可唱，新作的詩詞只能配天主教的葛利果聖歌，或民歌的曲調。同時，會眾唱詩的時候也不用樂器伴奏；用風琴伴奏是17世紀以後之事。雖是如此，16世紀音樂水準較高的德國和瑞士的改革宗教會，已經有多音部樂曲的聖詩，以及聖歌隊了。例如，盧爾（?1500）在1544年，於德國威丁堡編輯了德國和瑞士兩地的一百二十三首多音部合唱的聖歌。

早期的基督新教的聖詩有個限制，就是所有的讚美詩詞必須出自《聖經》；因此，聖詩的歌詞都採自〈詩篇〉。例如，荷蘭史憐格（1562－1621）編有吟唱的〈詩篇〉，並有英文和德文譯本；蘇格蘭在1564年也已經有改革教會的聖詩了。

　　歐洲各基督教國家發展出各國，各宗派，甚至各州邦教會的聖詩。她們的聖詩集傳統久遠，內容豐富。就以德國福音教會而言，仍然是各州邦刊行自己的聖詩集，僅以黑森拿騷州邦福音教會的《福音聖詩》言，就收集了六百五十二首，包括16－20世紀，各式各樣的聖詩；其中收錄了德國宗教改革者，著名詩人的作品。整體來看，德國的聖詩仍然以17、18世紀的詩作為多——身為臺灣來的人，唱此聖詩，覺得韻調詞句沈重有餘，清新不足，多數歌詞一再重複《聖經》文句；就是他們的年輕人也不見得喜歡。不過，老教友對於老聖詩卻是情有獨鍾，他們已經把聖詩唱進靈魂深處了。

　　歐洲教會也不是不知道聖詩太過老朽的問題，教會已經開始採用年輕人喜愛的歌曲，譜成聖歌，在禮拜時吟唱，例如，泰哲修道團*聖歌已經擁有眾多人口，特別是年輕一代的。外國聖詩，如黑人靈歌，希伯來詩歌，雖然也擁有一定的喜愛者，但仍然受到保守的教會樂師所排斥。諷刺的是，每逢數萬人的大聚會，傳統聖詩都

得束之高閣；唱的，大多是現代的、活潑的、清新的聖歌。

看來，歐洲主流基督教會的聖詩改革，是已經上路了！

3－3－2　聖畫

「聖畫」是傳統說法，狹義的指基督宗教《聖經》人物和事件的圖畫——猶太和伊斯蘭兩教，因為極端反對「拜偶像」，結果此二宗教雖有其他精美的藝術，獨缺聖畫或《聖經》或《可蘭經》人物的畫像或雕塑。

歐洲許多老教堂原有豐富的聖畫，其中價值連城的作品，為了安全的緣故而珍藏在博物館。現在，著名的大教堂，仍然可能看到一些名作。不論如何，歐洲基督宗教誕生了聖畫，而聖畫美化了，豐富了她的宗教感情。這裡，我們只能漫談聖畫史高峰的一些常見聖畫，以及相關著名的雕塑和20世紀一件奇怪的宗教「藝術品」。

神聖的，脫現實的

早期的基督教會對於圖像或雕刻一類的藝術，深有芥蒂，因為《希伯來聖經》明言不可製作、雕刻上帝的任何形象。同時，這時期圍繞基督教會的異教世界偶像處處，難免令初代教會的信徒見宗教圖像就寢食難安。雖是如此，但原始基督徒卻默默地在羅馬的地下墓穴的石壁留下壁畫，刻下信仰的痕跡。

到了第6世紀，終於有了轉機，教宗大葛利果（540－604）給宗教畫，所謂的「聖畫」立下流行的基礎。他主張不宜禁止聖畫，重要的是必要盡力稱讚圖畫背後的上帝。聖畫不但無礙基督徒的信仰，反而有益於靈性修養。

從第8－12世紀之間，聖畫、雕刻，都是羅馬風格的藝術。留給後世

的主要是教堂祭壇屏風聖畫，懸掛在教堂大壁的福音故事圖。她們的主題和圖像的中心人物，大多是：耶穌基督；聖母馬利亞和聖嬰耶穌；基督誕生的故事；耶穌的門徒；耶穌的生平故事；耶穌和門徒的晚餐；耶穌復活，等等。教堂掛上這一類圖畫的目的，主要是為了施行「宗教教育」；一幅聖畫就是一篇圖說，那是無言的講道啊！因此也叫做「窮人的聖經」──有不少國王是「窮人」，因為他們目不識ABC。

13世紀拜占廷國勢鼎盛，經濟、文化和藝術高度發達；相反的，西羅馬帝國則蕭條畏縮。影響之下基督教宗教藝術，在以後的世紀裡拜占廷風格獨領風騷。令人注目的是，教堂四壁出現了馬賽克鑲嵌畫，金色的、紅色的、寶藍色的小瓷磚，帶給晃晃燭光照明下的黯淡教堂一股神秘氣氛。今天，我們在義大利拉維納市的聖挪莫教堂、聖維他勒教堂，或羅馬某些老教堂，還能看到這一類馬賽克鑲嵌畫。

圖58：「窮人的聖經」。這些圖畫相當粗糙，主要是給文盲的人藉著圖畫，來認識《聖經》故事。這時期，許多帝王和一般民眾目不識丁。

應該一提的是，昔日寶藍色和黃金色是非常昂貴的顏料，拜占廷的馬賽克鑲嵌畫中，只限於用在最重要的角色身上，而寶藍色主要用做馬利亞的衣服的顏色，黃金色用做聖人的光環。做畫時，雇主和畫師要為此二色瓷磚的價格另訂契約。

這時期聖畫的特色和當代神學有密切關係。例如，「聖母馬利亞和聖嬰耶穌」，不論是羅馬式或拜占廷式的，聖母和聖嬰都是正面描繪，背景是高貴的黃金色。有趣又意義深刻的是，聖母和聖嬰的面貌刻意畫得非常相像，也非常「中性」，畫師故意淡化性別──聖母和聖子還有什麼性別？坐在聖母膝上的聖嬰，畫得眼睛圓大，精靈活溜，面貌成熟，是個十足老嬰，一點也不可愛──這又是固定的畫法，刻意強調聖嬰殊異於凡嬰。

本期的「十字架」畫像，都是單純的，上面沒有耶穌屍體的那一類；就是說，在第6世紀以前，「苦刑十字架」──掛有耶穌屍體的十字架──是難得一見的！只有在下一世紀，東方教會才開始採用苦刑十字架，而西方教會要到第10世紀，才敢畫它。為什麼？仍然是個嚴肅的神學理解。當代教會認為苦刑十字架是一種極端的侮辱，是罪大惡極的犯人的

圖59：〈聖母子圖〉。比較來看，左圖聖母和聖嬰都坐得萬分嚴肅，那是流行在12世紀法國中部的造型。右圖，則見母子甜蜜親情，聖子手裡拿著一顆蘋果。這是14世紀初的畫風，反映著人性基督的一種理解。

刑具，深為羅馬人所厭惡。它怎能是我主耶穌背負的？在這樣的理解下，教會要不是採用單純的十字架，就是十字架上的耶穌畫成睜開一對大眼睛，面貌如生，毫無痛苦，身體沒有任何傷痕。他們認為這才是基督徒頌讚的，得勝的「救主」，勝利的「君王」！——羅馬的聖莎米拿教堂，有這種造型的十字架。

人性的，現實的

到了13世紀末，義大利藝術家忽然起來推翻拜占廷式的畫風，發展出寫實主義的宗教畫來。這有劃時代的意義，從此展開了西方圖畫藝術的新世紀。此後三百年裡，教堂聖畫的畫中人，強調的是人物間

圖60：〈釘十字架的耶穌基督〉。他張開雙眼，平靜自在，好像沒有創傷的痛苦和感覺。委拉斯奎茲（1599-1660）的帆布油畫（248×169cm），約作於1632年。收藏在馬德里的普拉多博物館。

圖61：〈釘十字架的耶穌基督〉。充分顯示耶穌是真實的人，流露創傷的痛苦和哀傷。德國伊森海默祭壇的木板油畫（269×307cm）。格林勒華特（c. 1470-1528）的名作（c. 1512-1516）。

的互動，不理睬觀察者的存在。同時，人物的面貌、衣服和環境的細部，也都清晰描繪出來。對於顏色的採用，仍然喜歡用黃金色來做為黯淡的教堂的背景；畫中人物，有建築物或自然風景為襯托。

　　13—15世紀義大利畫家仍然集中做教堂內部的壁畫和祭壇屏風畫。但當阿爾卑斯山脈以北諸國出現哥德式大教堂以後，畫家失去了做畫的大幅教堂內壁。畫家因此轉向，發展出花玻璃窗畫作，創造大教堂一片彩色的《聖經》故事和聖人的畫像，以及圖案。這時石雕師也大顯身手，教堂裡裡外外嵌進了生動的雕像，有耶穌基督；聖母和聖嬰；耶穌的十二門徒；歷代聖徒；聖殤等等。

　　我們不可忘記，大教堂採用石雕像為象徵，是件驚天動地的事，這表示藝術家掃除了千百年來羅馬帝國「偶像崇拜」的疑忌。在眾多石雕的宗教作品中，尤以〈聖殤〉——馬利亞膝上躺著耶穌受苦刑的屍體——最受喜愛。許多同類作品中，尤以羅馬聖彼得大教堂米開

圖62：〈聖殤〉。中世紀藝術主題之一。為了強調基督的人性實在，以至於極度誇張了他的痛苦；他扭曲的面部，說明了人間極苦和極惡。德國作品，椴木雕刻（c 1300）。

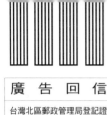

１０４

臺北市復興北路三八六號

三民書局股份有限公司收

姓名：

出生年月日：西元　　　年　　　月　　　日

地址：

電話：（宅）　　　　　　　　（公）

E-mail：

性別：□男　□女

感謝您購買本公司出版之書籍，請您填寫此張回函後，以傳真或郵寄回覆，本公司將不定期寄贈各項新書資訊，謝謝！

職業：＿＿＿＿＿＿＿＿＿　教育程度：＿＿＿＿＿＿＿＿＿

購買書名：＿＿＿＿＿＿＿＿＿

購買地點：□書店：＿＿＿＿＿　□網路書店：＿＿＿＿＿
　　　　　□郵購（劃撥、傳真）　□其他：＿＿＿＿＿

您從何處得知本書？□書店　□報章雜誌　□網路
　　　　　　　　　□廣播電視　□親友介紹　□其他

您對本書的評價：　　極佳　佳　普通　差　極差
　　　　封面設計　□　□　□　□　□
　　　　版面安排　□　□　□　□　□
　　　　文章內容　□　□　□　□　□
　　　　印刷品質　□　□　□　□　□
　　　　價格訂定　□　□　□　□　□

您的閱讀喜好：□法政外交　□商管財經　□哲學宗教
　　　　　　　□電腦理工　□文學語文　□社會心理
　　　　　　　□休閒娛樂　□傳播藝術　□史地傳記
　　　　　　　□其他

有話要說：＿＿＿＿＿＿＿＿＿＿＿＿＿＿＿＿＿＿＿
（若有缺頁、破損、裝訂錯誤，請寄回更換）

圖63：〈聖殤〉。釘十字架的耶穌，從十字架取下來時，母親馬利亞用雙手抱他在膝上，流露著母親深沈的哀痛。中世紀後期西方教會開始流行此一主題的雕刻和圖畫。這是米開朗基羅的名作，藏於梵諦岡聖彼得大教堂。

朗基羅（1475－1564）雕塑的〈聖殤〉為最著名；作者用心拉長躺在馬利亞膝上的耶穌的屍體，誇張屍體的沈重，突顯聖母承受喪子的極大悲痛。為什麼這款〈聖殤〉為人所深愛？可能是移情馬利亞，衷心和她一起受苦的感情吧！—— 有此一說，此乃受到神秘主義文學的影響。

寫實主義的基督教藝術，最令人印象深刻的還有耶穌基督的「釘十字架」圖畫，萬分忠實地描繪出耶穌在十字架上，是那麼樣的軟弱，那麼樣的痛苦。前世紀無痛苦的釘十字架的耶穌不再出現，流行的形象是：乾瘦軟弱的耶穌，頭戴荊棘冠冕，血滴滿面，兩眼緊閉，頭顱向右低垂，脅下傷口淌血，赤身裸體，僅用一小片粗布繫在私處。這十字架下，右邊站著母親馬利亞，左邊是門徒約翰。

此後，藝術家推出三座十字架直插刑場的圖畫：中間的十字架，釘著耶穌；左右的，各釘著一個壯漢；有執刑的羅馬兵丁，有看「熱鬧」的群眾。這個主題強調耶穌和窮凶惡極的死刑犯一樣地被處死，耶穌列在罪犯之中。為什麼有如此這般的寫實？可能的回答是，這正是修道運動如火如

茶的時期，正是強調「效法基督」的信仰和神學的高潮 —— 效法基督的為人受苦受死，才能如同基督一般的復活。

13世紀是中世紀聖畫的高峰，流行著另一個重要主題：「聖母和聖嬰」。殊異於前期的母子面貌刻板，同一模型，以及淡化性別的特色；這時，作家突顯的是「美麗的聖母」：她青春綺麗，面貌姣好，豐乳肥臀，不客氣地散發著性感；她面容充滿感情，笑看懷中的聖嬰，寄以無限的憐愛和憧憬 —— 有畫評家說，馬利亞好像從聖嬰看到了日後的十字架。

同時，「聖母和聖嬰」圖中的馬利亞或聖嬰，手中也多了前期所沒有的物件，例如：手拿著葡萄，或蘋果，或百合花，或玫瑰花，或石榴。這些東西不是裝飾，而是象徵：葡萄，指向耶穌流血救世；蘋果，表示耶穌拯救墜落的人類，人類再也不必要像始祖亞當偷吃蘋果；百合花，象徵基督的純潔；玫瑰花，彰顯基督的美麗；石榴，多子多孫，寓意耶穌帶給人類豐

圖64：〈聖基利斯度法〉。他肩上背負基督，是出外人和交通的守護聖徒。歐洲人車裡有的貼上這類徽章，咸信有保護人出入平安的作用。某些老教堂常可看到他的雕像。

盛的生命。總之，這些花果在在反映著中世紀教會所理解的基督。

到了馬利亞神學已經高度發展的時候，聖畫中出現了空前未有的另一種「聖母和聖嬰」圖。但見，馬利亞右手托住聖嬰，母子浮現在煉獄上面，聖母露出一對豐滿的乳房；但見她用左手擠壓出乳汁，直接射進煉獄中哀哀罪魂的嘴巴裡。這又是什麼意思？難道不是說，馬利亞參與著聖子拯救罪人的工作嗎？

本期另一類重要的聖畫是「最後的晚餐」。這一主題的畫者雖不乏其人，但最有名的，也是在世界藝術史中，堪稱最偉大的成就者，就是達文西（1452－1519）。藝術家道出他巧妙的畫法：這一幅畫看起來像一所小教堂，沿著側廊延伸。畫面上的線條按透視法朝向地平線，最後集中在耶穌的頭部。圍坐餐桌的十二位使徒，三人一組，各有戲劇性的動作，而以

圖65：〈最後的晚餐〉。達文西的名作，原圖在米蘭道明修院的餐廳。雖然現在已經斑駁褪色，但仍然吸引無數訪客。

波浪形的效果朝向中心人物耶穌。這幅畫雖然構圖複雜，突顯著生離死別的緊張，但又能表現出面對死亡的耶穌的寧靜和安詳。如此，畫者化解了紛亂和絕望，強調著中心人物耶穌是平安和希望的重心。

美麗又完全的影像

文藝復興時期，特別是16、17世紀時，因為自然科學發現、宗教改革運動、教會分裂等等衝激，而影響藝術的理論和方法。這時藝術家發現希臘、羅馬古典文學、神話、藝術的精妙處，集中在表現人體的美麗和完全，寫實地描繪現世生活的幸福快樂。「聖畫」不再是畫作的中心，畫家擺脫了教會的控制。

於是，畫家紛紛畫出希臘神話裡的英雄美女；王侯貴族，富豪巨賈的肖像，王家或有閒階級的行樂圖。世俗的重要人物和聖畫的主角，也湊在一起，出現在一幅幅圖畫裡。例如，荷蘭凡艾克（1395—1441）的〈聖母子和總理大臣羅琳（？1400）〉（1435），畫中真是聖俗交融無間。

這時期的聖畫也有反映宗教改革運動的，例如，柯拉拿赫（1472—1553）的〈釘十字架〉（1552），圖中被釘在十字架上的耶穌，脅下傷口噴出一股鮮血，直落畫者身上。十字架的右下角有三個人物：使徒約翰，畫者和手捧翻開的《聖經》的馬丁·路德；左下角有復活的基督，他腳踏魔鬼；圖的正下方有「羔羊」，代表流血犧牲救世的耶穌。這幅畫的背景畫有聖誕故事和許多象徵物件 —— 作者柯拉拿赫認同馬丁·路德的宗教改革，圖示拯救來自羔羊耶穌的流血犧牲，而馬丁·路德宣揚的是「因信稱義」的思想。

聖俗交纏難分解

到了20世紀，新畫派處處有，真是百家爭美！籠統言之，都是一種藝

術的實驗派，人人試圖尋求突破傳統方法，以及表現嶄新的風格。這時期，宗教畫幾乎走盡路程，遁入藝術史了──著名的基督教聖畫家，除了西班牙的達利（1904－1989），還有誰？

傳統聖畫隱遁之後，20世紀藝術家偶爾也有所謂「宗教藝術」作品，雖不一定是圖畫。於此，我們要介紹一件奇怪的「拼貼」：

德國藝術學院的教師，身兼藝術家的穆益斯（1921－1986），推出一件叫做〈釘十字架〉的作品（1962－1963）。這是個裝置藝術作品，主要的是：厚木板的中央，企立著一根木材，頂上插著幾小段舊電線，頂端正面貼著一張撕下來的舊報紙，上面塗了一個大紅「十」字；木材中段用麻繩綁住一根似有似無的小木條；木材兩旁站立著兩個加蓋的白色塑膠瓶，瓶子墊在兩塊木頭上面，木頭釘著幾根粗大的生鏽鐵釘。

圖66：〈釘十字架〉的耶穌基督。裝置藝術作品（1962）。德國美術教授穆益斯（1921-1986）創作。

這可能是現代宗教藝術作品的一個好例子，作者自由創作，觀者隨意想像，或不屑一顧。不過，這個「拾物」有這樣的解說：木材代表十字架，因為十字架的材料是木材；入木的舊鐵釘，象徵痛苦；縛住的小木頭象徵被釘十字架的耶穌；兩瓶塑膠瓶是血瓶或奶瓶，用來輸血救人或用來哺嬰養命；木材頂端的「十」字，代表耶穌的十字架。那麼，電線代表什麼？——會不會是：上帝來電？

保守派基督徒看到這項拾物的〈釘十字架〉，不搖頭嘆息才怪！然而，現代派的宗教圖畫往往是如此令人驚訝的。

3-3-3 聖像

不可一日無聖像

「聖像」一詞，源自希臘語，意指「表象」，或「肖像」。這是俄羅斯、羅馬尼亞、保加利亞、敘利亞、希臘、塞浦路斯和阿爾巴尼亞等地的東正教信徒、家庭、教會和修道院，用來靈修、禮拜的一種特別圖像。

家庭要供奉聖像，必要先在教堂經過祭司祝聖後才可使用；安置在家裡的一方，使之成為屋裡分別為聖的地方。來訪的客人，一進門要先親吻聖像，在自己身上畫個十字聖號，然後才向身邊的主人問候。尤其是保加利亞和西比亞的東正教徒，更是敬重聖像有加；供在家裡的，都裝有布簾。盛大宗教祭典時，還得用白紗裝飾聖像。顯然的，對某些人而言，聖像確是敬拜的對象。

東正教教堂少不了聖像。教徒一進入教堂，都要親吻它，向它屈身敬禮，站在它面前默禱。供奉在教堂裡的主要聖像，經教徒幾世紀來的親親吻吻，表面早已磨損，留下信仰熱情的烙印。那些用來向信徒展示的聖像，通常要用銀鑲的寶盒來保護它，好讓忠心的信徒，恭敬地掀開來瞻

仰。

　　聖像在東正教徒的生活中佔有重要地位。孩子受洗的時候，家長或親友會贈送孩子的教名的那一種聖像，例如，孩子的教名保羅，就獲贈聖保羅聖像。結婚時，岳父大人也要用聖像來祝福這一對新人。出殯的行列，做前導的也是聖像！

　　東正教修道士和修道院，更是不可一日無聖像。他們的教會已經發展出一大套靈修的「聖像神學」。對於不同聖像，例如「聖三一」、「聖母子」、「耶穌基督」也都有不同的祈禱文，也都有某一種傳統來做深度默想。

圖67：〈聖母子〉。這是聞名於世的俄國聖像，作者可能是希臘人提阿法尼斯（c.1392）。

圖68：〈聖三一〉。這是俄國聖像中最著名的，作者是聖路不列夫（c. 1411）。

聖像的用途不只在於靈修，也關聯到職業和工作的各方面。教會發展出各種行業的「守護聖徒」之後，有所謂守護聖像。例如，俄國在14世紀，就有做為動物的守護者的聖布萊哲（? － c. 316）和聖薛理東（? 400）聖像。

　　對於保守的東正教徒而言，聖像是膜拜的對象，不是純粹欣賞的，或審美的客體。當然，有些信徒認為聖像使人由之領會神靈世界，看到超自然的神祕景觀，以激發和維護祈禱的精神，鞏固對上帝的信仰。可是，到了第7世紀時，東羅馬諸省的聖像崇拜大大氾濫，而已經和物靈崇拜的迷信難以劃清界線了。

神聖窗口vs.偶像崇拜

　　聖像，並不指一切宗教圖像，而專指耶穌基督、聖母馬利亞、聖徒、天使和《聖經》故事，教會史事的圖像。按東正教會的傳統信仰，相信聖像表現著畫中人物的本質，顯現著神聖性，所以它們是引導禮拜者進入神界的通道，窺見神聖的窗口。如此，信徒站在聖像面前禮拜，並不是禮拜它，而是禮拜它所顯現的神聖。

　　基督教徒使用宗教圖像由來已久，但到了第3世紀，崇敬聖像盛極一時，尤其是後來教會引進帝王崇拜的方式於教會崇拜中時，聖像崇敬更加發達。如此一來，引起各方面的反對；理由不外根據《希伯來聖經》的「十戒」*，明文禁止不可造作偶

十戒

也叫做「摩西十戒」，記載在《聖經》的〈出埃及記〉20:1-17和〈申命記〉5:1-21。用條文表示之：一戒、不可有別的上帝；二戒、不可造作偶像來跪拜；三戒、不可妄稱耶和華上帝的名；四戒、當守安息日為聖日；五戒、當孝敬父母；六戒、不可殺人；七戒、不可姦淫；八戒、不可偷竊；九戒、不可做偽證害人；十戒、不可貪婪別人的妻子、僕婢和所有物。

像來敬拜（出20:4）。反對者所持的理由，幾乎是：崇敬聖像有墜落成偶像崇拜的試探和危險。何況，猶太、伊斯蘭教徒都是堅決拒絕圖像的！

　　然而，贊成者按聖像神學，強調崇敬的是圖像中的人格，不是圖像本身；例如，禮拜耶穌基督的聖像，所見雖然是耶穌的畫像，表現的也是耶穌的人性形像；但是，耶穌的神性和人性未曾分離，藉著他的聖像可能會遇基督的神性。主張用「聖像」，可說是「道成肉身」*的敷衍；對於聖母馬利亞和一班聖徒的聖像，也做如是理解。於是，贊成聖像的，「擇善固執」；反對的，繼續反對，徒喚迷信！

圖69：守護動物的聖像。圖中的人物是守護動物的聖徒，這種聖像比較罕見。

道成肉身

《聖經‧約翰福音》的中心思想和教導，乃是基督宗教的根本教義。說的是：上帝成為肉身，而採取耶穌基督做為一個人的人體、人的性命和性情；他由馬利亞所生，成為巴勒斯坦的猶太人；他在世生活、工作、傳道、殉教、死亡、復活、升天。

同時，耶穌基督與永遠的道，永生的上帝的關係不是後天的，而是一體的。易言之，耶穌基督是三位一體上帝的第二位格，是真人真神。325年「尼西亞大公會議」熱烈爭論後，議決接納「道成肉身」為正信。

可是到了第8世紀初，情形就大大不同了。以專制為尚的拜占廷皇帝李奧三世（717－740）發動了一項潔淨教會，清除迷信運動，強制禁止崇拜聖像。認為聖像不能表達基督真正的實體，是阻礙人進入智慧的絆腳石。其實，李奧三世另有企圖，他打擊聖像崇拜的目的實在是為要統一帝國；他一向不滿教會，尤其是修道院，他們不納稅，不當兵，有接受捐獻的特權，而這些特權階級正是聖像的忠實崇拜者。於是，李奧三世在725年，下令禁止教會使用聖像。結果惹起教會界的叛變，迫得李奧出兵鎮壓，演成流血事變。李奧的兒子君士坦丁五世（740－775）繼位，用更劇烈的手段廢棄圖像。面對這種壓迫，教宗在法蘭克人的援助下，和東羅馬皇帝斷絕關係。

到了787年，君士坦丁六世（780－797），在母后愛蓮娜（？700）的驅使下，召開第七次尼西亞大公會議，議決：聖像是可以使用的，因為尊敬聖像不是崇拜；對聖像表尊敬，乃是尊敬聖像所代表的；凡向聖像致敬的，也即是向它們所代表的對象致敬──向基督聖像致敬，等於是向基督敬禮。但在815年，皇帝再度禁止使用聖像；一直到皇帝提奧腓羅斯（？－843；829－在位）死的翌年，皇后恢復使用聖像。這一段歐洲教會史，就是所謂的「反聖像之爭」（725－842）。

最後，主張崇敬聖像派得勝！理由不難理解，與其說是因為上帝假藉物質形式化身成耶穌基督這個人，上帝也可能呈現在聖像的神學理由勝利，不如說是教堂需要這種藝術，心靈世界需要聖像來做通道，來做窺視聖界窗口的要求得逞。

附帶一提，宗教改革者喀爾文和慈運理在瑞士的改革運動，力主廢除聖像，包含教會的一切圖畫和雕像，連風琴一類的，都廢棄！他們認為這些圖像對於信徒專注上帝的話語大有阻礙。結果，造成改革宗教堂極端的空洞。但是，馬丁·路德不以為然，認為聖像無異於聖樂，都是上帝聖道

的闡述。幸虧，這時兩派巨頭疲於發展新分裂出來的教會，沒有繼續發動宗教革命的氣力了。

聖像製作神秘多

既然東正教會可自由崇敬聖像，同時上帝也可能呈現在聖像；所以聖像的製作自必非常慎重。大部分聖像是修道院製造的，他們認為這是一種宗教工作，每次畫製時，都要禁食祈禱，恭守聖餐來預備畫者的心靈，來等待神秘的啟示，期待感悟所要畫的對象的人格和精神。顯然，這是神秘主義的一種直覺，要直接洞察，直觀超自然的聖界。

此外，對於聖像的主題也有所限制，必要根據標準畫本來描繪，絲毫不准展現畫者的創意；換句話說，這是絕對忠實的翻版，不准個人詮釋。畫基督如此，畫馬利亞如此，畫一切《聖經》人物都是如此。按拜占廷教會傳統，聖像不是寫實的，不過是用線條和顏色來表現教會所教導的神學。

製作聖像的木材要選用當地出產的，一般採取長方形，高約三十五公分的版幅。畫版需要先糊上數重薄紗；膠也不是一般的，傳統用的是橄欖油、蛋白和蜂蜜的混合物。版面做好之後，按照聖像圖譜畫稿；基督或聖人的光環用黃金色打底，然後用無花果乳、蛋白混合顏料來著色；若是在俄國，則用啤酒來調顏料 —— 聖像顏色有一定的象徵意義，例如，黃金色象徵神明、天國；紫色，帝王、王國；白色，純潔、完全；黑色，死亡、地獄；綠色，青春、生命。

圖像畫好之後，要陰乾一年之久，然後塗上特別的油做為保護膜 —— 看到變黑的聖像，是因為千百年來這層保護膜吸收了燭煙或污穢；巧匠有辦法換這層油膜，使之煥然一新。

最後一道手續，就是聖像必要經過祭司祝聖。如此分別為聖，它再也不是一般的圖像或藝術品了。

3-4 教堂和她們的教友

　　自從11世紀以來，歐洲幾乎是有鄉村就有教堂！這樣的話，難免要問，為什麼教堂的增加速度這麼快？難道羅馬基督教會財力雄厚，傳教的成果是如此輝煌？還有，這麼多教堂都是用來做禮拜的嗎？有沒有其他用途？還有，一個頗難獲得答案的問題是，教堂在教友的心坎上有什麼地位，有何感情？

私人教堂大利多

　　第4世紀時，羅馬皇帝自君士坦丁歸依基督以後，教會得到多方面的保護，教堂如雨後春筍，到處可見。到了12世紀，羅馬勢力影響以外的地區，法國、北西班牙、東歐斯拉夫民族諸國和英格蘭等地，基督教堂也是處處矗立。然而，這許多教堂不都是政府的建築物，或他們建贈的，也不全是教會建設的，而是私人投資興建的教堂！

　　為什麼私人願意投下巨資來建教堂？箇中問題頗為複雜，但是投資者的主要動機是清楚的：大地主在自己的土地上建教堂，他不但擁有使用權和繼承權，而且有雇用祭司、神父的聘任權；地主有權指使、監督這些宗教人員為他工作。大地主如此熱心，就是要藉著建教堂來賺大錢！當時的法律規定，擁有教堂的地主得向領地內的住民課徵所得稅：收入的十分之一。厚利可圖，難怪大地主爭相建教堂，例如，德國圖林根市附近的六十八座大小教堂，就有三十五座是私人的。

　　地主不但精打細算，也頗苛待雇用的教士，濫用領地裡教民的「什一捐」*；他們哪有什麼傳福音、設教會的觀念，「服務人民」更是未曾聞

聽過的語詞。此事，教會當局的老檔案也
留下記錄：

> 禁止私人教堂向人民徵收「什一捐」，
> 以供地主來餵狗和嫖妓——摩爾—巴黎
> 會議（845—846年）決定。
> 不准私設的教堂的所有者，毆打雇用
> 的祭司、神父——德國殷格翰會議決定
> （949年）。

這時期（4—12世紀），私人教堂之外，也有私人修道院，投資的老闆
自任堂主或院長——該地的主教管不了這個自己任命的修道院長！

不可避免的，私人教堂、私人修道院和羅馬教會當局常常發生摩擦，
引起教會大力整頓，結果是1179年拉特朗議會議決的〈教堂資助人的義務
和權利法〉。此後，私人教堂和私人的修道院，才納入教會法律規範之中。

私設教堂一事，清楚的告訴我們：教堂增長的一個原因，以及一般基
督徒信仰素質粗糙之所以然。雖然私設教堂堂主，對於教堂數量暴增頗有
「貢獻」，但對於基督徒信仰品質的沈淪，無疑的是禍首。

相對於私人教堂的是主教教堂，她包含由一座羅馬式的小教堂來施行
洗禮和進行宗教教育；她的附近可能有修道院，有修士的餐廳、寢室、工
作房，有葡萄園，製酒廠，甚至有僧侶最後安息的園地。這種教堂或修道
院，主教和院長有權任命葡萄園和酒廠的經理，或露天市集的管理人。後
來這些流動攤位或商店，慢慢集結在教堂牆壁外，造成好多大教堂周圍有
市場的景觀。幾世紀發展下來，已經是現代繁榮的商店區了；德國曼茵茲
和科隆大教堂就是個例證。

神人交會的聖點

不論教會當局或私人建設的教堂，可說是當地最重要的公共建築物。她的地理位置，當然不是隨便決定的，尤其是大教堂。教堂的位置，考慮的雖然不是什麼龍穴吉地，但選擇的原則是有的；約有下列幾種考慮：

一、墳場附近，殉道地點：這是最古老的教堂建築地點的原則。可能和基督再臨，死人將要從墳裡復活的傳統信仰有關，何況殉道英烈是歷代教會記念的對象。這一類大多屬於中世紀開拓時期的教堂。

二、異教神廟或廢墟上面：世界古老宗教的共同作風就是在異教的廟基上面蓋上自己的教堂，表示新的神道勝過舊朝代的神明。相傳教宗大葛利果最喜歡採用這種方式來建設教堂。

三、通天門戶，顯聖地點：許多經驗到聖母馬利亞顯聖的地點，像朝聖者喜歡的聖地，例如，法國的路爾得教堂。原來歐洲未基督化之前，早有「聖樹」或「聖泉」一類的聖點；可見，在這些聖點建教堂，頗合乎民間習俗。

四、地勢較高的地點：這樣不僅可造成明顯又榮耀的地標，而且這種位置的地質可能比較堅固，比較適合承載大教堂的無限重量。當然，也減少洪水侵犯的威脅。

五、市鎮的心臟地帶：在此建設主教座堂，有時旁邊再建設修道院。而主教座堂常常面對著大街，一則以利壯觀市容，再則方便盛大典禮時的聚集和遊行。例如，德國的斯拜雅、烏茲堡和奧古斯堡等大教堂。

六、市政廳旁邊或對面：歐洲老社區的形成，市集和市政廳早於大教堂，基於教堂和市政與市容的重要關係，教堂也就常常被建在市政廳或市場附近了。市場區有大教堂和市政廳並立的，如法蘭克福和漢堡。當市民階級興起之後，那些住在市裡一年以上者，享有市民權。為宣示政權和教權並行不悖，常常在教堂對面建立市政廳——漢堡市就是這樣。

七、新社區裡：特別是二次大戰後新建的教堂，極大多數是「接近」社區住民的。同時，這種教堂的結構殊異於傳統，即是主堂不大，但建有比較多的小「教室」，以便教會和社區辦活動。

此外，歐洲大教堂的主要建築地點幾乎都在鬧市，而修道院則大部分在郊外，實在很有意思！另外，市政廳和大教堂面面相對的架勢，也在反映著政治宗教權力的勾結或鬥爭的歐洲歷史。細看許多矗立的，猶仍萬分莊嚴的老教堂，刻畫下政治、宗教、社會、經濟、文化變遷的皺紋。

多功多用禮拜堂

不論教堂建得多麼龐大，多麼精美，原非為了炫耀王權，或記念名君聖徒。至於成為觀光景點，或落魄成倉庫、旅社，更不是興建教堂的原意！顧名思義，教堂是宗教活動的殿堂呀！她的功用的確關聯著信徒生老病死的各方面。

首要的，教堂是要禮拜上帝，體驗神恩的地方。雖然上帝無所不在，信祂的人原可隨地禮拜祂，但是團體的，週期的禮拜就需要一定禮拜的地方。教堂是舉行禮拜天和年中特別的教會節日最適宜的空間，例如，基督受難週，復活節，聖靈降臨節，聖誕節，等等大型的禮拜。

教堂做為接受神恩的地方，最具體的是：領受洗禮*和聖餐*。此二項聖禮密切關聯個人、家庭和教會。老信徒對於受洗禮和堅振禮*的教會都有比較深刻的感情，這個「母會」可能是他們心中永遠的「聖地」。老人家憶及自己受洗的教堂，施洗的牧師，學道班的「小同窗」時，總是流露出深沈的感動，有時是人生五味雜陳的感慨。德國教會定期邀請本堂出身的老教友回來參加，他們五十或六十週年的堅振禮記念禮拜。教堂的「來賓留言簿」，偶爾發現該會出身的老信徒的留言——他們默默地回來「朝聖」，難免留下「堂是人非」的慨嘆。

洗禮

宗教學上的入會禮儀，也是潔淨禮儀。在基督宗教的儀式中，要歸屬教會的幼兒或成人，在典禮中，由神父、牧師滴水於頭上，或在洗禮池或河川行全身浸入的儀禮。洗禮，在猶太教為潔淨禮儀，有長遠的傳統，例如，西元第1世紀，施洗約翰在約旦河呼召人悔改，並給人施洗（可1:1─15）。但是，基督教會用洗禮來象徵悔改，歸依上帝，加入教會，領受聖靈儀禮；教會第一次行洗禮是在第一屆五旬節（徒2:37─41）。

聖餐

在天主教，稱為「彌撒」。聖餐也叫做「主的晚餐」，原指主耶穌殉道前夜，和他門徒一起吃晚飯的這回事。但耶穌將這頓晚餐加以儀式化，成為信徒結聯於耶穌基督，直到他再臨的禮儀。後世，使徒建設基督教會，延續這種禮儀（林前11:23─26）。應該一提的是，後來教會對於聖餐產生許多歧見，並淪為教派間的爭端，真是愧對耶穌基督設立聖餐的好意了。

堅振禮

少年人學道以後，經自由意志，公開表白成為基督教徒的禮儀。因為天主教和基督新教等教會採取嬰兒洗禮，係由基督徒父母決定嬰兒的信仰，而成為所謂的「嬰兒基督徒」，此無關受洗嬰兒的意志。所以，基督徒父母之關心兒童的宗教教育者，鼓勵孩子在青少年時上學道班，然後自己決定是否成為成人會員。這種成人公開的信仰告白，也是被教會接受為基督教徒的禮儀，謂之堅振禮。

　　歷史悠久的教堂，保持完整的洗禮和堅振禮檔案。有些德裔美國人回來尋根，尚能從教會檔案檢出百年前祖先和教會關係的相關資料。

　　其次，教堂是培育宗教知識，薰陶靈性的地方。教徒不但在教堂做禮拜，也在教堂學道。比較正式的，就是教會每年為十三、四歲的少年人舉辦的「學道班」*；比較非正式的，則有各式各樣的祈禱會、查經班、各個年齡層的團契、兄弟會、婦女會。這都是以教堂為中心來進行的活動。

　　那些歷史性的，或教職人員以及義工充足的教堂，則會定時開放給人

朝聖，或自由進入教堂來休息、靜坐、默想、祈禱，或點上為親友代禱的白蠟燭，或寫上請求教會工作人員代禱的紙條擺在小竹籃裡，或向神父告解，約牧師協談。

東正教的教堂通常都是日夜開放的，有祭司按時做各式禮拜，讓人自由參加。通常，天主教會也都是開門歡迎的。開放教堂並不是簡單之事，因為現代歐洲人對教堂的尊重大大不足，偷竊、放火、便溺、塗污，甚至在聖壇上吸毒、做愛，都是時有所聞的。教堂歡迎「罪人」之誠意是有的，但防備「小人」絕對不可無。那些規模大、歷史久的教堂宛如博物館，堂裡不乏千百年傳下來的無價之寶，顧守珍貴的宗教文化財產是教會的責任。

第三是，婚喪大事的式場。教堂是信

> ### 學道班
>
> 顧名思義，這是學習基督教道理的班級。基督新教方面，原由馬丁・路德肇始的平信徒的宗教教育。他不但翻譯《聖經》，也在1528—1529年，寫了基督教的《小教理問答》和《大教理問答》，以為學道班教材。學道班，就是十三、四歲的少年人，為期一年，或二年之久，每週一次由教區牧師教授《聖經》和基本教理等的課程。這是預備基督徒少年成為「成人基督徒會員」的班級；期滿，通過「測驗」，參加「堅振禮」之後，就是教會的成人會員了。

徒靈性的大家庭，人生的重要事件幾乎都要藉著宗教儀禮來完成，賦予靈性的意義；其中，尤以喪禮和婚禮為最顯著。那些和教會保持良好互動關係的信徒，都會選擇在自己所屬的教堂舉行結婚典禮，證婚人並不一定是本堂的牧師，一般都會邀請和新人或家庭比較親近的牧師。至於把宗教看成文化的，則大都考慮教堂本身是否適合做婚禮的「秀」場；考慮的要點是，教堂大小適宜，建築有顯然的特色，停車方便，等等條件。

雖然歐洲人的結婚方式多采多姿，但是大部分基督徒還是喜歡在教堂舉行婚禮。最讓教會和牧師覺得棘手的是，「同志們」要求牧師在教堂給他／她們主持結婚典禮，因為基督宗教沒有《聖經》的立場來支持同性的

「結婚」——到目前為止，就是自由派的牧師，也只能給他／她們行「祝福禮」！

在這高度世俗化的時代，基督教方式的葬禮仍然受到重視：在教堂舉行告別禮拜。鄉下的，在自己所屬的教堂舉行喪禮，因為基地就在教堂旁邊。都市的，大多在公共基園的小禮拜堂舉行——當然，名流顯要，或人脈豐富的人士，可能要選擇歷史性的教堂來大大追思一番了。

第四是，服務人群、社會的場所。教堂常常是當地風琴演奏，聖曲演唱的最佳場所，因為教堂地點理想，廳堂的共鳴適宜。特別是在基督受難週和聖誕節，教堂有一連串的聖樂演出；若說這是基督宗教的回魂時刻，也不為過——特別是西歐，如英格蘭、比利時、荷蘭、法國，有相當多的風琴欣賞人口。東歐的東正教會不用風琴，聖歌班都有高度水準，唱出天韻歌聲。

新教的教堂可能借用做慈善或藝文活動場地。一般比較保守的教會，不能接受這種要求。在非常時期，教堂也是收容災民、戰亂難民的所在。古代，教堂有所謂「庇護城」*的作用，收容性命受到威脅的罪犯；現代，尤其是德國，有自稱政治難民要求教會予以「庇護」——教會無權掩護，只能協助生活所需，為之聘請律師進行訟求。

應該一提的是，教堂成為觀光的景點或是博物館，來服務世人。特別是一些有代表性或著名的教堂，例如，羅馬聖彼得教堂，西班牙聖地牙哥康柏斯特拉朝聖大教堂、巴黎聖母大教堂，德國科隆大教

> **庇護城**
>
> 昔日以色列國有六個祭司之城，城裡的神殿可容受非故意傷害人命的，逃避其中，接受庇護，以免受到追殺或法律制裁（利35:9—35）。這種制度為古代文明國家所有，例如，腓尼基、敘利亞、希臘和羅馬；同時，其庇護範圍比以色列的更廣泛，接受誤殺人者之外，也庇護故意的罪犯、逃奴、負債者、政敵，等等。

堂，挪威尼達羅斯大教堂和倫敦西敏，等等。

還有，基督新教信徒特別感興趣的是，有關宗教改革的歷史性教堂。像馬丁‧路德在1517年10月31日張貼討論贖罪券的〈九十五條論題〉*，引發宗教改革的威丁堡王宮教堂。又如改革教音樂大師巴哈的安息處，萊比錫多馬教堂。此類新教「聖地」頗不乏德國新教徒巡禮，美國的基督徒可能更多。

上面這些教堂，有的是以建築風格而著名，有的是以聖畫、雕塑、聖像而聞名，有的是以帝王、聖賢安葬其間而吸引人，有的是以關聯教會歷史大事而令人關注，有的以巡禮聖地而招人不遠千里而來者。

教堂的服務，也不都是精神上的，有時是人生苦難的實際扶助。特別是在寒冷的冬天，開放教堂給流浪人過夜，免費供應飲食。如此，大大減輕政府的，社會救濟機構的負擔和限制。

歐洲教堂終究是歷代歐洲人的祖先所建設的，千百年來和她們的後裔長相左右。雖然在世俗化衝擊和現代生活形式影響之下，教友參加教堂活動相當冷淡，但教堂對於老一輩的人仍然是人生旅程上的休息站！二次大戰結束，德國曼茵茲有一位解甲還鄉的軍人說，在戰地、在俘虜營，最想念的就是曼茵茲大教堂的鐘聲。又說，接近老鄉，遙遙望見大教堂鐘塔矗立無恙，心身疲憊困頓立刻消散，湧起一陣陣莫名的歡喜。這就不是一個觀光客所能體會的了！

〈九十五條論題〉

馬丁‧路德質疑教會販賣「贖罪券」，為招呼學界公開辯論而寫的；原來是在1517年10月31日釘在威丁堡王宮教堂大門上的公告。這是當代學術辯論的慣例，除了神學人之外，也引起當代一些政治人物和宗教當局的關注。託活版印刷術之賜，在幾星期後全德國已經知道此事——誰能預知，這張公告竟然引發了宗教改革大火。

與人民同榮共辱

　　歐洲的大大小小老教堂，千百年來都是做為人民精神上的嬭母，並且和她的子民同榮共辱。且別說罪惡的人民招惹教堂的毀滅，就是愚昧的人民也是教堂受災殃的一種惡因。也許世上最短命的大教堂，要算曼茵茲的聖馬丁大教堂了。這座教堂落成奉獻大典的前夕，1009年8月30日夜裡，發生大火，把大教堂燒成廢墟——不是天火雷擊，不是地牛翻身引火，當然不是盟軍轟炸，確實的原因不明，可能是照明的火炬惹禍。

　　德國和北歐擁有無數教堂，因為宗教版圖的改變，在一夕之間由羅馬天主教堂轉變成基督新教的教堂。這種轉變，路德宗適應得比較好，除了奉還聖壇的聖人遺骸，廢止聖水池之外，大部分沿用天主教會原有教堂和宗教象徵，例如，耶穌基督「苦刑的十字架」。假如，宗教改革時期變成喀爾文宗的教堂，那麼，一些貴重的聖畫、聖像、聖俱就要被視同偶像而付之一炬了。

圖70：教堂修院被毀壞。前蘇聯共產黨以無神論為宗教，在1928年，大舉毀壞教堂和修道院。圖示他們正在拆毀建於16世紀的朱多夫修道院。

若說教堂是基督教徒敬拜上帝的「聖地」也不過分，但當淪陷於仇視基督宗教的無神論專制政權時，教堂和她的信徒就難逃凌辱和毀滅的命運了。且別說蘇俄共產政府接收教堂，把她當做兵舍倉庫，其實早在伊斯蘭教徒攻佔基督教世界時，教堂已經遭到褻瀆；拿破崙佔領下的德國教堂，也是這種遭遇——聖索菲亞大教堂，一度被改裝成清真寺；曼茵茲大教堂的洗禮附堂，曾淪為拿破崙軍隊的馬廄。

　　前蘇聯解體後不久，筆者應邀訪問莫斯科附近的東正教會，看到許多地方的教堂被拆得滿目瘡痍，連門框的木部都被卸走，只剩下一個灰石的大骨架。他們的教堂不但被收為國有，也被用做倉庫、宿舍；東正教教堂那些千百年之久的聖畫、聖像、藝術品被竊，被變賣。招待人員指給我們看，有些馬賽克壁畫聖像，頭上有黃金光環的，連同整個頭部被鑿了下來，當做古董販賣。真是慘不忍睹！殘留的教堂「骨骸」，還在呻吟哀嘆；待建殘壁懸掛著曩時教堂的玉照，給訪問者強烈厭惡暴政的感情。

　　共產政府宗教迫害下，這半世紀以來東歐有無數人民未曾踏進教堂一步，更遑論理解在教堂做禮拜的禮儀。於是，這地區的教堂再開放之後，有許多人是平生第一次進入教堂的！他們不知道教堂的那一套禮儀，尤其是東正教會的禮儀是如此複雜。因此，教堂掛出「禮拜禮儀須知」的告示牌，以提醒人進入教堂應有的禮節，例如，女人必須「蓋頭」等等規儀。

　　惡霸而好戰的政府，也是教堂的拖累。雖然飛機轟炸的目標應是軍事基地，原則上不摧毀教堂和民宅。但德國一些歷史悠久，堪稱無價之寶的教堂，卻隨同她們的子民和城市遭到「報應」，例如，德勒斯登的聖母教堂和柏林市中心的「威廉記念教堂」，都被炸成廢墟——據說，那是英軍的報復，因為德軍轟炸英國教堂在先。

　　值得一提的是，威廉記念教堂戰後的重建工程，保留她被轟炸後僅有的破碎的鐘樓和尖塔，以為黷武者戒。教會在廢墟處另建一座現代式的，

圖71：美麗教堂夷為廢墟。這是德勒斯登著名的「聖母教堂」，在二次
大戰中被英軍炸成廢墟。現在，該教堂正在積極重建中；先恢復了馬
丁·路德銅像。真是教堂和人民共榮辱。

簡樸但極有創意的教堂：藍色系統的花玻璃，堂內映照著幽暗的藍光，聖
壇上方高懸黃金色的「苦刑的十字架」。聖壇的對面壁有一大幅史達林格
勒之役（1942）的〈聖誕夜〉圖畫，旁邊有反納粹專制政權而犧牲的烈士
紀念牌。本堂吸引許多遊客，靜坐其中來瞻仰，來反思人的罪惡和救贖之
道。

　　此外，大又老的教堂問題多多，其維修費高得驚人，而歐洲這種超高
齡化的教堂多的是。雖然維持歷史古蹟，文化、歷史的價值無人懷疑，問
題就是經費缺乏，教徒漸少。於是，荷蘭、英格蘭、法國的老教堂，只好
被出賣了！過去的半世紀，原東德和前蘇聯的許多老教堂，還是任其荒
廢，整頓修葺談何容易！

就援救老朽教堂而言，近年來德國已經成立建堂基金會，並獲得媒體、文化機構、政府當局，甚至聯合國文教組織等機構，大力支持，來拯救這些老殘將死的教堂。此一運動的基本理念是：一切教堂，都是歷史寶藏，值得尊重和維護；教堂不可以販賣或拆掉；修繕後的教堂以做禮拜為優先，然後才考慮文化和經濟方面的用途，但不可用於有損教堂的尊嚴——例如，酒家、迪斯可，或其他聲色犬馬的場所。

　　拯救教堂的工作已經付諸行動了！例如，德國東海的侶堅島布特布斯鎮的王宮教堂就是在這個基金會之下重生的。然而，問題並沒有解決，因為在近五十年來共產無神論政府的壓制下，該鎮的老信徒所剩無幾，而青少年絕大部分沒有宗教信仰！沒有信徒，美輪美奐的教堂，徒嘆奈何！

4. 永遠的馨香祭禮

　　歐洲宗教的精彩處，不但在於教堂建築和藝術，而且也在於多采多姿的，蘊含豐富的神聖的嚮往和民俗交織的宗教節期、慶典和禮拜方式。仔細一看，宗教節期反映著一個宗教的神觀、人觀、世界觀、歷史觀和生活觀，而禮拜是這些觀念的部分信仰的反映。這一章裡，我們要概述猶太教，基督宗教和伊斯蘭教主要的宗教節日，祝祭的方式和意義。希望由此可以窺見相關的宗教信仰。

4-1 猶太教的節日和信仰

　　以色列人主要的宗教節日有：新年、贖罪日、住棚節、修殿節*、普珥節*、逾越節、五旬節*等。各個節日在猶太教的地位不盡相同，因為有的是摩西律法明文規定的，有的僅是後來的拉比提倡的節日。此處，我們只能選出幾個記念日和「安息日」來做介紹。

修殿節

基斯流月（西曆11或12月）25日。這是記念馬加比起義，清潔耶路撒冷聖殿，重新奉獻聖殿給上帝的日子。背景是：西元前175年，西流基王朝安提阿哥四世（176—164 BC在位）在猶太地區推行希臘宗教和文化。西元前167年，他在耶路撒冷聖殿中建造宙斯的神像和祭壇，並且用豬做為祭牲。如此嚴重褻瀆聖殿，猶太祭司族后人馬加比和他的同志起義。在164年12月光復耶路撒冷，重新獻聖殿給耶和華上帝。

本日，也是「光明節」。根據《猶太法典》，當馬加比一班人清潔耶路撒冷聖殿，重新要奉獻給上帝時，發現點亮聖殿油燈的油都被褻瀆過，只有一甕是潔淨的。這一甕油原來只夠用一天，但神蹟出現，它卻繼續點亮八天，而有足夠的時間預備潔淨的新油。後來猶太人在這天，要點亮「八指油燈」或「八指燭臺」——中央那一指不算，它是「僕人」，用做火母的——點燈的方法是，由左向右，日點一指。

總之，此節不論理解做修殿，獻殿，或光明節，她的意義就是反抗侵略，不被同化，主張猶太人要實行自己的宗教。這種帶有政治性的思想，是猶太主義者所理解和主張的。

亞達月（西曆3或4月間）14日。這是記念猶太人在異族的統治下，面臨大屠殺的危機，而得到上帝保佑，通過愛國的猶太女人以斯帖，冒死晉見國王，得以化解危險，獲得平安。此一節日，頗受以色列國家主義者所重視。

本節日，未見於《摩西五經》，是後來拉比們按照《聖經·以斯帖記》而制定的。這日如同嘉年華會，猶太人社會處處歡天喜地，猶太兒童化裝表演這一齣《聖經》故事。但前一日，猶太人要禁食祈禱，效法以斯帖晉見國王前的做法（斯9:22）。

五旬節

本節是「逾越節」後第五十天，所以叫做五旬節，又稱為「七七節」。這是古以色列的農業節日；這時小麥初熟，要用細麵粉做的餅為祭物來獻給上帝（利23:15—22; 民28:26—31）。

以色列人被放逐巴比倫以後，這日變成「賜法節」，記念上帝賜給以色列人律法。這樣，將原來農產的感謝節，提升到民族擁有律法的層次，在在顯出以色列人如何重視「法治」和「自由」的精神；如此，使本節日的內涵變得更加深刻。

現在，本日不再用「逾越節後五旬」來推算，而是定在猶太曆「西灣月」，太陽曆5至6月中，第六天；以色列國以外的猶太人，則在本月7日舉行。

反省改過迎新年

以色列人的「新年」，希伯來語叫做「樂喜哈喜拿」，意思是「歲首」。而猶太曆元月「提斯流月」在秋季來到，約在太陽曆的9至10月份之間。

跟其他民族一樣，以色列人迎接新年，但方法和態度卻相當特別。他們的新年，不是年初這幾天而已，乃是從前一個月初1開始到元月10日。在年終這個月，除了「安息日」之外，每天早晨會堂要吹羊角，來提醒人「以祿月」，就是第十二個月將要過去，樂喜哈喜拿就要來臨。如此吹角為的是要渲染嚴肅的氣氛，刺激教徒做深切的道德反省。

以色列人的新年，沒有「恭喜發財，紅包拿來」這種習俗，更沒有大

吃大喝，嫖賭一類的陋習！他們之所以如此嚴肅「呆板」來對待新年，是基於猶太教的宗教精神。他們缺乏「天增歲月人增壽，春滿乾坤福滿門」一式的樂觀；他們的新年雖然是慶祝上帝創造世界，但把重點放在「上帝創造人類」上面！上帝是創造主，人的生活和一舉一動都要向上帝負責；而趁著新年，人人要反省自己和上帝之間的關係是否和平，是否妥當。迎新年的心態如此，不把新年搞得非常嚴肅也難！

　　新年所以要如此慎重其事，並不是故做緊張，而是有根有據的。以色列人相信，上帝在元旦這一天打開「善惡簿」，開始檢驗每一個人的行為；作惡的，行善的，都一一記錄在這賬簿上。咸信，上帝一直要忙到元月10日的「贖罪日」晚上。時間一到，上帝蓋上善惡簿，然後按照每一個人的善惡行為思想來決定新年度的吉凶禍福；所以，新年誰敢不虛心反省？藉著嚴肅的道德反省，讓上帝知道他悔改向善的意志，好讓上帝給他消災賜福——此所以，以色列的新年也叫做「審判之日」！

圖72：祈禱披巾和經匣。猶太教徒，男人在十三歲成人以後，除了安息日，祈禱的時候都要如此披巾佩匣。

這時，去年的道德問題算是解決了，以色列人就可迎接「新年恭喜」。E世代的，秀出千奇百怪的衣服，而虔誠又傳統的男女則穿白衣白袍，到會堂來做新年的祈禱，唱新年聖歌，讀新年聖課；讀的是，亞伯拉罕獻以撒*這段故事。這天，會堂要吹角，嗚嗚羊角聲用來記念亞伯拉罕偉大的信仰，和上帝周到的關愛，給他預備了山羊來做祭物。

新年的道德反省既是嚴肅的，就不僅是元旦這一、二天來敷衍上帝，而是要連續反省十天。到了元月10日，有個「贖罪祭」，這是新年節期的最高潮。他們這樣

> **亞伯拉罕獻以撒**
> 故事載於《聖經・創世記》22:1—19：以色列聖祖亞伯拉罕，老年得子，認為是上帝應許他子孫如天星如海沙的證據。某日，上帝要試驗亞伯拉罕，叫他手刃所愛的獨生子以撒為祭物。亞伯拉罕忍受心裡的痛苦，順服上帝的命令，將孩子縛在祭壇上就要下手；舉刀要刺下去的時候，上帝的天使阻止他，並給他預備一隻山羊來代替孩子為祭牲。

做，又是一層深沈的宗教省思：以色列人意識到上帝的神聖性和上帝的主權，承認祂是赦罪的神，也是與人修和，滿有恩慈的上帝。這種認識反映在元旦後第一個安息日的經課上面：

> 今天，我把生死禍福都擺在你們面前，讓你們自己選擇。如果你們遵行…上帝的誡命，愛祂、順服祂、遵守祂的一切法律誡命，你們就能成為富強康樂的國家。……現在，我把生命和死亡，祝福和咒詛這兩種選擇擺在你們面前。你們當選擇生命……（申30:15—16, 19）

嚴肅之外，有輕鬆的一面，以色列人的新年，有許多可喜的風俗。例如，賀年卡寫的不是「春禧萬福」，也非「六畜興旺」之類的好話，卻是什麼「善惡簿上，多記一筆好事」一類的句子。平時吃的麵包也變了形狀，由小包狀變成圓錐形；據說是為了要提醒人光陰易逝，必要愛惜。新

年要吃沾蜂蜜的蘋果、麵包，要吃本季生產的水果；這是希望有個甜蜜的新年。

成全和睦的贖罪日

猶太曆元月10日是「贖罪日」。虔誠的以色列人要懺悔破壞上帝聖約的罪過，反省過去的一年傷害過什麼人；有則應該賠罪，請求赦免。以色列人相信，上帝只能赦免那些悔改行善，喜愛和睦的人。結果很好，有不少悔過的人重新獲得失落的友誼。

贖罪日的前一日，有個古老的習俗，就是嘴巴唸懺悔的祈禱文，同時手裡緊抓著一隻小雞，在自己的頭上繞上三圈。這樣做，希望自己的罪過由這隻可憐的小雞仔來承擔——這種帶有濃厚巫術意味的做法並沒有流傳下來；猶太教發展出祭司為中心的獻祭儀禮來完成贖罪的宗教要求。

曩昔耶路撒冷聖殿還未被毀的時候，在贖罪日這天，大祭司就得進入至聖所，替以色列全體人民獻上贖罪祭——這是猶太教一年一度的大事。聖殿被毀以後，以色列的大祭司不再獻祭了，而是實行全民禁食懺悔。從前日晚上開始禁食，並且大部分時間守在會堂裡做悔罪祈禱。

此日，猶太會堂的公眾懺悔文頗長，羅列了四十多項容易觸犯的罪過。這篇禮文的開頭是這樣的：

> 在你的面前，我們為著觸犯妄語的罪過而懺悔；
>
> 向你懺悔，我們惡用邪僻心思的罪過；
>
> 向你懺悔，我們沒有盡忠職守的罪過；
>
> 向你懺悔，我們輕易採取暴力的罪過；
>
> 向你懺悔，我們走後門行賄賂的罪過；
>
> 向你懺悔，我們衝動不能自制的罪過；
>
> 向你懺悔，我們……

同時，他們懇求上帝停止咒詛祂的子民，恢復祂和以色列人之間的和睦，並且賜給他們平安喜樂。

贖罪日的下午，在會堂裡要誦讀先知約拿*的故事；用來提醒人，上帝期待的是悔改向善的心意和行為，人若有過失應該互相認錯，彼此赦免。只要人願意悔改，則可得到上帝的赦免，上帝就會在「善惡簿」批上「賜他新年大吉利」一類的祝福。

贖罪日將盡，太陽下山時，以色列人要做結束的祈禱。然後，管會堂的人吹出長長的，音單調的角聲，來宣告贖罪日的結束。於是，大家帶著神人間、人際間和睦平安的心情回家，享受一頓最開胃，最能消化的晚餐——至此，滴水不沾已經有二十五個小時了！

現代的猶太教徒，在贖罪日過後捐獻淨財來做善事；用小雞做替身的時代，已經是很遙遠的歷史了。

感恩信靠的住棚節

住棚節在贖罪日後第五天，也就是在猶太曆提斯流月的15至22日之間來到。顧名思義，「住棚節」就是住進棚子的節

日。乍聽這個節日的名稱，頗為不解，世上竟然有這種怪節日。奇怪？也許！但其來有自。

原來，以色列的祖先脫離埃及為奴之地，進入迦南之前，漂流在曠野有四十年之久。這時期，他們居無定所，只能住在隨時可以搭上拆下的陋棚裡，求個最起碼的避艷陽，遮風雨。後來，以色列人攻佔迦南地，大部分人變成農夫；有了自己的農村之後，才算定居了下來，建設了固定的房屋。收穫期到了，但見以色列人就地搭棚，進行收成的工作，因為大部分農民的住家遠離田園。

收穫是充滿歡喜和感恩的日子，以色列人感謝上帝，賜他們風調雨順，五穀豐登，六畜興旺。特別在這時節，以色列人懷念起列祖列宗，過曠野，住陋棚，一路走來真是萬分艱苦。於是，摩西*制定「住棚節」（利23:39—44），要子子孫孫，世世代代記念上帝的大恩大德。

> **摩西**
>
> 帶領希伯來人出埃及的領袖，他的地位崇高，是古今以色列最偉大的人物。摩西是埃及為奴的希伯來人的後裔，被法老的女兒收為養子，得以接受良好的宮廷教育。他是《希伯來聖經》的中心人物之一，相傳《摩西五經》出於他的手筆。他的傳奇性出身和主要的工作，載在〈出埃及記〉；他的思想和影響則散見《聖經》各處。

舊時，耶路撒冷聖殿還在的時期，規定這個棚子必須是個陋棚，三面破壁，不能用裁製的木料；棚子上面不能蓋帆布或樹枝，也不能蓋得細密，只能鋪上草木，且要粗粗疏疏的，使棚子能見星光，能透寒風，能滴雨水。這節期中，猶太農民要帶收成的初果去聖殿送給祭司；從自己的家裡步行到耶路撒冷去「朝聖」，在城外住上七天陋棚。

現代，過這個節日的方法大大不同，但也頗簡單。有錢人，在後院，在陽臺，或車庫旁邊，用木材、帆布搭棚，並懸掛瓜果、花朵，把這個棚子裝飾得非常美

麗。沒有搭棚條件的人家，可用會堂搭的棚子來過節。病弱的人，或下雨天，可免住棚。

住棚節落在秋季，以色列的氣候還允許露天住七天棚子，但歐美一些地方已經變冷，不宜在棚裡過夜。於是，只好變通辦法，這些地區的猶太人准予白天住棚，並且只是在棚中吃喝或宴請親友，來表示彼此分享天恩。到了第七天，就得上會堂來參加感恩禮拜。

這樣做，有重要的象徵意義！住進陋棚，為要「重現」歷史事件，要體驗以色列先祖在隨時可能餓死、渴死、曬死、凍死的曠野，人的力量不足依憑的時候，上帝如何眷顧他們。上帝在這四十年裡，沒水給水，沒糧給嗎哪*，給鵪鶉。顯然，守這種櫛日是要提醒以色列的後裔，牢記上帝的恩寵，信靠祂的引導。

住棚節期間，除安息日以外，虔誠的以色列人每天早上要到會堂做感恩祈禱。值得一提的是，誦唸感恩禱文時，左手拿著的香櫞，右手拿著的柳枝和桃金孃花枝縛成的一束棕櫚葉，要向四面八方招搖晃動。這樣做可能的意思是：結合多種植物綁成一束，代表各色各樣，良莠不齊的以色列人，他們都是上帝的子民，都是聯合的一體，沒有人可以被排除在以色列社團之外。至於，四面八方搖動，可能的象徵意義是：上帝是無所不在的主宰。

出頭天的逾越節

逾越節是記念以色列民族的祖先，脫

嗎哪

古以色列人在西奈曠野中的一種食物。現在無存，僅有《聖經》記載；那是：早上，露水上升以後，地面上發生，有如白霜的小圓物；乃是耶和華給以色列人的食物（出16:13）。又按〈民數記〉的解釋：「這嗎哪彷彿芫荽子，又好像珍珠。百姓……把嗎哪收起來，或用磨推，或用臼搗，煮在鍋中，又做成餅，滋味好像新油。」（民11:7-8）另外，耶穌基督寓意地解釋嗎哪，稱之為「天糧」（約6:31-35）。

離在埃及為奴，解脫快要被滅種的災難的節日。這是猶太教最重要的記念日，也是名聞世界宗教史的事件；《聖經‧出埃及記》全卷詳細記載此事。可簡述如下：

西元前18世紀初，以色列人的祖宗在迦南地遭到大饑荒，而逃難到埃及。他們在埃及，人口增加迅速，日漸強盛，平安如意地過了三百餘年。

到了西元前14世紀末，埃及出現敵視希伯來人的新王朝，認為這群外國人是潛在的威脅。於是，開始奴役他們，強迫他們建造金字塔、大倉庫，等等繁重、高困難的大工程，並命令助產士殺害希伯來人的男嬰。

正在存亡危急的時候，上帝差遣摩西來領導希伯來人脫離埃及。上帝命令摩西去見法老王，說上帝要希伯來人去曠野給他獻祭。摩西連續十次去見法老王，連續十次行了不同的神蹟*；法老王，雖然每次都答應摩西的要求，但每次都反悔。

最後，上帝降災殺死埃及一切頭胎的人和動物。行災之夜，摩西吩咐希伯來人今夜晚餐得吃無酵餅*，以便隨時離開埃及；並且要宰一隻羔羊，用羊血塗抹在門楣上做為記號，讓奪命天使知道，以便「逾越」過希伯來人的家。

這第一次的「逾越節」，大約發生在西元前13世紀中葉。然後，這群希伯來人趁埃及人大災難的時候逃了出來。冒險犯難，漂流曠野四十年之後，才攻進迦南地來建設自己的國家。

後來，以色列人將「逾越節」定在猶

十種神蹟

所謂「神蹟」就是上帝的權能臨顯的現象。這裡的「十種神蹟」就是上帝命令摩西見埃及王，要求准許以色列人往曠野過節，敬拜耶和華上帝的一種證據。這些神蹟共有十種：血災、蛙災、蝨災、蠅災、瘟災、瘡災、雹災、蝗災、黑暗之災、滅埃及的頭胎人畜之災（出7—11）。

關於這十種災害，有學者從自然災害做解釋的；但是，傳統猶太教徒相信是上帝的神蹟，為要拯救以色列人而降下的災厄。

太曆尼散月，太陽曆4至5月中間的14日晚上，也即是春分過後，第一個滿月的前一夜。這個大節，因猶太教的不同宗派，而有七天或八天的不同節期。

那麼，以色列人怎麼過逾越節呢？要過這個大節，可真不簡單，一舉一動都有規範，都有意義。

歷史上的首次逾越節，和現代猶太教徒過的逾越節，自然不盡相同（原始的逾越節，記在《聖經・出埃及記》12:1—28），但重要的幾件事是相似的：

首先，要除去酵母，吃無酵餅，不准吃麵包。為什麼呢？道理頗單純！逃命的奴隸，哪有時間等待麵糰發酵，來烘製軟又Q的麵包？因此，逾越節也叫做「除酵節」；以色列人從今天起，七日之內吃的是無酵餅。現代，正統派的猶太教徒徹底

> **無酵餅**
>
> 古以色列人在出埃及那個晚上吃的餅；不是麵包，因為沒有發酵過。吃無酵餅表示一種緊急狀態，沒有時間好讓麵糰發酵。後來，以色列人過「逾越節」的時候，要除酵，要吃無酵餅，以便體驗出埃及事件。
>
> 做無酵餅時，當然不能加酵母於麵粉之中。按猶太拉比的見解，單用清水攪麵粉，超過十八分鐘的話，就算是發酵的了。
>
> 還有，現代歐洲都市裡的超市，都能買到無酵餅——不單是守逾越節用，而是日常食品；據說，對胃腸的健康頗為有益。

地將家裡平時做麵包的酵母燒掉；自由派的，就把它藏起來，或鎖起來——商人腦筋動得快，猶太人區的超市可買到「逾越節的無酵餅」，好讓猶太的家庭主婦沒有觸犯「有酵」的禁忌。

其次，準備「逾越節的羔羊」。古以色列人要從山羊或綿羊群中，宰殺一歲大的，沒有缺陷的羔羊，並且把羊血塗在門楣。吃的羊肉是烤的，煮的不行。同時，要按家人一餐吃得了的分量來準備，不足或有餘的，就得和鄰居分享；剩下的，不准留到隔日，必須燒掉——現代猶太人家庭鮮有烤全羊來過逾越節的了。剝繁就簡，有人在餐桌上象徵地擺上一根烘烤

過的羊骨頭來意思意思。

到了逾越節晚上，重要節目是「講解」。家長要照本宣科，講解逾越節的由來，出埃及的故事，重溫上帝拯救的歷史。現代的做法是：全家圍著餐桌，坐定；由么兒打開擺在桌上的「歷史講解」小冊。然後，用發問為開始：

為什麼今夜，我們吃的是無酵餅？
為什麼今夜，我們要吃苦澀的野菜？
為什麼今夜，我們吃的野菜得沾鹽水呢？
為什麼今夜，和其他許許多多夜晚不同？
……

然後，家長得按小冊寫好的標準答案來一一回答，或多少加些注解。

進行「歷史講解」的時候，每一個人都得飲四杯酒，吃些無酵餅和一些特別的食品。例如，吃苦菜，象徵老祖宗在埃及為奴的痛苦；吃蘋果和核果醬，表示先人攪灰土造磚，建造埃及金字塔的往事；吃沾鹽水的野菜，表示奴隸流下的是苦痛的淚水；桌上擺一根烤過的羊骨頭，記念在埃及時犧牲的羔羊；扁平的無酵餅，告訴以色列子孫，祖先們是多麼匆忙，何等急迫地衝出埃及，追尋自由。

當然，少不了家長宣講上帝如何用大權能，行十次神蹟來解救祖宗的故事。每當講完一次神蹟，餐桌上的每個人就得灑一滴紅酒，表示追悼遭受到災難的埃及人——這個小動作，有重要意義：逾越節雖是慶賀自己得到自由，但不是幸災樂禍，而要憐憫遭受到苦難的敵人。

結束「歷史講解」之前，家長難免記念世界上還有受到凌辱、壓制的猶太同胞。於是，要做這樣的祈願來結束節日：

我們的救贖尚未完成……

平安，平安……

明年，將在耶路撒冷過節，

明年，誠願大家都得自由。

雖然，逾越節主要是在家庭舉行的節日，但重點不在於家族的團圓，而在於宣告上帝是歷史的主宰，是以色列的救主。在這個基礎上，以色列民族的生機得到保全，復國建國得到實現。可見，逾越節對於以色列人的意義是何等重大！

歡喜無為的安息日

「安息日」，就是星期五日落前十八分鐘開始的一個晚上，到星期六日落後一小時之前的一個白天。時間的算法是從晚上算到白天的，因為猶太人認為上帝創造世界是「晚間過去，清晨來臨」（創1:5）。「日落」，在沒有鐘錶的世代，是以夜空出現第三顆星為準。

以色列人所有節日之中，以安息日為最神聖，雖然非教徒容易把這日貶成一般的「例假日」。君不見，「摩西十戒」的第四戒，如此莊嚴宣示：

當記念安息日，守為聖日。六日要勞碌做你一切的工，但第七日是向耶和華你的上帝當守的安息日。這一日，你和你的兒女、僕婢、牲畜，以及你城裡寄居的旅客，不論什麼工作都不可做；因為六日之內，耶和華造天、地、海，和其中萬物，第七日便安息，所以耶和華賜福給安息日，定為聖日。（出20:8—11；申5:12—15）

本戒，並非光說不練的警告，古以色列觸犯守安息日的人，要被處死！《摩西五經》明言：

你們必須謹守我的安息日；因為這是你們跟我之間永遠的憑證，表示我——上主揀選了你們做我的子民。你們要謹守安息日，因為這日是聖日。凡不遵守這日，照舊工作的人，必須處死。你們有六日可工作，但第七日是嚴肅的休息日，是獻給我的。凡是在這日工作的人必須處死。以色列人民要永遠謹守這一日，做為立約的憑據。（出31:12—16; 35:1—3）

時過境遷，現在不遵守安息日的猶太教徒是無關「刑法」的。雖然如此，安息日仍然是個極重要的宗教節日，為虔誠的猶太人所謹守。

那麼，到底要如何「守安息日」呢？從上面引用的經文看來，守安息日幾乎沒有什麼「方法」可言，要點盡在：「記念」和「安息」。

但當安息日成為宗教社會的一種「節日」之後，「記念」和「安息」都發展出「可記念」、「可安息」的一些儀式和做法。因此，猶太人千百年來的守安息日，已經構成非常複雜的安息日文化。從現代一般猶太教徒守安息日的情形來看，大致離不開：歡迎安息日，安息日會堂聚會，以及歇工安息。就這三方面，我們簡介於下。

歡迎安息日

守安息日的人，在星期五下午就得沐浴，潔淨身心，穿上「安息日衣裳」；應該是美麗的、整潔的，非平時穿的衣服。準備好食物，並且煮好，換上潔白的桌巾；安息日不准生火做飯，也不能「點」燈，這些動作都要先做好。今夜，也是邀請親友來家裡吃飯，快樂交陪的安息夜。

在安息日臨到前幾分鐘，就得點燃二枝蠟燭。點燭是母女合作的儀禮，女孩祝聖蠟光，說：「宇宙的君王，你是有福的！你用誡命聖化了我們，又命令我們點亮安息日的蠟燭。」祈禱的時候，調皮的媽媽可能用手

遮住女孩的眼睛，象徵創造是驅逐黑暗，產生光明。

安息日的時間一到，家人和親友就座餐桌，一起唱詩來歡迎安息日。歡迎歌詞大都取自〈詩篇〉，例如：

上主啊，向你獻上感謝是多麼美好！

至高者啊，歌頌你是多麼美！

在清晨傳揚你永恆的愛，

晚間述說你的信實，

用十弦樂器伴奏，

配合豎琴的旋律。

上主啊，你的作為使我歡喜；

我要因你大能的工作歡呼。

……（詩92）

今日的晚餐要吃得比平日好些，為的是要營造歡喜的氣氛，來慶祝上帝完成創世奇功，來慶幸自己是上帝救贖的子民 —— 通情達理的拉比，鼓勵夫妻們在今夜多多「親密」，切勿戒急用忍，因為安息日是大喜的日子！

安息日的聚會

隔天，星期六，安息日早上，要前往會堂敬拜上帝。聚會的時間各地不同，但十點開始聚會的比較普遍 —— 有個老傳統：聚會時間雖到，正統派的猶太會堂還得等到湊足十個以上的「男」會友，才能開始；自由派的，比較容易，不分男女只要十人就可以了。

會堂禮拜，要遵守一定的禮儀。不論是否教友，不論老少，男人都得戴上「祈帕」，無邊小圓帽，表示崇敬。男人不准穿短褲，女人不可袒胸

裸肩。這也是進入猶太教的聖地、聖堂、會堂的一般規矩。

祈禱的時候，十三歲以上的「成人」會友，肩膀要披上白色的祈禱披巾「搭里」，巾的四角留有繸子，表示要遵行上帝的誡命；就是在家裡，男人晨禱時，也要披搭里。會堂裡，男女分開左右排或上下樓而坐 —— 猶太教是男女有「別」的，她的偉大和重要性盡在「家庭主婦」這個尊貴的職分上；宗教、社會、政治卻是男人的責任和天下。

會堂禮拜，沒有獻祭，沒有講道，只有讀《聖經》和祈禱。那是按照一定的讀經表，由讀經員用誦唱的方式來讀《摩西五經》和《先知書》，以及追念古代安息日在耶路撒冷聖殿的獻祭。讀經和祈禱時，會眾站立。唸誦「祝福禱文」的開始和結束，會眾要低頭，身體微微鞠躬各四次，表示順服上帝；誦唸到「上主」之前，會眾要抬頭，因為「耶和華扶起被壓下的人」（詩146:8）。因此，我們看到的是會眾上身和腦袋常常前後搖晃 —— 絕非吊兒郎當！請不要誤會。

中午，會堂禮拜完畢之後，回家吃午餐；有些會堂，舉行聚餐。餐前要行「祝聖禮」：「……整個宇宙都創造好了。第七天，上帝完成了祂創造的工作就歇了工。祂賜福第七天，聖化那一天為特別的日子。」（創2:1—3）

今天，特准睡個午覺，因為是「安息日」嘛！盡量把身心放輕鬆，是守安息的目的之一。慢慢醒來之後，虔誠的教徒，再到會堂參加午後的「聖經研究」和祈禱。不上會堂的，也不得打球，不得看電視，不得上網或寫信。這都算是觸犯安息日的「做工」啊！

安息日將盡，要舉行辭別聖日的禮儀。這時要誦唸一定的祈禱文，或說：「從世俗分別神聖的人，有福了！」來結束神聖的安息日，準備再投入世俗的時空。

安息日停工

　　猶太教的安息日，不但沒有隆重祭禮或迎神賽會，而且嚴格遵守「休息」，不准「做工」，「不論什麼工作都不可做」。這是「摩西十戒」明文規定的！

　　然而，摩西這項規定僅是個籠統的大原則，《五經》舉出「不可做工」的例子又是那麼少（出16:29; 35:3）。我們難免要問：到底有哪些「工作」不可做？說真的，要做到「不論什麼工作」都不做，實在不可能。於是，猶太教賢明的拉比絞盡腦汁，從他們的老祖宗在西奈曠野建造會

> ### 會幕聖所
>
> 神聖的帳篷，是可攜帶的聖所；她是以色列人出埃及，漂流西奈曠野的時期，上帝向以色列人啟示他自己的地方。會幕中主要的是「至聖所」，安置著約櫃（出25:10—22），內面珍藏「十戒」法板。會幕聖所一直陪伴以色列人進入迦南地，然後被所羅門所建築的聖殿取代——會幕聖所的做法，請參見〈出埃及記〉26:1—37。

幕聖所*，所需要的工作項目，來當做安息日禁止的「工作」。由此背景，分析出七個範疇，三十九個「不可工作」的項目：

1. 生產和準備食物：包含耕地、撒種、收成、碾磨、烘麵包等等的十一項禁止項目；

2. 縫製衣服：包含漂布、染布、縫布、紡紗、抽絲、打結等等的十三項禁止項目；

3. 皮革工作和寫字：包含打獵、剝皮、製革、削皮、在皮料畫上裁割線條、裁皮、寫字、塗改等等九項禁止項目；

4. 準備遮蔽物：包含二項禁止項目；

5. 生火和熄火：包含二項禁止項目；

6. 完成未完的工作：包含一項禁止項目；

7. 由家裡帶送東西到公眾場所，反之也然：包含一項禁止項目。

此外，還有「不可出去」（出16:29），和「不可撿東西」（民15:32—36）等幾項安息日禁止的「工作」。

上面羅列的這些禁止工作的項目，雖然大大不同於現代人的生活和工作；但是，拉比們仍然按照這「七範疇，三十九項目」來判斷，來闡釋，來指導教徒，什麼是安息日禁止的「工作」。

例如，開電燈，發動汽車馬達，打電話，抽煙，算不算「做工」？摩西律法當然找不到相關規定，但猶太拉比根據上面的範疇，判定「開電燈、發動馬達、打電話、抽煙」都是違反安息的「工作」。因為第五範疇規定，「安息」日不准生火和熄火」。

又如，木匠就要完成一件傢俱了，只剩最後一下釘錘的工夫。那麼，在安息日，這個木匠可否打下最後的一錘？答案是，不可以！根據第六範疇：禁止「完成未完的工作」。

又如，按照第五範疇，安息日不准「生火和熄火」。那麼，居住在冰天雪地的猶太人，在安息日就得喝冷水，咬冷麵包了。不至於如此窩囊！猶太人發明「安息日爐灶」，雖不能生火，但能享受熱飲熱食——按猶太傳統，安息日至少要有一道熱食，不然就不算快樂的安息日了！

又如，根據第七範疇，安息日不可「由家裡帶送東西到公眾場所」。那麼，送家裡必要急救的病患上醫院，是否違犯安息日條例？不！不算觸犯，因為是救人。拉比的理論是：「上帝將安息日給你們，不是將你們給安息日！」——耶穌也有類似的說法，安息日是為人的利益而設立的（可2:27）。

總之，猶太教雖然有強烈的律法主義傾向，但並不至於因守法而反人性，反道德。他們早已發展出許許多多「例外」，像醫生、護士、消防隊員、警察、軍人，等等。

為何不可做工？

那麼，為什麼「守安息日」就得嚴禁做工呢？道理何在？

這問題我們不能不問，不能不求解答，因為是理解猶太教信仰的中心問題，雖然是相當深奧的神學思想。同時，猶太教徒在歷史上為要「守安息日」付出慘重代價，其中應該有許多值得探究的地方。

一、安息是上帝聖化工作的表示。安息日必要安息，是因為其餘六天之中，人已經認真工作了。再不安息，豈不淪為機械。雖然人因為工作成為「偉大」，獲得「尊嚴」，但工作同時有奴役人的負面勢力，只有通過安息，才可實現工作要達成的真正價值和意義。

二、安息是尊崇上帝為創造主。安息日的停工，就是停止一切生產和創造活動；如此，令人在安息日再次意識到自己是「無為無能」的被造物；給人理解到人的一切智能、技術都是上帝的恩賜。在這種謙卑的省思之下，才能正確定位 人在宇宙中的地位和角色。這樣，或許可以避免「人為萬物的主宰」的誤謬和傲慢；這樣，也許可以減少生態破壞，阻止溫室效應，保護眾生，等等人類狂妄無知的反創造的破壞行動。

三、安息以獲得心身完全的釋放。按猶太教律法，安息日有許多禁忌、教規，這都為著要保障心身的安息，而不是要增加教徒的心理負擔。心身釋放，不僅來自外在的「安息」，而是根基於上帝拯救的信仰 —— 以色列人出埃及，是獲得安息的一種象徵。這樣，守安息的人是自由人，是平安和喜樂的人。人的最大悲哀是，勞碌終生，只有墳墓才是他的安息！

四、守安息是要實踐平等待人、待物、待自然的理想。按「摩西十戒」，和猶太人同住的外鄉人、僕婢，以及所謂「生產工具」的牲畜都要一律安息！安息日人人在上帝面前是平等的，不分人己，不論主僕，不別人畜，同得安息。此外，《摩西五經》中又有「安息年」（出23:10—11），以保護大地、自然，免受人類無窮盡的剝削 —— 純淨靈性和文明社會的根

源，就在於此。不是嗎？

　　猶太教的節期和禮拜，和我們所熟悉的拜拜是那麼樣的不同。難道其中沒有一些發人深省的地方嗎？

4-2 基督教的大節和信仰

　　基督宗教各主要宗派，由於教會傳統、神學見解、文化背景的不同，而發展出頗不相同的教會年曆。其中，教會節日最少的是「重洗派教會」*，她們沒有什麼教會大節，強調的是每一個星期日的「主日禮拜」。教會節日最多的是天主教和東正教。以天主教而言，教會年曆的第一個階段，也即是「待降節」到「主耶穌的受洗日」，在這四十二天中，就有三十二天是記念日。介於此二極端的是更正教教會，她只強調有關耶穌事蹟的節日。

　　進一步來看，東正教和天主教會，除了以耶穌生涯大事為記念日之外，又加上了許多歷代教會聖賢的記念日。這些聖賢們，有的是耶穌的跟從者，有的是殉教士，有的是建立教會的功臣，有的是獻身愛人的志士。例如，「香膏耶穌主日」是記念抹大拉的馬利亞帶香料到墓穴，要塗抹耶穌的屍體的懿德範行（路24:1－12）；「井邊婦女主日」，是記念那一位撒馬利亞女人，在井邊跟耶穌討論宗教問題的美談（約4:1－42）；「聖安波羅修（340－397）主日」，是記念米蘭主教、古教會的神學大師。如此，集二千年來的教會聖賢，他們的記念節也就難以計數了，較之臺灣民間宗教的神誕日，恐怕有過之而無不及了！

> ### 重洗派教會
>
> 約在1525年，瑞士改革教圈內有人不滿意慈運理的嬰兒洗禮，而主張成人洗禮，認為它才符合基督教信仰。此一熱烈爭論，相持不下，行政當局只好強行制定嬰兒洗禮為合法；同時將主張成人洗禮的人驅逐出境。於是這群人只好另組教會，來貫徹他們的主張。反對派，就叫主張成人洗禮的教會做「重洗派」。

圖73：〈耶穌誕生圖〉。天使傳佈聖誕佳音，牧羊人聽見了，就帶著他們的羊群來看個究竟。這是歐洲傳統型的聖誕卡常見的主題。作者喬托（1266-1337），圖大78×72吋，在義大利帕多亞的阿雷那教堂。

　　無庸贅言的，教會節日雜多的話，必然會遮蓋、混淆、分散基督教會所要見證的福音。近世最開明的教宗約翰二十三世（1881－1963；1958－1963在職）有見及此，開始改革天主教會繁雜的教會年曆。他強調「主日」的重要性，而擱置聖人的記念日，就算是聖母馬利亞的記念日也不例外。但是天主教的信仰和文化交纏太深，精簡教會節日的效果不彰。

　　那麼，更正教教會的年曆又如何呢？該教會看待節日的態度是：以關聯耶穌的生平大事為基礎，兼容教會歷史中的重要記念日；排除教會聖賢的誕辰或忌日，國家或民俗節日。結果，更正教只有：待降節、聖誕節、受難週、復活節、聖靈降臨節、升天節，等六大節日。

　　應該一提的，上面這六大節日，也是東正教，羅馬天主教和基督教其他主要宗派所共有的——她們真是教會的「大」節日啊！因為清楚彰顯著耶穌基督的位格和工作，熱烈反映著教徒對於主耶穌基督的信仰和虔誠。

　　現在，就讓我們來看一下基督教會的大節日和星期主日。

歡喜救主降世

　　一進入12月，歐洲鬧市的商家已經用力製造聖誕氣氛，開始大力推銷聖誕禮物一類的貨物。有些市鎮，像紐倫堡、曼茵茲的廣場都搭出臨時「聖誕市場」，攤間擺滿聖誕小飾物、蠟燭、香料，等等應節的物件。市場一角飄散出一陣陣混合著燙熱的肉桂紅酒和烤香腸的氣味；大庭廣場，商圈豎立起巨大的，掛滿聖誕小飾物和燈泡的聖誕樹；百貨公司擺出身裹著紅袍，癡胖無比的聖誕老公公；一群老的、少的「尼可拉斯」*穿梭在人潮中，努力推銷著今年的聖誕商品！

　　此時，小孩子的父母，還得提早預訂聖誕老人，約他在平安夜的晚上，乘著馴鹿拖拉的雪車，帶著禮物來看乖寶寶，給他們一個聖誕大驚喜。

　　聖誕樹、聖誕紅、聖誕燈、聖誕卡、聖誕餅、聖誕……準備齊全了！最後的缺欠是用錢買不到的：下一場大雪，來一個銀色的聖誕！節慶的氣氛籠罩整個社會，家庭、學校、機關、社團，相繼展開形形色色的慶祝活動——流浪街頭的醉漢醉女紛紛出現了，手執罐裝啤酒木然地踡縮在廣場的一角。

尼可拉斯

稱為聖尼可拉斯，或麥拉尼可拉斯，或叫做珊他尼可羅斯，或珊他克羅斯。自從第4世紀開始流傳於小亞細亞一帶。原來12月6日是其節日，但現在都改成聖誕節。相傳他是第4世紀麥拉的主教，為人慷慨又仁慈，常常行神蹟來幫助貧苦的人，或贈金贖回被賣為娼的女孩。到了中世紀，尼可拉斯已經名滿全歐洲了，尤其備受俄國和希臘人尊崇。第6世紀以來，歐洲有數千座教堂以他為名。宗教改革後，除了荷蘭以外，基督新教都不再慶祝尼可拉斯的節日。其後，荷蘭叫聖尼可拉斯為「新特克拉斯」；17世紀時傳到北美洲，成為現代英語世界的「珊他克羅斯」。至於珊他克羅斯成為專門在聖誕節送禮物給小孩的「聖誕老公公」，則是19世紀在美國發展出來的。

聖誕節是教會的大節，更是一般歐洲人的家庭大日。從聖誕節前四星期的待降節，有些家庭就擺上長青尖葉樹枝編成的燭圈，並插上第一根燃燒著的紅蠟燭。其後每星期增加一根，到了聖誕節這一週，燭圈上已經有四根紅燭了。四朵小紅焰在熄了燈的客廳中搖曳著，給平淡的家庭增加了幾分溫暖。

此外，一家人還得為了準備聖誕禮物來頭痛一番。給外地親友的，早已寄出去了；給家人的，仍然漂漂亮亮地擺在聖誕樹下，等待飽足聖誕烤鵝大餐後，來慢慢拆開包裝紙，體會送禮的親友的心意和溫情。

聖誕的最高潮湧現在教堂裡！所有的聖誕慶祝禮拜，大小教堂佳賓爆滿，一掃平日堂可羅雀的虛空。這種禮拜是以家庭為中心的，父母笑嘻嘻地看著自己的小孩，在臺上拙笨地表演著小嬰孩耶穌的誕生故事。父母親忘我地唱著冰凍了一整年的聖誕老歌──這時，歐洲有難以計數的教堂，忙著演出「巴哈聖誕曲」！

圖74：德國漢堡市的聖誕一景。

聖誕多采多姿的活動難以盡述，就讓我們談一些比較內在的話題吧！

《聖經》沒有記載耶穌誕生於何年何月何日。這樣的話，他的生日究竟是如何決定的？為什麼說是12月25日呢？答案不少，比較流行的有兩種說法：

首先是，據說西元第3世紀的基督教年代學家，相信上帝創造世界的時間是從春分開始的，即是3月25日。後來，就在這一天，上帝的聖靈道成肉體，感孕馬利亞，懷了聖嬰耶穌。馬利亞懷胎期滿，生下耶穌的時候，正好是冬至這一天，也就是羅馬曆法的12月25日。據此，羅馬教會自從354年以來定為聖誕節。

另一個是，取代地方宗教的太陽崇拜的節日。原來，在西元第3世紀之前，羅馬和北非的民間宗教，在冬至這一天舉行「無敵的太陽」祭禮，用來禮讚太陽勝過陰暗的冬天，給大地、人類帶來光明和溫暖。後來基督教成為羅馬國教之後，在12月25日這一天不祭祀太陽，而用來慶祝耶穌的生日。因為教會根據《聖經》理解到耶穌是「公義的太陽」（瑪4:2），是人類的真光。

此後，基督教會在羅馬的政治勢力擁護下，急速發展，影響所及，12月25日就是聖誕節了。一路發展下來，聖誕節不但是教會的主要節日，也是一般社會的例假日，甚至是狂歡節。

其實，聖誕節是一個充滿恩慈的日子！歷代虔誠的基督徒歡欣慶祝，理由頗多，例如：

一、歡喜永恆真光進入黑暗的人間：耶穌是世上的光。他開啟人的心眼，引導人走上公義、慈愛、聖善、平安的道路。耶穌如同太陽驅除黑暗，溫暖眾生。約翰見證耶穌，說他是「真光，照亮一切生在世上的人。」（約1:9）這也是耶穌的自我了解，他曾對眾人說過：「我是世界的光，跟從我的，就不在黑暗裡走，必要得著生命的光。」（約8:12）

二、歡迎道成肉身的上帝，耶穌的降世：聖誕節是「道成肉身」的事件。基督徒相信耶穌是聖靈感孕，由馬利亞懷胎的真神真人。經由耶穌，人類會遇純靈上帝，可以經驗到上帝無條件的慈愛和恩惠。〈約翰福音〉書說：「道成了肉身，住在我們中間，充充滿滿的有恩典有真理。我們也見過祂的榮光，正是父獨生子的榮光。」（約1:14）

三、上帝和世人同在的歡喜：耶穌的誕生就是「以馬內利」*，即是上帝在耶穌基督和世人同在。聖子耶穌在世為人來分擔人的苦難，分享人的喜樂，成全神人之間的和平，引導人歸依天父。他純全的人格感動世人，給信他的人能力來勝過邪惡。以色列西元前第8世紀的先知以賽亞，如此預言：「主自己要給你們一個兆頭，必有童女懷孕生子，給他起名叫以馬內利。」（賽7:14）福音書的作者馬太，見證耶穌應驗了此項預言（太1:22—23）。

上面所舉的，是千百年來基督教會努力要見證的大喜信息：耶穌降世，帶給人類上帝的平安！節期的快樂是可喜的，若是能同時體驗到基督的平安，豈不更好？

基督受難週

顧名思義，受難週就是記念耶穌在世，最後一星期發生在他身上的幾件重大事件。其中，以他的被釘十字架為受難週的最高峰。

教會記念耶穌受難，有重要的預備齋期，那就是「四旬齋」——基督復活節的六個星期之前，扣除二個星期日，共有四十天的靈修日。這時，虔誠的基督徒要持齋守戒：戒酒、戒葷、戒夫婦同房，為一切不良行為而懺悔。同時，誦讀一定的經課、晨昏用心祈禱、默想耶穌的苦難——第4到第9世紀，教會流行著這樣的一種懺悔儀式：那些自認為身犯重罪的人，在眾人面前，身披麻衣，頭上撒滿爐灰，來表示為了自己的罪過而哀傷，而懺悔。

受難週這一星期裡，有幾個記念禮拜：

「棕櫚主日」，在受難週的第一天舉行。這個主日主要的是記念耶穌騎驢進入聖城耶路撒冷。此日，城裡的人出來歡迎耶穌，用自己的衣服鋪在路面上讓騎驢的耶穌走進城來。群眾手拿棕樹枝，夾道歡呼：「和散那！」*「奉主名來的以色列王，是應當稱頌的。」（約12:13）——天主教會在這個主日要給棕枝祝聖，也要遊行。做彌撒時，誦讀《馬太福音》有關耶穌騎驢進城的記事（太21:1—11）。

「最後的晚餐」在星期四晚上舉行。這原是耶穌和門徒共進最後一次的晚餐。雖然是晚飯，但含有儀式意義：用擘開的麵包和紅酒，來象徵耶穌犧牲的愛和永遠的團契。教會在今夜，模仿耶穌所曾做過

和散那

希伯來文Hoshiana的音譯。有二義：一、歡呼，稱頌的聲音；二、意謂「求你，拯救我們！」（詩118:25；可11:9）《聖經》後期的用法取第二義，將之關聯到彌賽亞的希望，即是以上帝的名分而來的人，就是彌賽亞。當時，耶穌進入耶路撒冷聖城，群眾夾道歡呼「和散那」（可9:1—11）。顯然的，福音書的作者用指耶穌是上帝差來的拯救，彌賽亞。

的，來恭守聖餐。古基督教會，那些犯罪悔改的，也在今夜得到教會當局的油膏，表示罪得赦免，與上帝和好；這是要參加復活節聖餐禮的人，應有的心理準備。在中世紀，主教在今夜聖餐之後，還要學耶穌的榜樣，給教友的代表行「洗足禮」（約13:2－15）。它的象徵意義是：教會要效法耶穌基督，謙卑來服務世人。

受難週的高峰是星期五，從正午到下午三時這段時間；這時教會要舉行「三小時禮拜」。自從第2世紀以來，虔誠的基督徒，用悔罪的憂苦和思念的感激，來參加三小時之久的耶穌受難的禮拜——因為耶穌是在中午十二時被釘十字架，在下午三時逝世。無疑的，這段時間是最嚴肅，最神聖的了。

雖然各宗派的受難日禮拜方式有所不同，例如，東正教會有舉行埋葬耶穌的象徵儀式。但所有的宗派都要：恭受聖餐，誦讀、默想或講述耶穌的「十架七言」，即是耶穌被釘在十字架之後所說的那七句話。

十架七言清楚地表現著耶穌的人格和精神，值得認識、參悟。這七句話是：

圖75：〈最後的晚餐〉。可比較米開朗基羅的同一主題的作品。

1.「父親哪，赦免他們，因為他們不曉得自己所做的是什麼。」（路23:34）耶穌原諒陷害他的人，他向父上帝祈禱，求他赦免他們。

2.「我告訴你，今天你要跟我一起在樂園了。」（路23:43）耶穌向一個跟他同時釘十字架，要求耶穌記得他的強盜所說的話。這是耶穌給他的允諾，也是給一個懺悔的強盜臨終的安慰。

3.「媽媽，瞧，妳的兒子。……瞧，你的母親。」（約19:26－27）耶穌請母親馬利亞接納愛徒約翰為兒子，又交代約翰奉待馬利亞為母親。十字架酷刑的慘痛，並不能減少耶穌對母親的關愛。

4.「我的上帝，我的上帝，你為什麼離棄我？」（太27:46）耶穌在心身極為痛苦的時候，誦唸以色列傳統的「受苦中信靠上帝」的詩章（詩22:1）。這不是絕望哀歌，而是最深沈的信託。

5.「我口渴。」（約19:28）耶穌為要應驗《聖經》預言，而說的話（詩69:21）。之後，羅馬兵將浸了酸酒的海絨，綁在葦稈上送到耶穌的唇邊，給他止渴。

6.「成了！」（約19:30）耶穌說，他的工作已經完成了。

7.「父親哪，我把靈魂交在你手裡。」（路23:46）耶穌最後的話，把自己完全交託給父上帝。這也是以色列詩人在苦難煎熬下，臨死前的禱詞（詩31:5）。

千百年來，耶穌基督的受難日，保持著相當純粹的《聖經》和古教會的信仰傳統，未受無孔不入的商業染指——算是對耶穌基督最後的一份敬意吧！

耶穌的受難，教會要見證的道理相當深奧，我們僅舉出比較淺顯的幾點：

一、記念耶穌基督犧牲大愛：耶穌一生傳道，驅逐邪靈，感化惡霸罪人，醫治病患，扶持軟弱。他的慈愛和善行，他的教導和安慰，是要引導

人歸依慈父上帝，建立仁愛和平的地上天國。但他慈愛的行動，感人的言論，卻招來宗教當局的猜忌，法利賽人的嫉妒，革命黨徒的惱羞成怒。終於，這幾個互相矛盾的族群，聯合起來陷害了耶穌。

對於耶穌基督的受苦，使徒保羅有很深刻的了解，他說：「……當我們還是罪人的時候，基督就為我們死！由於他的死，我們現在得以和上帝和好，更使我們脫離上帝的義憤。……不但這樣，基督已經使我們成為上帝的朋友。」（羅5:8—9,11）──何等「驚人」的福音啊！成為上帝的朋友。

二、曉悟殉道是帶有能力的犧牲：邪惡的勢力謀害了耶穌，一時之間生命死滅，仁愛、公義、真理顯得軟弱無能，甚至像似垃圾。但仔細看來，耶穌用生命支持了公義、仁愛，並經由死亡做到無限的發揚。

耶穌對生和死，有奇妙的開示，他說：「我實實在在的告訴你們，一粒麥子不落在地裡死了，仍舊是一粒。若是死了，就結出許多子粒來。」（約12:24）耶穌為仁愛、公義、真理而死，正如麥種落地；這不是死，而是永遠的生命必經之途──仁人義士的犧牲，是帶有參與創造之功的！

三、義人受苦受害，人人有責：耶穌的受難清楚顯示著邪惡得勢，雖然是暫時得逞。那麼，為什麼邪惡能夠如此橫行霸道呢？還不是因為敢用生命來堅持真理的義人太少，而獨善其身的人太多！從這層意思看，耶穌的十字架呼召世人，不僅要修道修行，自求超脫，更必要入世地為公義、仁愛、真理而獻身。

耶穌曾說過這樣的話：「為了實行上帝的旨意而受迫害的人多麼有福啊；他們是天國的子民。」（太5:10）只要邪惡存在世上一日，善人義人就得獻身一日。

總之，基督教會記念受難週，就是回應耶穌基督的受苦獻身，克勝罪惡，參與建設地上天國的呼召。仔細一看患難的人間，處處有默默為眾人

的幸福而付出、而犧牲的人！誠如古教父的名言：「沒有受苦的十字架，就沒有榮耀的冠冕！」

Christos Anesti! 基督復活了！

基督復活了！這是耶穌被釘死在十字架後，第三天清晨發生的大事。這項佳音是基督教要向世界見證、宣傳的最重要的消息。耶穌基督的復活，不但給受難週畫下句點，更是給世人展開了美妙的靈性前景！

教會很早就慶祝復活節了，可能僅次於主日崇拜。但最初是和猶太教徒同時在逾越節這一天舉行慶祝的，即是春分後第一個滿月的晚上。到了第2世紀中葉，有些教會改在逾越節後第一個主日慶祝復活節，表示有別於猶太教的逾越節；不過小亞細亞的教會仍然堅持在逾越節這天慶祝。至於將復活節制訂在逾越節後的第一個主日，則是325年的「尼西亞大公會議」*決定的；從此，這個節期就一直流傳到今天。

東正教的復活節，要在天主教和更正教的復活節的一星期，甚至是至四個星期之後，因為該教會採用的是舊式的「朱利安日曆」*。但「普世基督教協會」*為求一

尼西亞大公會議

西元325年在小亞細亞召開第一次基督教會的大公會議。參會的主教約有三百位。會中除了制定「復活節」，和「教會法」之外，最重要的是制成《尼西亞信經》。這是後世基督宗教共同的信仰陳述，根本地影響到「三位一體」神觀的理解。

朱利安日曆

羅馬皇帝蓋烏斯（20 BC—AD 4）為統一帝國年曆的一致，任命天文學、數學家蘇斯堅尼制定新的日曆。它採取的是太陽曆，一年有365日又四分之一；這日曆因為種種誤解，延至西元8年才實際使用。但因蘇氏計算出來的時間多出十一分十四秒，所以到了1582年，教宗葛利果十三世（1502—1585；1572—1585在職）停用它，而推出「葛利果日曆」，並補足過去失掉的時間。

致，在1969年向所有基督教會建議，把復活節都訂定在四月第二個主日來舉行慶祝。這項建議也已經獲得大部分教會的贊同。

復活節是教會年曆中的大節，此前有四旬齋和受難週，其後五十日有聖靈降臨節。這樣一來，基督徒的心理已經有了充分的預備，可用感謝的心情來迎接充滿歡喜和希望的復活節。慶祝復活節真是多采多姿，中世紀教會是由前一日的「守夜禮拜」開始的，此夜要誦讀耶穌受難的經文和詩篇。主教還得給新燃的光明燈祝福，那是象徵基督勝過死亡的幽暗，帶給人光明和永生的希望──時至今日，歐洲天主教傳統色彩濃厚的地區，教會仍然奉行這種守夜的禮拜儀式。

不過，好多天主教和更正教教會，傳統上是以「朝陽」禮拜來展開復活節特別聚會的。這可能是因為耶穌復活的時間是發生在清晨，《聖經》說是「星期日清晨，天還沒有亮……」（約20:1）。復活節的朝陽禮拜，仍然是普世基督教協會最盛行的一種記念禮拜方式。

古代教會慶祝復活節禮拜，都有洗禮儀式。那是古教會一年一度的成人的入會禮。教會特別在受難週的時候呼召人懺悔認罪，並教導求道者基督教的基本教理，然後在復活節給他們施洗，使他們成為教會的會員──現代歐洲的基督教會不一定在這一天給人施洗，例如，德國路德宗教會在平常主日，都可以給嬰孩施洗；成年後才受洗的人極少，幾乎在青少年時期，都已經接受堅振禮，成為教會的會員了。

教會中最熱烈慶祝復活節的，是東正教會！教徒在節日的前一夜，成

群結隊摸黑走出教堂，到郊外去「尋找」耶穌的屍體；這是儀式化的尋找！找了好一陣子之後，大家點亮彩色的燈籠，歡歡喜喜地呼喊：「基督已經復活了！」然後提著燈籠回到教堂，開始守夜禮拜。

他們通宵禮拜，等待東方晨曦破曉射出第一線亮光時，就歡呼"Christos anesti!"（希臘語，意思是「基督復活了！」）。聽到的人，爭相大聲回應"Alitos anesti!"（「他真的復活了！」）。這一天裡，彼此見面問候的辭令不用「您早！」或「您好！」，還是用「基督復活了！」和「他真的復活了！」來彼此問候。

千百年來，希臘地區的東正教徒保持著最高昂的慶祝復活節的感情。當天，家家戶戶帶著糕餅、麵包、紅蛋來教堂。禮拜後，還要祭司來給這些食物祝福。當天晚上有羔羊大餐，那是復活節一定要有的節目。晚餐後，又有各地方傳統的慶祝晚會。

復活節一路發展下來，混雜了不少民間習俗。剛進入三月份，糖果店

圖76：〈耶穌基督復活圖〉。木板油畫（109×96cm），羅莎（1615-1673）的作品。畫作時間不詳，現收藏在法國相特里博物館。

早已擺出，肚裡藏有小鈴鐺的巧克力金蛋、銀蛋，以及孵蛋的巧克力母雞。巧克力大兔小兔，不甘寂寞，也都紛紛出洞來慶祝復活節——節日當天，有小孩的人家，還得把一些煮熟的彩色雞蛋藏在後院的花圃間，好讓小孩子來尋找。

這天下午，有人沿習舊慣，燃燒早已收集成堆的枯枝雜草。邀請親戚朋友來「觀火」賀節。免不了在花園的一角，砌起烘爐，主隨客便地烤紅肉、烤香腸、吃糕餅、喝酒聊天——舉杯時還不忘說一聲：「復活節快樂！」啊！基督教文化真是根深蒂固！

那麼，雞蛋、野兔、燒柴，和耶穌基督的復活節有什麼關係呢？原來這是基督教容受了歐洲民間信仰習俗。基督教尚未傳到歐洲之前，本地春祭用「雞蛋」祭祀；蛋裡有生命，可用來象徵生命和復活。後來，基督教又吸收了埃及宗教的「野兔」，牠原是月宮中的白兔，表示月亮的圓缺，時序的韻律，象徵著由死而生的生產力和自然的週期律。至於「薪火」，則是溫暖和光明的表徵——這是歐洲基督徒保留鄉土文化的傑作，基督教本地化的痕跡甚明！

耶穌基督的復活，是基督教信仰的根本所在。復活節雖然參雜了不少歐洲各地的文化習俗，但是教會慶祝活動所要發揚的奧義仍然清楚無誤。這裡我們僅舉出比較重要的幾點：

一、慶祝耶穌基督不但復活，並且是得勝的主：這包含二層重要的見證，即是，耶穌由死而復活，以及耶穌基督勝過邪惡的，死亡的勢力；他是凱旋的主。《聖經·希伯來書》的作者說：「耶穌基督已經升到天上去，如今在上帝右邊，統轄所有的天使和天界的執政者、掌權者。」（來3:22）

二、體驗主基督的同在：歷史的耶穌受了人類共有的時空的限制，但是復活的基督，就永遠而且無限地讓信他的人體會得他的同在。這是歷代

基督徒平安、喜樂和力量的來源。耶穌在世的時候，曾應許信他的人，說：「我不撇下你們為孤兒，我要再回到你們這裡來。……因為我活著，你們也要活著。那一天來到的時候，你們就會知道我在我父親的生命裡，而你們在我的生命裡，像我在你們的生命裡一樣。」（約14:18－20）

三、人類獲得復活的希望：基督教會見證耶穌的復活，是人類盼望復活的「初果」。人藉著基督得以和上帝和好，進而獲得永遠的生命。使徒保羅說：「正如罪藉著死亡來管轄，上帝的恩典也藉著公義來統治，使我們藉著我們的主耶穌基督得到永遠的生命。」（羅5:21）基督的復活，也就是「使所有信他的人不滅亡，反得到永恆的生命」（約3:16）的保障。

上面所說的，乃是超理性的境界，基督復活的信仰，給千百年來的基督徒在艱難困苦中，獲得生的力量和希望。

聖靈降臨節

復活節以後的第五十天，就是聖靈降臨節。這日正好是猶太教的「五旬節」，宛如我國原住民的豐年祭；祭司要代表人民奉獻初熟的果子給上帝，來感謝風調雨順，五穀豐登。同時，這也是上帝將律法啟示給摩西的記念日子。

然而，基督教會的「聖靈降臨節」並不是沿襲，或脫胎自猶太教的五旬節；在這一天，原始基督教會的信徒經驗到上帝聖靈的充滿。他們獲得聖靈賜給的能力，隨即從失望驚惶的幽谷中走出來，勇敢地四處傳道。結果，得到許許多多的人來信耶穌，基督的教會處處成立。這是基督教會的生日！然而，教會從什麼時候開始慶祝聖靈降臨節，卻不得而知。

教會慶祝聖靈降臨節最主要的儀禮是洗禮，接納他們成為教會的會員。原來羅馬教會和東正教會的洗禮儀禮是在復活節這一天舉行的，到了第5世紀時，雖然在聖靈降臨節也給人施洗，但只是給那些未能在復活節

受洗的人。現在，北歐和英格蘭的基督教會，都在聖靈降臨節這一天舉行洗禮。受洗的教徒都穿白袍，所以英國聖公宗教會稱聖靈降臨節為「白色星期天」。

本節日的主要活動是舉行洗禮和聖餐。這個節日可說沒有參雜地方的民俗，教會在這一天默想聖靈的作為，緬懷先賢佈教，服務世人的事蹟。

第一屆聖靈降臨節真是充滿神秘，誠非理智所能明瞭。按照《聖經·使徒行傳》第二章記載的：

> 五旬節那一天，信徒都聚集在一個地方。忽然有聲音從天上下來，彷彿一陣大風吹過的聲音，充滿了他們坐著的整個屋子。他們又看見形狀像火焰的舌頭，散開，停落在每一個人身上。他們都被聖靈充滿，按照聖靈所賜的才能說起別種語言來。
>
> 那時候，有從世界各國來的虔誠的猶太人在耶路撒冷。他們一聽見這響聲，就都聚集在一個地方。大家非常興奮，因為每一個人都聽見信徒用本地的語言說話。在驚訝和詫異中，他們說：「你看，這樣說話的人不都是加利利人嗎？為什麼我們個個都聽見他們用我們自己的母語說話呢？我們當中有怕提亞人……[來自世界各國的人]都用我們本地的語言述說上帝偉大的作為！」……
>
> 有些人竟向信徒取笑說：「這些人不過是喝醉罷了！」（徒2:1—13）

這時，彼得站起來，向大家說解說這個現象不是醉酒，而是聖靈充滿；正如先知所預言的：

> 上帝說：
> 這是我在世界的末期所要做的：
> 我要把我的靈傾注給每一個人。

你們的兒女要宣告我的信息；

你們的年輕人要看見遠景；

你們的老人要做奇異的夢。

……

到那時候，凡呼求主名的人都必得救。（徒2:17, 21）

彼得繼續向他們做見證，勸請眾人悔改信耶穌。他說：

你們每一個人都要離棄罪惡，並且要奉耶穌基督的名受洗，好使你們的罪得到赦免，你們就會領受他所賜的聖靈。因為上帝的應許是給所有我們的主上帝所呼召的人，就是你們、你們的兒女，和一切在遠方的人。（徒2:38—39）

結果，許多人領受了彼得的見證和信息，就決心接受洗禮。這一天信耶穌基督的人約增加了三千人（徒2:40—42）。

那麼，基督教會慶祝聖靈降臨節的意義是什麼？我們只提出主要的三點：

一、領受耶穌基督給信徒最珍貴的應許，即是賜給他們聖靈：聖靈不但堅固信徒的信仰，指導他／她們認識真理，給他／她們在磨難中的安慰和鼓勵，更是賜給信徒信、望、愛的聖德，以及宣揚福音，服務世人的各種恩賜（林前12:1—11）。

二、提醒信徒多結聖靈的果子：耶穌基督應許的聖靈，不是要使信徒成為神通大師，或擁有特異功夫，而是要產生聖靈的果子。那是像使徒保羅所說的：「聖靈所結的果子，就是仁愛、喜樂、和平、忍耐、恩慈、良善、信實、節制。」（加5:22）

三、追隨歷代信徒勇敢宣傳福音，建設教會，服務世人：歷代基督徒

為要見證福音，服務人類，到處傳道建設教會。這種艱鉅的工作必須代代相傳，信徒要積極回應著耶穌所交託的使命，他說：「他們要往世界各地去，使所有的人都做我的門徒；奉父、子、聖靈的名給他／她們施洗。」（太28:19）

基督徒的主日

星期日，基督徒稱為「主日」，意思是記念「主」耶穌基督在星期五受釘十字架，三天後，即是「七日的第一日」，從死裡復活的日子。主日是基督徒的「禮拜日」，是基督宗教所有的節日之中最根本的。此日，信徒藉著禮拜來敬愛上帝，經驗神人合一的平安，兄弟姊妹交誼的喜樂；同時，通過講道來接受靈性的知識和操練。假如沒有禮拜日的話，其他大節日可能會流於空虛的熱鬧。

基督教的「禮拜日」雖然不是從猶太教的「安息日」蛻變的，但是在神學上是有關聯的。原來以色列人在建國（西元前11世紀）以前，已經有七天一週期的曆法，而最後一天就是安息日。此日，到了西元第1世紀成為虔誠的猶太人謹守的聖日，因為猶太教的神學和宗教法律，將之解釋成：記念上帝完成創世工程，以及以色列人解放自埃及為奴的自由日（創2:1－3；申5:15）。摩西十戒的第四戒條，就是守安息日為聖日；可見她是非常嚴肅的日子。

第1世紀使徒時代終結以前，耶路撒冷的猶太人基督徒是守安息日的。後來基督徒意識到自己的宗教信仰畢竟有異於猶太教，同時該教再也不能容許他們在會堂一起聚會。為了清楚表明不同的信仰立場，基督徒開始採用「七日的第一日」，主日為禮拜日。顧名思義，「禮拜日」不是純粹的例假日，而是要做禮拜的日子。

到了第2世紀的時候，希臘羅馬世界已經普遍採用七日為一「星期」

的曆法，而基督徒記念主復活的「七日的第一日」正好是「星期日」，是「主日」，是「禮拜日」。希臘、羅馬境外的基督徒，雖然在本世紀已經開始採用星期日為主日；但星期日成為希臘和羅馬教會的「主日」、「禮拜日」，卻要等到321年羅馬皇帝頒佈才實施的。

跟猶太教的安息日為聖日有神學根據一樣，基督徒遵守星期日做禮拜日是基於星期日象徵復活的基督克勝死亡的勢力，完成上帝新創造，救贖人類脫出罪惡的福音。主日正是基督徒由死復活的盼望的先兆，是何等重要的日子啊！

至於後世基督徒嚴格地以禮拜日為「基督教的安息日」的見解和實踐，是由於蘇格蘭和英格蘭宗教改革運動的影響，尤其是改革者約翰洛克斯創設的蘇格蘭長老教會和清教徒為最明顯。這種守主日的宗教精神後來被清教徒帶到新大陸。

時至今日，雖然歐洲社會禮拜日的宗教氣氛變得相當淡薄，但是許多老信徒在他們覺得需要上教堂做禮拜時，也會自動前往。可見，上禮拜堂已經好像是「無事不登三寶殿」一樣的民間宗教的態度了。雖然如此，歐洲有些地方的法律猶仍禁止星期日舉行大型活動或運動競賽。

如此守主日

基督教徒「守主日」，主要是要上禮拜堂「做禮拜」。而禮拜，顧名思義，是信徒獻給上帝的讚美、感謝、敬拜；同時，也是信徒領受上帝的祝福，理解他神聖的旨意，以及接受宗教教育。

一般而言，歐洲基督教會的禮拜，並無殊異於臺灣教會的。比較不同的是，各個教派間對於禮拜的不同理解：天主教會和東正教會，將禮拜重點放在「獻祭」，就是通過「聖禮」來領受神恩，經驗神人的合一；基督新教，則強調「道成肉身」的禮拜神學，注重宣講《聖經》的福音信息。

比較上，歐洲基督教會的禮拜相當「儀式化」和「規範化」；例如，年中主日禮拜是按照「教會年曆」，以及三、五年一輪的「讀經表」來講道，來做教會節日的禮拜——我國天主教會和聖公會也是如此；其他教會則相當自由，幾乎任由牧師決定讀經和講道題目。

一般而言，歐洲的天主教會和基督新教的主日禮拜儀式，跟我國的並沒有太大的不同。但是，東正教會的禮拜就是相當不同，也難得一見；真是非常隆重的大禮拜哦！

東正教會的禮拜

東正教的禮拜是以儀式為中心；即是說上帝在基督完成的拯救，通過禮拜儀式而臨現。而禮拜者奉行的種種儀式，都有象徵意義，例如，點燭，進入堂時唸的禱文和眼見光明燭火，都在象徵基督的臨在；胸前畫十字聖號，表示告白信仰，歸依基督。為明瞭起見，我們就舉出東正教會「主日」禮拜的儀式為例子，來看一下禮拜是怎樣進行的。

一、準備禮拜

1. 信徒聚集在教堂內，點燃蠟燭，祈禱。這時祭司在聖像屏風內的「聖所」準備進行聖餐用品——有五個小聖餅，上面印有「耶穌基督得勝」。其中一個餅用刀切去「耶穌基督得勝」字眼，代表基督為犧牲的「羔羊」。這個「羔羊」後來調和於聖酒中，為祭司所恭受。其他四個聖餅，在聖餐時按登記守聖餐的人數，切成同數的小塊，和入酒內，分給馬利亞、天使、聖徒和眾信徒。

2. 唱聖歌——聖歌班唱〈三一頌〉來開始禮拜。

3. 祭司祈禱——做求平安的代禱；會眾唱「主，憐憫我們！」來回應。

二、道的禮拜（慕道友可以參加）

4. 聖歌對唱 —— 唱〈詩篇〉，〈八福經〉、〈在你國來的時，記得我〉—— 這時祭司和司祭者進入教堂大廳，一行有蠟燭和十字架為先導，然後祭司恭奉福音書。這時祭司象徵基督為「教師」。

5. 讀《聖經》—— 包含《希伯來聖經》、保羅書和福音書。

6. 祭司講道。

7. 祭司代禱 —— 為全體基督徒、教會、教士和逝世的信徒。

三、受洗者的禮拜（以下，只有教會成人會員參加）

8. 基督來到耶路撒冷受苦 —— 聖歌班唱〈三一頌〉。這時祭司再從聖所出現，帶來十字架、聖體和聖酒，上面用白巾蓋著，放在祭臺上。這象徵耶穌走上十字架，為世人犧牲。

9. 行平安禮 —— 祭司向信徒請安，信徒彼此請安；擁抱或握手，並說：「願你平安！」

10. 齊唸信經 —— 這時搖動蓋在聖體和聖酒上面的白巾，表示聖靈的降臨。

11. 預備聖餐 —— 祭司唱一連串的祈禱禮文，包含：讚美父上帝以及三位一體的上帝，感謝上帝的救贖；誦唸耶穌基督設立聖餐的經文；唸祈禱文；祈求聖靈降臨於餅和酒，來化成基督的身體；聖化已經逝世的基督徒；頌讚聖母；聖化在世的基督徒；祭司唱頌榮；聖歌班唱主禱文。

12. 接受聖餐 —— 祭司祈禱，然後會眾用「主禱文」祈禱。接著祭司將聖餅溶入聖酒之中，先給司祭者，然後給登記要領聖餐者。施聖餐的方式是，祭司用湯匙挹聖酒於守聖餐者的嘴裡。然後，受聖餐者將自己的教名告訴祭司；祭司接著向他宣示：「上帝的僕人……[某某人]，接受了我們的主、上帝、救主耶穌基督最寶貴，最神聖的身體和血，使你得到赦罪和永生。」

13. 祭司做感謝的祈禱。

四、結束

14. 祭司祝禱——手拿起十字架來向會眾祝禱。

15. 祭司代禱——聖歌班唱祈禱文；祭司為政府、教會、信徒，等等祈禱。

16. 信徒向祭司請安——禮拜後，信徒來到祭司處吻他手中的十字架。

這一節，我們約略談了歐洲基督教會的幾個主要節日。讀者也許會覺得奇怪，為什麼我們沒有提起我國基督教會所強調的「母親節」和「感恩節」。這是因為「母親節」是美國基督教文化產物，與歐洲基督教會的年曆無關。因此到目前為止，歐洲基督教會沒有慶祝母親節的禮拜儀式或任何活動。不過，商人已經在推銷母親節了；雖然，一般社會的反應並不熱烈——看來，也沒有熱烈的「本錢」，現代歐洲人的「母親」非常有「自知之明」，頗不敢承受亞洲式或美洲式的「好子女」的恭維和慶祝。

至於感恩節，歐洲基督教會雖然訂定在10月第一個主日，但是教會沒有什麼特別的慶祝活動。有趣的是，常可看到有些教友特地買來幾顆大南瓜、蘋果、葡萄、麵包，等等「農作物」來擺在祭壇前面。這算是上帝的子民「秋收」的感恩吧！這樣做並不是反映清教徒移民新英格蘭的感恩節（11月第四個星期四），而是基督徒一年來的感恩的表徵——歐洲基督徒的老祖宗，沒有跟美國印地安人一起吃過南瓜派和火雞大餐呢！

4-3 伊斯蘭的節日和禮拜

　　穆斯林的宗教節日雖然不多，但不同教派和不同國情，發展出相當歧異的習俗和守節的方式。然而，決定什麼是重要的宗教節日卻是有一致的規範，那是《可蘭經》和「五功」。在這一節裡，主要介紹伊斯蘭的「元旦」、「齋戒月蘭瑪坦」和「祈禱」。「元旦」通常是民俗節日，但伊斯蘭教的元旦卻是那麼密切地關聯該宗教的歷史；「祈禱」是伊斯蘭教的五功之一，她在世界宗教中是那麼特別，尤其是虔誠的穆斯林按時隨地祈禱，真是令人印象深刻。

伊斯蘭元年元旦

　　元旦，伊斯蘭教曆的第一年，第一個月的第一日，即是西元622年7月15日。她不是根據冬去春來，一元復始，自然韻律的時點，而採用穆罕默德從麥加「遷徙」到麥地那的這一日為標準。顯然可見，伊斯蘭教的元旦，純粹是宗教歷史的考慮！

　　那麼，「遷徙」這件事有那麼重要嗎？是的。因為它是伊斯蘭教存亡的關鍵。在622年之前，先知穆罕默德在故鄉麥加傳教，起初歸依者寥若晨星，後來奉教的人多了，卻引起承襲麥加宗教利益的古拉氏族人的仇視，進而要置他於死地。幸虧，先知的伯父掩護他，才能得以身免；但先知再也不敢出外傳道了，整天躲躲藏藏，真是坐困愁城。

　　終於，吉星高照！這一年，從麥地那來了一團七十五人代表，敦請先知穆罕默德遷居該城，以便調停阿拉伯人和猶太人的衝突。先知慎重考慮之後，決定接受這項請求。但敵人虎視眈眈，危機四伏，要如何脫困呢？

在麥地那人的協助下，先知把他的親人和信徒化整為零，分批在黑夜裡緊急「出走」──到麥地那的駝程，平常是十一天，但先知只用了八天的工夫。

穆罕默德到了麥地那之後，非常成功地化解了當地民族間的矛盾、鬥爭。他自己在這城裡自由自在的傳教，很快就贏得眾人的信仰。這時，先知也已經成為該城的人民信任和敬重的法官、立法者、阿拉的先知和軍事統帥了！無疑的，先知在麥地那發展出足以令阿拉伯諸民族信服的伊斯蘭教神權政治。

先知在麥地那雖是一位非常成功的宗教、政治領袖，但他仍然心懷麥加。他認為要發展伊斯蘭教的話，必須征服麥加；她是阿拉伯半島的宗教、政治、經濟中心，是舊宗教勢力的大本營。誠然，先知一日不得麥加，一日沒有伊斯蘭王國。於是在八年後（630），先知率領一萬大軍向麥加進發。大軍壓境，沒有遭遇到什麼反抗，就佔領了麥加城。

先知和他的軍隊進麥加之後，安撫歸順的人，並且帶著隨從按照麥加傳統的宗教禮儀游走麥加萬神殿七次，如儀地親吻神聖的玄石；但這並不表示先知屈服於舊傳統的多神教。禮拜之後，他下令摧毀卡巴萬神殿裡的無數偶像和壁畫；但他聖化聖泉，重新界定麥加聖城的疆界，使新宗教的信徒和本地人能夠坦然繼續進行朝聖活動。

此後，先知穆罕默德在阿拉伯世界的宗教、政治地位蒸蒸日上；四周再也沒有可見的敵人，遠方的民族也都表示歸順。在先知忽然逝世的二年前，他已經看到了真主阿拉的旨意下，阿拉伯諸民族聯合在一起，伊斯蘭宗教繼續發展的前景。

假如沒有 "AD 622.7.15"，可能就沒有伊斯蘭教。難怪，用開教的這一天為元旦！難怪，穆斯林普天同慶！

齋戒月蘭瑪坦

阿拉伯文「蘭瑪坦」一詞，是伊斯蘭日曆的第九個月，也指齋戒節期。這個月裡，全世界穆斯林進行齋戒，虔誠實踐根本的宗教義務：「五功」之一的齋功。因為伊斯蘭教曆用的是太陰曆，所以齋戒月的時間年年不同；但沒有關係，當地的日曆，或報紙都會明白標示。

齋戒月供給教徒修練靈性，認罪悔過，感謝上帝赦免的機會。藉著禁食、禁慾來體會生存的依靠不僅是物質的，更是精神的，必要順服、依靠真主阿拉的旨意。在最後的圓齋日，富人宰羊獻祭，必要和窮人，和親人朋友共享祭肉；這是實踐關懷社會中貧民和飢餓的人的宗教義務。

圓齋夜，也叫做「權能之夜」，記念真主阿拉向穆罕默德啟示了一部分《可蘭經》——真主啟示該經一事，傳說不一：有的說是發生在齋戒月中，有的說在齋月的最後那幾天。

本月齋戒，是從每日清晨眼力能夠分別黑色和白色棉線的時刻開始，一直到天黑以後為止。除了病患、旅人、孕婦和哺乳的嬰孩，都要禁食。所謂「禁食」當然是指不吃飯，不過伊斯蘭的禁食包含：不飲水、不抽煙、不行房，嚴格的持齋者，甚至不吞口水——齋月若是落在炎炎長夏的話，白天可能長達十六個小時，像科威特氣溫可能高達華氏一百一十度以上。穆斯林如此勤守齋功，真不簡單！

但守齋期間中，入夜之後可以吃喝，而且有齋期特別的糖果，餐飲；家人、親友往來訪問，可以飲食交誼。虔誠的教徒在晚間上清真寺參加禮拜，有特別的經課：從本月第一日到最後一日，讀完全部《可蘭經》；有特別的祈禱，誦唸齋期特有的禱詞。

第二天，在天未亮之前就得趕快起床，趕在天明之前盡量填飽肚腸，以儲蓄白天不飲不食，而又要照常工作所需的能量。

齋月的結束有一番盛大慶典，某些伊斯蘭國家定為假日。這是一連三

天的「圓齋節」，親友彼此慶賀，互贈禮物，吃喝玩樂，氣氛無異於基督教社會的聖誕節。

一天禮拜五次

禮拜是伊斯蘭教徒的神聖義務，《可蘭經》明載：「當你們安寧的時候，你們當謹守拜功；拜功對於信士，確是定時的義務。」（4:103）既然說是「定時的義務」，就一定有次數和時間等等的規定。

那麼，一天要禮拜幾次，才算盡了義務呢？現在穆斯林世界規定一天五次，面向麥加克爾白跪拜。這五次禮拜是：破曉後的「晨禮」，午後的「晌禮」，日偏西後的「晡禮」，黃昏時的「昏禮」，以及夜晚的「宵禮」。這晨、晌、晡、昏、宵，是根據日出和日落的時間為標準，各國各地區的禮拜時間有所不同——伊斯蘭國家的報紙，都會刊登主要城市禮拜的時間。

至於一天五次禮拜，之所以是「五次」，不是三次，也不是五次，也是有所依據的。伊斯蘭相傳，《可蘭經》規定信徒一天禮拜二次，而真主阿拉要求先知穆罕默德一天禮拜四十次；考慮信徒實際可行的次數後，折衷成五次。這五次，算是起碼的要求，穆斯林被鼓勵禮拜真主的次數是多多益善的！

圖77：穆斯林會眾祈禱圖。

為要貫徹這五次禮拜，伊斯蘭教建設了「宣禮樓」，規模大的清真寺有專業的宣禮者，按時來呼召信徒禮拜——舊時，還沒有宣禮樓時，選擇高處，讓宣禮者站在那上面大聲宣召。現在，清真寺都有高矗的宣禮塔樓，上面裝置強力喇叭，宣禮者就在寺裡向麥克風宣唱。

現代較具規模，經濟富裕的清真寺，宣禮者可能由伊曼擔任。伊曼是受過伊斯蘭神學教育的人，是清真寺的教師、講道者和領導者。宣禮時有一定的禮式：宣禮者心平氣和，雙掌覆蓋雙耳，丹田吸飽靈氣，以敦厚有力的男低音，悠揚地唸唱著阿拉伯語的禮文：

阿拉呼 —— 阿卡巴，

阿拉呼 —— 阿卡巴，

阿拉呼 —— 阿卡巴！

阿拉至大！Allahu Albar!

我見證真主阿拉以外沒有別的神，

我見證真主阿拉以外沒有別的神！

我見證穆罕默德是阿拉的先知，

我見證穆罕默德是阿拉的先知！

當來祈禱，

當來祈禱！

來領受真主的祝福！

領受真主祝福！

這時，離寺較遠的信徒不必趕來清真寺禮拜，當地若是清淨無礙，就在原地面向麥加，鋪上祈禱毯如儀跪拜。男信徒個人可以在室外禮拜，但女信徒只能在室內祈禱，這是顧及女人跪拜時的觀瞻。

圖78：穆斯林在祈禱。男人跟女人的祈禱姿勢頗有分別；女人的，比較收歛肢體，顯得優雅得多了。

如此虔誠跪拜

伊斯蘭對於禮拜的禮儀要求相當嚴格。每次禮拜之前，禮拜者的身體要清潔，衣服要整齊；禮拜的場地，也必須是乾淨的。

祈禱的時間一到，虔誠的伊斯蘭教徒就要安下心來，按照規定的跪拜動作向真主阿拉禮拜。他要面向麥加，按照一定的姿勢敬拜，同時誦唸一定的禱文。筆者根據實地考察和最近出版的資料，將禮拜規儀簡述於下──穆斯林的祈禱是連續動作，下面的分解動作，只是說明的方便：

一、立正。男人舉雙手於頭部的兩旁，手心向前；女人則舉雙手於胸前，手心向前。這時要誦唸禱詞。例如，「一切讚美都歸於你，啊，阿拉！願你的威名被尊為至聖；願你的尊嚴被奉為無上。我只崇拜你，除你以外，再無神靈……」

二、保持立正姿勢，將右手放在左手上，男手貼在臍部，女手貼在胸前。然後默唸《可蘭經》。例如，「奉至仁至慈的真主之名。一切讚頌都歸真主，全世界的主，至仁至慈的主，報應日的主。我們只崇拜你，只求你佑助，求你引導我們上正路；你所佑助者的路，不是受譴怒者的路，也不是迷誤者的路。」（《可蘭經》1）或其他經文──這時，信徒要和上帝對話。

三、屈身鞠躬。雙手搭膝，彎腰；保持躬身姿勢約一至二分鐘──這

表示對真主阿拉的順服。

四、起立，直立。重複第一動作。這時默唸禱文，例如，「我的主，求你寬恕我。求你賜我仁慈。求你引導我們走上正路。求你賜我食糧，求你寬恕我的罪惡。」

五、跪下，上身前仆，兩手掌覆地，前額和鼻尖觸地 —— 這表示對於真主阿拉的感謝和崇敬。

六、跪坐。男人雙腿疊坐腳上；女人坐在跪毯上，雙腳併攏，向右後方屈伸。這時可以進行默想聖言，或做為進行第二輪的跪拜之前的準備姿勢。

七、請安禮。若是團體或二人以上禮拜，則要進行請安禮。姿勢同第六，先轉向右邊，然後請安左邊的人，這時要用歷代先知的名來祝福他。

應該一提的是，上面的動作只算是祈禱的一個「單位」；同時，祈禱可按一天中不同時間，連續做更多單位的祈禱。男人可以在合適的，清潔的公共場所進行，例如，公園、草地、大樹下。女人則在家裡，不在公共場所，不和男人一起祈禱，就是在清真寺也是分開進行禮拜的。

為什麼男女分開禮拜呢？不是輕視女人，也不是男女授受不親。按伊斯蘭教的說法，那是為要避免男人因為女人而分心，而失去禮拜真主阿拉的專心和虔誠。假如一定要同時禮拜的話，那麼就得男人在前，女人在後；理由是，這樣一來，男人就看不到女人跪拜的動作，也就可以防止男人想入非非！據說，女人看男人跪拜，沒有心猿意馬的顧慮。

星期五清真寺禮拜

伊斯蘭宗教為國教的國家，星期五定為例假日，等於基督教國家的星期日。這天伊斯蘭的男信徒要到清真寺參加團體禮拜；對於女人則沒有硬

性規定，但還是有女人參加的。

清真寺內分別男女禮拜的區域。現代建築，大多是透天二樓，男人在第一樓做禮拜，女人則在第二樓，這跟猶太會堂是一樣的。若僅有一階，則男人排在前半，女人在後；更保守的，則男女會眾的中間用幃幕隔開。

進入清真寺之前，要先行潔淨禮儀，因為清真寺是聖地，敬拜上帝需要清潔的身心！所謂潔淨禮儀，是一種儀式，在清真寺的盥洗處洗手、洗臉、漱口、洗鼻、清耳、洗頭——洗頭，灑水在頭上做為象徵而已。但那些被認為是比較「髒」的人，例如，身患慢性重病者，以及禮拜前行房的人，就得先在家裡徹底沐浴一番。

潔淨過後，提鞋擺進入口處的大鞋架裡，然後赤足進入寺內，以進行個人禮拜，或參加團體禮拜。團體的話，禮拜者得排列成一行一行的，肩膀要保持和左右同道輕輕接觸到的程度；前後要拉開一定的距離，以便跪拜。時間一到，開始宣禮；宣禮完畢，伊曼走上寺廳右邊的講壇，首先用阿拉伯語誦唸一段《可蘭經》，然後用當地會眾的母語講道，最後再誦唸一段《可蘭經》。

然後，伊曼走下講臺，站在會眾最前面，引導會眾朝向麥加的方向進行跪拜。

禮拜後，若是有任何演講、討論，則講者可利用寺廳左邊的小講臺來開講；因為清真寺自古至今是教徒的宗教、政治、社會、生活的中心。

伊斯蘭的宗教節日

世界各地伊斯蘭教有不同的節日，但共同的主要節期是：元旦；先知穆罕默德的誕辰；先知夜行節；赦罪日；齋戒月蘭瑪坦；《可蘭經》啟示日；蘭瑪坦圓齋日；麥加朝聖月；麥加朝聖四朝節。其中，「元旦」和「齋戒月蘭瑪坦」在上文已敘述過了，其他的就簡介於此：

一、穆罕默德誕辰記念日

伊斯蘭教曆的第三個月，即是拉比阿—阿鷗拉月的第十二日，訂為穆罕默德的誕辰記念日——這根據的是傳說，他的生年月日都不是精確的；例如，誕生年份，有的參考書做西元571年，有的做570年；他的生日更是不可考了。

這節日是伊斯蘭社會的一個重要慶典。此節，有些穆斯林地區是整個月份都當做記念日的；不僅記念先知的誕辰，而且讓教徒再一次認識先知的生涯，再一次體會信仰的意義。

二、先知夜行節

伊斯蘭教曆的第七個月，也就是拉佳部月第二十七日。相傳在今天晚上，先知穆罕默德飛升諸天，所以清真寺和宣禮塔樓都要點燈，都要開燈，大放光明以示慶賀。同時，清真寺有特別聚會，要誦讀伊斯蘭《聖傳》中有關先知升天的故事。

三、赦罪日

伊斯蘭教曆的第八個月，也就是夏曼月的最後一天。今天晚上穆斯林為要準備迎接蘭瑪坦齋戒月，每一個信徒必要先行思過，檢討過去一年裡虧欠了誰。本夜，彼此認罪，再次修睦人際關係，以便安心地進入齋戒月。

四、《可蘭經》啟示日

相傳在「齋戒月蘭瑪坦」圓齋這一天，真主阿拉將《可蘭經》的一部分啟示給先知穆罕默德。今夜也叫做「權能之夜」。

五、蘭瑪坦圓齋日

參看本節，「齋戒月蘭瑪坦」最後一段。

六、麥加朝聖月

規定往麥加朝聖者，要在伊斯蘭教曆的第十二個月上旬，也就是杜拉

—希吉月前往。

七、麥加朝聖四朝節

伊斯蘭教曆的第十二個月的最後四天。顯然的，此節期含有年終大拜拜的意味，又逢朝聖月的結束，把一連四天節期的氣氛提到最高點。這節，要獻祭以感謝真主阿拉；同時，要將犧牲祭肉分給無力宰羊獻祭的人。

5. 朝聖去也！

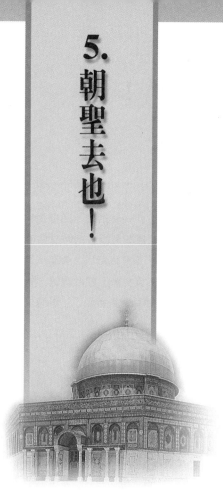

朝聖是一種制度化的宗教活動，乃是教徒前往曾經有過顯著的「聖顯」*或「神顯」*的聖地、聖殿、或聖人的祠堂，去獻祭、禮拜、祈禱、沐浴，或繞行聖殿，或跪爬階梯，或奉獻禮金禮物給聖殿守護人一類的行動。巡禮過後，心靈充滿平安喜樂，虔敬地帶回一些證明朝聖活動的物品，像教堂的燈油，基地的塵土，聖河聖泉的水，朝聖的證書或徽章。

在某些宗教中，朝聖佔有重要的地位，甚至被強調成宗教的神聖義務之一。然而朝聖的目的卻有相當個人化的成分：有的要神蹟神醫，有的要神靈保佑，有的要修練靈性，有的要謝神還願，有的要懺悔罪愆，有的要積蓄功德，有的要完成宗教義務。當然，觀光旅遊，團體交誼，探尋宗教文化根源，也都可能美其名為朝聖。

世界諸大宗教和民族宗教，如印度教、佛教、猶太教、基督宗教、伊斯蘭教、道教、神道教，都有朝聖。這裡我們要瀏覽一下，猶太教、基督宗教和伊斯蘭教的朝聖活動。此三教的朝聖不但歷史悠久，並且在她們的宗教活動中佔有相當重要地位，值得理解的地方頗多。

5-1 要為耶路撒冷求和平！

聖顯

或譯做「神聖的顯現」，宗教學用語。聖顯是構成宗教必有的一種形態，即是在特定的時間、空間、或事物，有神聖實在的關涉，使人因之經驗到原有的時空或事物，都有了質的改變；即是聖之實在，進入了凡俗。例如，聖泉之所以為聖泉，並不是自然的泉水之為神，而是神聖滲透泉水，神聖顯現在那水泉。就此理論，神崗、靈石、神木、坵壇都做如是觀；如此，聖物、聖所、甚至聖人出現了，紅塵凡間也就浮現出許多朝聖的目標。

神顯

神學用語。指神聖實在，或上帝對人的顯現。在基督教《聖經》中，特別是《希伯來聖經》，載有許多神顯記事。神顯可大別為：一、通過非人類形像的神顯，例如，上帝的天使在焚而不燬的荊棘中顯現（出3）；上帝在雲彩裡向以色列人顯現（出19；24：15）。二、藉著人類形像的神顯，例如，摩西和以色列七十領袖在山上看見了上帝，好像看到了上帝的「腳」（出24：9－11）。

此詞的神學意義是：每次神顯都是神人間的一種會遇，都是上帝宣示旨意的事件。至於《新約聖經》則沒有學理上所謂的神顯，因為上帝已經道成肉身；耶穌基督就是神顯本身。

神顯聖跡處處

　　朝聖是古以色列人重要的禮拜和節期的慶典，《希伯來聖經》留下許多痕跡，記錄著不少朝聖故事，標記著好多聖地、聖跡、聖壇，珍藏著歷代朝聖者引吭高歌，或低頭細吟過的詩章。另一方面，《聖經》也記錄著先知們反對朝聖的聲浪，他們擔憂以色列人到處朝聖，以至於輕忽耶和華的律法，使信仰墜落沈淪。

耶路撒冷

中東的一座古城，位於現代以色列國的中部，離地中海東五十六公里，死海西二十四公里之處。早在西元前1800年，這裡已經聚落人煙了。現在，城的範圍有一百零九平方公里。

自從1967年起，耶路撒冷城成為以色列國的首都。此前，一度被分割成東西耶路撒冷，東是阿拉伯人區，西是以色列人區；現在，以色列佔有全城。

耶路撒冷是猶太教、基督教和伊斯蘭教的主要聖地。對於猶太教徒，她是無可取代的；古希伯來人和猶太人的後裔生於斯，死於斯，直到西元第1世紀才被羅馬人放逐天下，由此失散。這裡是大衛、所羅門，一班名君的大本營；這裡有過兩座古聖殿的遺址；這裡是現代以色列政治、文化、經濟的中心。

基督教徒尊耶路撒冷為聖城，既是承襲猶太教的宗教感情，更是因為我主耶穌基督在此傳教，在此殉道，在此復活，在此升天，咸信將來在此再臨。可見，基督徒心中的耶路撒冷是多麼神聖，地位多麼崇高。自從第4世紀以後，本城成為基督徒朝聖的第一個聖點。

對於伊斯蘭教徒，耶路撒冷城是他們的第三聖地，次於麥加，遜於麥地那。耶路撒冷和伊斯蘭的這層關係，是因為穆罕默德從本城升天的。

西元前10世紀之前，所羅門尚未建造「耶路撒冷*聖殿」*的那一段時期，以色列人的祖先在伯特利，在示羅（撒上1:3, 21），在西奈山（王上19），在好多地方看到耶和華上帝的神顯。這些地方就是以色列宗教的古聖地，吸引過無數以色列人去立碑、澆油、築壇、獻祭、憑弔。

有一則流傳千古的故事，述說上帝如何向以色列祖先雅各顯現，受寵若驚的雅各如何回應，這個神顯的地點如何成為古代著名的朝聖地。故事的開始是這樣的：雅各在母親的協助下，欺兄圖利，但事跡敗露，不得不亡命外地，以逃避哥哥的報復。在逃亡中，有一天：

> 日落時，雅各來到了一個地方，在那裡過夜；他搬一塊石頭來做枕頭，躺在地上睡著了。他夢見一個梯子從地上通到天上；上帝的使者

耶路撒冷聖殿

耶路撒冷曾有過數座聖殿，她們都是古以色列人禮拜的中心地，也是以色列人的國家認同的標誌。

第一座耶路撒冷聖殿是大衛的孩子，所羅門王在位時建造的，大約完成於西元前957年。她出現的時候，以色列人仍然到地域性的聖壇、聖地做禮拜。到了約西亞王在位時（約604－609 BC），耶路撒冷聖殿才成為官定唯一朝聖的殿宇。不幸，西元前604和597年，巴比倫王尼布甲尼撒（604－562 BC）奪走聖殿的約櫃、金燈臺，以及一干聖殿的貴重聖器。又在西元前586年拆毀聖殿。

五十幾年後（538 BC），波斯王古列（?590－529 BC）釋放猶太人回國，准許他們重建聖殿。猶太人克服萬難，終於在西元前515年完成建築聖殿工程。這座聖殿的規模如何，不得而知，但清楚可知的是，第一聖殿原有的珍貴禮器一去不返。不過，猶太人得以在此按照規儀向耶和華上帝禮拜獻祭了——此殿，史稱「第二聖殿」。

西元前第3、4世紀，雖然是被波斯和希利尼統治，但第二聖殿尚能得到尊重，並撥給聖殿補助經費。不幸，西元前168年，聖殿遭到敘利亞塞流斯的安提阿哥四世（176－164 BC在位）褻瀆，他在耶和華聖殿給宙斯獻祭。因此，激起猶太祭司族馬加比黨徒起來革命；起義成功，在西元前164年12月「潔淨」聖殿，重新奉獻給耶和華上帝——猶太教的「獻殿節」，就是記念這件事。

第二聖殿在羅馬的統治下，發生過幾件大事：一、西元前63年，羅馬大軍佔領耶路撒冷，將軍龐貝闖進聖殿的「至聖所」。這是褻瀆的行動，雖然分毫未動地離去。二、希律王（37 BC－AD 4），從西元前20年起，用四十六年的時間修建第二聖殿，大大擴展了聖殿的規模。聖殿再度成為以色列人的宗教中心。三、西元66年猶太人反叛羅馬。四年後，希律的聖殿和耶路撒冷城遭到羅馬軍隊的徹底破壞。

在梯子上下往來。他又看見上帝站在他旁邊，對他說：「…我要把你現在躺著的這塊地，賜給你和你的後代……我要和你同在；無論你到哪裡，我都保護你……」

雅各一覺醒來，說：「上主確實在這地方，我竟不曉得！」……

第二天一早，雅各起來，把他用來做枕頭的那塊石頭立為記念碑，在石頭上澆了油，獻給上帝。他叫那地方做伯特利。於是，他向主上帝

許願說：「如果你跟我同在，在旅途上保護我，賜給我吃的穿的，使我平安回到故鄉，你就真是我的上帝。我立為記念碑的這塊石頭要成為敬拜你的聖所……」（創28:10—22）

這位向雅各顯現的上帝，真的保護他平安回家，並且得到哥哥的諒解，盡釋前嫌。後來，天使賜給雅各一個新的名字「以色列」——一個與神與人較力，都得勝的人（創32:22—29）——雅各，就是以色列十二支族的祖宗。

後來，雅各實踐誓願，在神顯的伯特利為上帝立了聖壇。史載，到了耶羅波暗一世（931—910 BC）的時候，伯特利已經成為巴勒斯坦北方的以色列國最主要的聖所了。同時，伯特利也是以利亞（?900 BC）和以利沙（?850 BC），一群老先知活動的地方（王上13:11）。在這段時期，伯特利聖殿的聲勢和重要性，足以和南方猶大國的耶路撒冷聖殿相抗衡。

到了西元第5世紀，伯特利建有記念雅各的拜占廷教堂；後來伊斯蘭教佔領伯特利，就在雅各的記念教堂上面蓋了一座清真寺——如此，給當地的伊斯蘭教徒一個新的聖地，多了一個地方性的巡禮地點。

另一方面，雖然所羅門王在西元前10世紀，建造了一座金碧輝煌的耶路撒冷聖殿，但巴勒斯坦仍然有好多聞名的聖地，著名的祭壇，吸引著熱心的香客去守節，去獻祭。這種「神壇」處處的現象，讓耶和華的先知們憂心忡忡，像耶利米和阿摩司一班先知都發出警告（耶7:1—15；摩4:4—5），努力要阻止以色列宗教往虛空的形式化墮落。

不過，耶路撒冷聖殿成為官方規定的，人民唯一的朝聖地，卻要等到西元前第6世紀中葉，猶大王「約西亞宗教改革」*的時候。他要廢除地方上許多朝聖的「神壇」；偶像、巫術、靈媒，也都在禁止之列。他宣告耶和華是獨一的上帝，耶路撒冷是唯一朝聖的聖殿（王下23:1—25）。他規定

希伯來人要守三個朝聖慶典：逾越節，記念以色列的祖宗們出埃及的歷史大事；五旬節，記念上帝在西奈山頒授律法給以色列人；住棚節，記念以色列祖先在曠野流浪的往事。這三大節，所有成人都要參加！──然而，約西亞王的這種宗教改革並未徹底實現過。

朝見上主的殿宇！

猶太人被放逐到巴比倫（597 BC）以後，耶路撒冷聖城更是流亡的猶太人夢寐以求的朝聖處。尤其是被毀的聖殿重建（520─515 BC）完成的時候，猶太人真是歡喜若狂。〈詩篇〉裡有好幾篇「朝聖者的詩」*，反映著一片朝聖熱潮和狂喜。

〈詩篇〉122篇，描述著一個虔誠的猶太人，應邀和朋友，或親人上耶路撒冷朝聖時的感動。看！他多麼高興，多麼興奮：

有人對我說：「我們到上主的殿宇去！」

那時，我多麼興奮。

現在我們來到這裡，

站在耶和華的城門內！

這位朝聖者，眼見宏偉的殿宇，心靈的世界也隨著擴展；他關聯到以色列各個支族，那是耶和華上帝為信仰中心的共同體。詩人從整齊的殿宇，聯想到以色列立國的賢君，掌國的棟樑，像大衛（c. 1000 BC），像所

羅門（973－933 BC），像希西家（720－692 BC），一班英明的國王；他們伸張公義，帶給人民尊嚴和幸福：

耶路撒冷是一座重建的城，
既宏麗，又整齊！
各支派，就是以色列的各支族
都來到這裡，
照著上主的命令，向祂獻上感謝。
這裡有伸張正義的寶座；
以色列的君王在這裡審判人民。

至此，詩人的心懷充滿慈愛，用他的生命擁抱著聖城，但亡國的危機意識催逼他關懷聖城和她子民的安危。一個平凡的國民，又能為國家，為聖城耶路撒冷做什麼？但，詩人有的是直湧不盡的情意，有的是虔誠的祈禱和祝福：

要為耶路撒冷求和平：
「願愛你的人都興旺！
願你城裡有和平，
願你宮裡安全！」
為著我的兄弟朋友，
我向耶路撒冷說：「願你平安！」
為著主，我們上帝的殿宇，
我要為你的幸福祈求。

是的，朝聖的目的不是要自己獨佔恩寵，而是要彼此分享神恩，共同經驗神佑的平安——這是和平共存、詳和的社會生活必要的精神訓練啊！

上主保佑朝聖者

古人朝聖，大多是成群結隊，徒步跋涉的；他們要逾越千山萬水，要克服炎日惡水，要抵禦匪徒猛獸；有時要一粒飯，一口水而不可得，更遑論棲身過夜的不便和危險了。顯然，虔誠的朝聖者，意識到沿途安全的問題。〈詩篇〉121篇，詩人有所透露：

> 我要舉目望群山；
> 我的幫助從哪裡來呢？

該是走了好幾天的路程了。走的不都是平坦大路，有時是容易跌倒的小路崎坡；加上晝熱夜冷，吃不飽，睡不好，身體覺得虛弱，心裡難免膽怯了起來，不禁喃喃自語：「我的幫助從哪裡來呢？」

這時，同伴中有人給他充滿信心的，有力的鼓舞：

> 我的幫助從上主來；
> 祂是創造天地的主。
> 祂不會讓你跌倒；
> 你的保護者不會打盹！
> ……
> 祂在你身邊保護你。
> 白天，太陽不會傷你；
> 黑夜，月亮也不會害你。

是的，在信仰的世界裡，艷陽射出的熱病，夜裡勾魂的鬼魅，都不能

傷害他。上帝不但全程保護一個虔誠的朝聖者，而且要福佑他直到永遠：

> 你出你入，祂都保守你，
>
> 從現在直到永遠！

人生宛如一場長途朝聖，一路走來可能順利，可能艱難，可能跌倒，可能累死，但上帝的祝福，同伴的鼓勵，總是旅途中的希望和力量的源泉——「你出你入，祂都保守你，從現在直到永遠！」單純如赤子的信靠和交託啊！

聖殿獻祭的歡悅

古代聖廟巡禮者，都要向神獻祭的，猶太朝聖者，也不例外。他們來到耶路撒冷聖殿，要按照禮數來獻祭給上帝，向祂表示感謝、讚美、歸依。〈詩篇〉100篇，綺麗地回響著聖殿的祭司歌者和進入聖殿獻祭的朝聖團對唱的讚美詩。

聖殿的聖歌班宣唱道：

> 普天下啊！要向上主歡呼！
>
> 要歡歡喜喜地敬拜祂！
>
> 要唱讚美詩歌，到祂面前來！

回應的是信仰告白的虔誠，朝聖團唱出以色列人最根本的信式：

> 要知道上主是上帝！
>
> 祂創造了我們，我們屬於祂；
>
> 我們是祂的子民，是祂的羊群。

是了！這才是以色列的正信，主耶和華和祂子民相屬相契的感情。於

是，聖殿的祭司歌者，唱出禮拜者的感動，那是對於創造主毫不保留的感謝和讚美：

要以感謝的心進入祂的聖殿！
要以頌讚進入祂的聖所！
要感謝他，頌讚祂！

然後，歌班和朝聖者歡欣合唱，向他們自己確認，也向世人見證：上帝是慈愛的，是信實的主！

上主至善，祂的慈愛永恆；
祂的信實萬代長存。

這時朝聖者吟詠的，已經遠遠超過儀式的信仰告白，而是必朽的生命得到釋放，獲得解脫的歡呼，因為他歸依了，關聯了美善的，信實的，永遠的上帝。

猶太朝聖者的詩歌唱不停，五百餘年後耶穌和父母親也從加利利來到聖城耶路撒冷朝聖，全家在這裡過「逾越節」。然而，深刻吸引耶穌的，不是萬頭鑽動爭看的榮美殿宇，而是耶路撒冷那些學問淵博，態度可親的學者。《聖經》說，朝聖後三日，父母已經上路了，耶穌還在聖殿裡「坐在猶太教師中間，邊聽邊問，所有聽見他的人都驚奇他聰明的對答。」（路2:46—47）

一幅多麼美麗的朝聖圖啊！這時，耶穌十二歲。

另類朝聖

西元70年，耶路撒冷聖殿被羅馬軍隊毀滅，猶太人有四分之三離開巴勒斯坦，被擄往羅馬帝國各地。以後的一千九百餘年，猶太人散居天涯海

角，耶路撒冷聖殿早已成為廢墟。《聖經》，尤其是美妙的〈詩篇〉裡描畫的，歌頌的朝聖活動，一去不返，頂多是瞬間浮現成讀者神聖的嚮往，信徒夢裡的祭祀。

　　然而，虔誠又保守的猶太人悄悄潛回耶路撒冷聖殿舊址憑弔，面對「西牆」*而哀慟，而流淚祈禱的並非沒有。但是，這多少世紀以來，無數「分散的猶太人」*為了要平安地，合理地生存在別人的土地上，只好努力認同本地本國，只好忘記那虛無的祖國。
誰要癡戀聖城，誰還妄想朝聖？

　　可是，納粹德國的洗種大劫，驚醒了認同別國的美夢，清楚意識到我自己的以色列，我自己的耶路撒冷的必要性。此後，以色列人表現的是：即使只剩下那麼

圖79：西牆朝聖。希律王修建的耶路撒冷聖殿，在西元70年被羅馬軍隊毀壞，只留下一大面西牆。此處是猶太教的聖地；分為二區，比較大的北區是男埕，南區是女埕。

西牆

位於耶路撒冷舊城，乃是猶太人祈禱和朝聖的地點。傳統上，猶太的拉比們相信上帝的聖靈沒有離開過這面殘牆。西牆的長有一百六十英尺，高六十英尺，是西元70年羅馬軍隊毀壞耶路撒冷第二聖殿時，唯一的遺留物。
到了638年，耶路撒冷落入阿拉伯人手中，他們用此牆做為耶路撒冷清真寺外牆的一部分。1967年6日戰爭，以色列攻進耶路撒冷舊城，再次擁有西牆。
素來猶太人站在西牆前面祈禱的時候，常常為聖殿被毀壞而哀傷哭泣，為重建以色列國而發下重誓，而懇切祈禱。無禮的歐洲觀光客見此情景，輕蔑地叫她做「哭牆」——這是傷以色列人的話！

圖80：猶太教徒在祈禱。有許多朝聖
者面牆祈禱，然後將寫好的祈禱詞或
願望，摺好插入石牆的裂縫處，以祈
感應。

分散的猶太人

最初，指的是西元前586年，巴比倫人攻陷猶大國，被擄往巴比倫的猶太人。後
來，指的是西元前538年波斯王古列釋放猶太人回國時，那些自願留在巴比倫的猶
太人。這兩批人士是初期離開巴勒斯坦故國的「分散的猶太人」。

樹倒猢猻散，到了西元前1世紀，猶太人離開巴勒斯坦，四散於天下的已有40%，
約有五百萬人；其中四分之三落腳在羅馬帝國境內。這時期，猶太人心目中的宗教
和文化目標，仍然是巴勒斯坦故國。

西元70年至今，猶太教中心地一再轉移，從巴比倫、波斯、西班牙、法國、德
國、波蘭、俄國，而轉到美國。轉變過程中，猶太人接受居住地的語言和文化，努
力認同本地，例如〈匹茲堡綱領〉（1885）宣稱，猶太人應該放棄返回以色列的做
法。

但這條綱領，在1937年被美國拉比中央議會正式廢除。因為分散天下的猶太人，
眼見第二次世界大戰中猶太人遭受到的迫害，而再度掀起支持在巴勒斯坦的復國運
動。

到20世紀末，分散天下的猶太人約有一千四百萬人。

一面殘壁西牆，她仍然是以色列人不可或缺的宗教聖地，民族的圖騰，復國建國的標的！

猶太教傳統的聖城朝聖獻祭，早已煙消雲散，走入歷史了；即使1948年誕生了新的以色列國，就算是1967年聖殿廢墟從阿拉伯人手中回歸以色列，就算是「哭牆」正名做西牆。但聞，歐洲人議論紛紛，聖地「朝聖」豈可凍結！於是，興起無數世俗化、現代化的，或美其名為學術化的「以色列見學旅行」，或「以色列考古之旅」，或「尋根以色列」一類的「朝聖」活動。

游鍵至此，筆者憶及1978年從英國飛往耶路撒冷朝聖，瞻仰西牆的一幕。西牆前的大埕，用欄杆隔開男女二埕。筆者戴上猶太教禮儀的小碗帽，擠進人潮洶湧的「男埕」*。這裡最引人注目的是十幾群以色列本地人，每群約有二、三十人，群群圍繞著一個少年。這個少年穿戴一襲嶄新衣帽：戴著鑲滾深藍色花邊的白色小圓帽，前額戴著一個黑色小「經匣」*，匣帶由肩膀順著左臂纏繞到中指，肩披白色鑲著棕色線條的祈禱披巾。圍繞這少年的老、中、青男人，也帶經匣、祈禱披巾；有的身穿全身黑色西服，衣角垂下好多根代記念上帝的律法的繸子；頭戴歐式寬邊黑氈禮帽。真是「法相」莊嚴！

這幾群以色列人，分別團團圍住一張桌子，上面擺了幾本祈禱書，和一個大卷軸的《律法書》，少年就站在桌前。他們在這露天男埕做起禮拜來。亂中有序，高分貝讀經聲，祈禱聲中，先是幾個長老誦

男埕

耶路撒冷第二聖殿，也即是希律修建的殿院，原有「男庭院」和「女庭院」之分；男庭院接近祭司庭院，以便讓獻祭者觀望祭禮；女庭院則被區隔在聖所之外。西元70年聖殿被毀，庭院蕩然無存，現有的是一大面西牆石壁。按猶太習俗，公開場所男女授受不親，何況聖殿！於是用欄杆區分男埕、女埕。

經、祈禱，再誦經，再祈禱。禮拜了好一陣子之後，輪到那個少年，站在兩個長者中間，面前有為他展開了的《律法書》卷軸。但見，這少年左手拿的那根精美讀經棒，小心翼翼地指點在經文上面，口隨經棒逐字逐行地讀起《聖經》；原來，耶和華的聖言是不准觸摸的啊！──這是正統猶太教徒的「成人禮」*。

忽然，從遠處傳來「嗨，嗨，耶路嗨！嗨，嗨，耶路嗨！嗨，嗨，耶路嗨！*……」往響聲方向一看，好幾群人，群群前呼後擁著一個頭戴經匣的少年。有幾個是那麼高興地，騎坐在他父親的肩膀上！──他們擠入男埕，要來感謝上帝，慶賀以色列家又多了一個忠誠的，認同以色列的好公民。

啊！猶太教的朝聖未亡，而且是踏踏實實，活活潑潑的朝聖呀！以色列人的宗教已經不需要依賴帝王建築的宏偉神殿，上帝的信仰就活在祂的《律法書》，宗教精神就活在每一個男女身上。

但，這並不是耶路撒冷聖城的全面寫照！城裡猶太教的西牆和伊斯蘭教的清真寺緊張地對立著，以色列和巴勒斯坦的關係形同水火。耶路撒冷的全體住民，不論

以色列人或巴勒斯坦人，迫切需要的是二千五百年前猶太朝聖者誠心的祈願：

> 要為耶路撒冷求和平！
> 願你城裡有平安，
> 有安全！（詩122:6—7）

5-2 基督徒的巡禮朝聖

　　歐洲基督徒靈性操練的重要活動之一是朝聖。自從第2世紀以來，已經有基督徒從歐洲到耶路撒冷朝聖了。這樣做，不但是要瞻仰大衛之城，更是要探尋耶穌的聖跡，親證基督的靈力。後來歐洲基督教化以後，各國出現了許多朝聖地，身患絕症的，禮拜於聖泉、聖堂以求神醫；自覺罪惡深重的，苦行朝聖來祈求赦罪；那些祈禱獲得應許的，用巡禮聖地來還願——最諷刺的，該算是「十字軍」*的耶路撒冷朝聖了！

十字軍

十字軍是教宗正式批准的軍事朝聖團，為的是要用武力奪回聖地。原來耶路撒冷自從羅馬皇帝君士坦丁歸依基督教以後，已成為基督徒朝聖的地方。雖然在638年以後耶路撒冷為伊斯蘭教佔有，但仍然准許基督徒前來朝聖。但到了1071年，大部分小亞細亞和耶路撒冷被塞爾柱土耳其人佔領，聖地受污辱，朝聖客受阻；因此，激起法國、義大利為主的教會和貴族的憤怒。

上面的誘因之外，又摻雜了一些政治、經濟因素和世俗的衝動，於是在1095年11月，在法國由教宗烏爾班二世（1035—1099）宣告組成十字軍，一則要救援皇帝亞勒克修一世（1081—1118）的政治危機，再則要從伊斯蘭教徒手中收回聖地。他號召所有基督教國家參加十字軍運動，應許參加者都能得到赦罪；為這聖戰捐軀的，將得永生。

烏爾班二世的呼召一出，大群農民和一些武士熱烈參加。在1096年春天，這群烏合之眾出發了。他們毫無紀律，沿途殺戮搶劫，在尼西亞途中，被土耳其人殲滅。這是最初的十字軍東征，其後還出征過七次；最悲的是1212年的數千名「兒童十字軍」；他們在漂泊的征途中，被賣到埃及為奴。

十字軍從收復聖地為目的來看的話，是失敗的。在軍紀方面有許多可批評的地方；但是對於歐洲的商業、城市勢力、平民階級和經院哲學的發生和發展卻頗有「貢獻」。

近二千年基督徒形形色色的朝聖活動，頗能顯示出基督徒探求奧跡，從世界邁向聖界的意向。這種靈性操練，可說是認識歐洲基督徒一條有趣的途徑。

基督徒生涯如朝聖

什麼是基督徒的朝聖？拉丁語「朝聖」（peregrinus；英語pilgrim）一詞的原義是「異鄉人」、「客旅」，沒有宗教方面的用法，不像中文的「朝聖」可直接解讀做「朝覲聖地」。然而寓意地，基督徒確實從拉丁文的原義來理解朝聖，即是人生在世宛如異鄉人，形同旅客，數十年的人生奔走的路途，莫不是朝向天家聖城。

中世紀時期，做為一個「異鄉人」是件冒險的事。在這世代裡，個人只有在本鄉本族才有安全，一旦成為外人，流浪外地，隨時有被輕視、懷疑、恨惡，甚至有被殺害的危險；這樣看來，離鄉遠行的「朝聖者」，無異於是個「冒險者」。實際上，古代的朝聖活動帶有相當高的冒險性，路程遙遠的話，難免要過異鄉，做外客。在這種意義下，基督徒藉著朝聖要操練如何暫時離開世俗的纏擾，走進聖界來獲得精神力量，然後再回到現實世界，來改變它，超越它。

《聖經·希伯來書》裡頭描述的那些希伯來人的族長，信仰的英雄們，有個共同點，就是把自己當做時常遷徙帳篷的游牧人，他們眺望的，努力進取的是一個將來的，更美的天家，而不是「迦南」*美地（創12:6）。有了這樣的遠景，也就有克服

迦南

雖然「迦南」的地理範圍在歷史和宗教文獻多有出入，但中心點都不離巴勒斯坦，儘管有時也包含敘利亞。按《希伯來聖經》，迦南地是上帝應許要賜給以色列人的，所以也叫做「應許之地」。以色列人在西元前12世紀，或更早，已經攻佔並定居迦南地了。

目前的限制和艱難的勇氣。該書的作者給這些英雄們下了這樣的評語：

> 這些人是至死有信心的人。他們並沒有領受上帝所應許的；可是從這
> 處觀望，心裡喜歡，又承認他們在世上不過是異鄉人和流浪的旅客。
> 說這話的人顯然地表示他們在替自己尋找一個家鄉……他們所渴慕的
> 是那在天上更美好的家鄉……因為上帝已經為他們預備了一座城。
> （來11:13—16）

基督徒朝聖的根本原理就在於此：把自己當做「異鄉人和流浪的旅客」
來操練靈性。這樣講，朝聖就不僅是往聖地、神殿、聖跡的巡禮活動，而
是一種心路歷程，一種靈性淬練。

回顧基督徒朝聖歷史，實在參雜了許多無關靈性，甚至有礙心靈純淨
的雜質或迷信。不過，任何一種歷史性的大宗教都有這種庸俗的現象。

聖徒墳墓的巡禮

基督徒最初的朝聖，是到殉教聖徒的墳墓去巡禮憑弔。

原始基督教會的殉教士是教會的棟樑，教會的磚瓦。這時期，凡是為
了見證基督的福音，為了要堅持信仰耶穌而犧牲生命的，自然成為聖徒；
雖然耶穌和使徒沒有立下這種規矩，也沒有這種教導——教宗封聖，教會
檢定聖人，設立聖人記念日，是第10世紀以後的事。

第2世紀末，教會崇敬殉道聖徒的做法是，在聖徒的殉教忌日，特別
舉行「聖餐」來記念他們。他們這樣做是可以理解的，因為殉教聖徒逝世
不久，他們以血肉之軀來堅持信仰，支持真理的壯舉，實在感人，令人產
生熱烈的敬愛之情。同時，殉教聖徒不乏是自己的親友熟人，他們殉道不
久，音容宛在，哀思懷念的情意既直接又熱烈。此外，聖餐原有記念耶穌
基督殉道犧牲的成分，所以用這種禮式來追思殉教聖徒追隨基督的風範頗

為妥當。

後來，基督徒到殉教聖徒的「墳墓」來追思憑弔，也在那裡守聖餐。雖然用探墓來緬懷英烈先聖，是古老的，普遍的追思方式，但基督徒巡禮聖徒墳墓，同守聖餐，卻另有深一層的宗教意義。那是基督徒清楚意識到，這些殉道聖徒之死是為基督「受苦而死」的，相信他們殉教之後靈魂馬上直接飛升天堂，並且站在上帝面前替在世的信徒祈禱，尤其是「祖護」那些崇敬他們的人。

然而，基督徒從記念殉教聖徒的心理再向下跳躍，頓時栽進了「神秘」的深淵；基督徒開始相信，這些殉教聖徒的墳墓會發出種種神蹟來幫助向他們祈禱，向他們求助的人，例如，治病、驅鬼等等權能。顯然的，這是一種民間信仰──從第3世紀開始流行這種聖徒崇拜！

到了第4世紀，羅馬梵諦岡出現了歐洲第一個朝聖大殿：「聖彼得大教堂」*！她是君士坦丁大帝歸依基督之後，最重要的建築物。據說，使徒彼得殉教於此，他的墳墓也在這裡。於是，朝聖地除了耶路撒冷聖城以外，羅馬的梵諦岡是西方教會最重要的朝聖地──聖彼得大教堂中殿的聖彼得雕像，被千百年來朝聖者親吻，他的腳趾頭早已經被吻掉了！

此後，歐洲基督教會日漸擴展，各國有自己的教區，大主教駐牧的地方常常建造大教堂。同時，大教堂則是建築在聖人的墳墓的地點為多：羅馬的梵諦岡有聖彼得墳墓；第11世紀下半，西班牙康柏斯特拉「聖地牙哥大教堂」*有耶穌的大門徒雅各的墳墓；同時期，挪威「尼達羅斯大教

聖彼得大教堂

位於梵諦岡的東南，相傳使徒彼得殉教之後，遺體埋葬於此。羅馬皇帝君士坦丁歸依基督教後，就在此地興建聖彼得大教堂。後來再修建的時候，已經是16世紀之事了。為修建大教堂，教宗以販賣「贖罪券」半數的收入為經費。此事引發馬丁·路德宗教革命，這是後話。

堂」*有聖徒國王歐拉夫（995—1030）的墳墓。連同耶路撒冷，這四個聖地成為當時基督教世界最主要的朝聖地。

顯然的，基督徒朝聖焦點仍然離不開聖徒的「墳墓」，尤其是那些親炙耶穌基督的大門徒。

聖地牙哥大教堂

在西班牙的康柏斯特拉。西班牙文的「聖地牙哥」意指「聖雅各」。為什麼在44年殉教於耶路撒冷的聖雅各的墳墓會出現於此呢？相傳813年，西班牙巴特隆附近發現一個墳墓，有人得到神的啟示，說這墳墓是聖雅各的。至於聖雅各的墳墓會在西班牙出現，而不在耶路撒冷，是因為他生前曾來到西班牙傳道，他的遺骸被遷葬於此。

這個小鎮因聖雅各的墳墓而名聞於世，但在997年除了聖雅各墳墓留存，全鎮被阿拉伯人夷為平地。直到1078年亞方索六世（1040—1109）才開始建設大教堂；她是西方基督教的第三大朝聖地。

尼達羅斯大教堂

相傳這個大教堂的主祭壇正是建築在挪威的守護聖徒，國王歐拉夫（995—1030）的墳墓上面。他是一位英勇善戰的維京人，曾征戰於英格蘭等地。後來信奉基督教，在1016年登基為挪威國王；他是挪威基督教化的推動者。

他在1030年，對丹麥戰爭時陣亡；有人將他的遺體埋葬在尼達羅斯。此後，傳出這位陣亡的國王顯出神蹟奇事來幫助人；後來被教宗封為聖人。死後一年，開棺時，看到歐拉夫的面容安然如眠，鬚甲繼續生長，皮膚細嫩如赤子；將他納棺後，置於該鎮的聖格里免教堂的祭壇上。

先前埋葬歐拉夫的墓壙，湧出甘泉，相傳有治病的能力。於是，在泉水處建設了一個木造的小教堂，經過數世紀的多次毀壞，和一再重建，而成為現在堂皇美麗的尼達羅斯大教堂——最近一次的修建完成於1969年，修繕工程於一百年前開始的。

聖徒的遺物崇敬

　　基督徒朝聖並不限定於耶路撒冷、羅馬、康柏斯特拉或尼達羅斯；這些聖地對於遠處的一般基督徒是遙不可及的！幸虧，歐洲每一個基督教國家各自的朝聖地如雨後春筍，特別是大教堂的祭壇供著聖徒的遺骸遺物，以應朝聖客憑弔，或向之祈禱！

　　為什麼基督教發生了聖徒遺骸崇拜？眾說紛紜，學者認為西元257和258年，羅馬皇帝華羅年（253－260在位）迫害基督徒，禁止他們到殉教聖徒的墳墓去憑弔或在那裡做禮拜。基督徒為了應付這種限制，將殉教聖徒的遺骸遷到別處，甚至「分散」遺骸到其他地方來埋葬。因此，殉教聖徒遺骸就慢慢分散到許多教堂了。到了第6世紀，特別是清塚後的聖徒遺骸，都要「安奉」在附近教堂的祭壇裡。如此這般，教堂的祭壇也都供奉聖徒遺骸了——此所以，朝聖客必恭必敬地親吻祭壇！

圖81：「真十字架」爭奪戰。二位戰將是伊斯蘭大英雄沙拉丁和耶路撒冷王紀。這根十字架在1187年，被沙拉丁擄獲，紀也成為階下因。但十字軍被驅出巴勒斯坦，卻是1291年的事件。

至於崇敬聖物，則以耶穌的「真十字架」為最轟動。事件發生在第4世紀上半，主角是羅馬皇帝君士坦丁母后聖海倫娜（?248—328）。她在326年前往耶路撒冷朝聖，據說，她發現了耶穌的「真十字架」，就是釘死耶穌的那一座刑具。她並不把這座真十字架珍藏於後宮深院，竟然慷慷慨慨地切割成無數小塊，分贈給那些新建設的教堂，讓這些新教堂祝聖時，祭壇上有耶穌的十字架遺物。難怪，歐洲有許多「十字架教堂」；若是天主教堂的話，她的祭壇可能埋藏著聖海倫娜的「真十字架」聖物。

如此這般，這根真十字架成為基督教「遺物崇拜」的觸媒劑，製造了一種帶有民間信仰色彩的基督教俗信。宗教改革者約翰‧喀爾文就曾批評道，若將耶穌「真十字架」遺物聚在一起，連一艘大船也載不了。為什麼？還不是製造了許許多多「真十字架」！然而，販賣所謂「真十字架」的人，發明了「神聖感染說」來主張「真十字架」可以無限分割，而仍然不失其為真十字架；說法是：任何柴片接觸到真十字架，聖力隨即感應，就是假十字架，也會變成真十字架。

圖82：耶路撒冷的「聖墓教堂」。世界有名的基督宗教朝聖地之一。君士坦丁大帝認為這裡是耶穌復活的空墳所在，因而在此建設聖墓教堂。現在的建築物，建於1810年；原有的，在1808年之前遭受過三次兵災、一次火災。

附帶一提，聖海倫娜的「偉大」貢獻，除了真十字架之外，就是她要求君士坦丁在聖地建築兩座教堂：伯利恆的「基督誕生教堂」和耶路撒冷的「基督復活教堂」（建於335年）。她們是基督教世界第一級朝聖教堂。

　　此後，殉教聖徒的遺骸、遺物崇敬盛行，並成為教堂落成祝聖的必要條件。787年有一條教會法規顯示，當局嚴格執行聖物崇敬：「從此以後，任何主教如在祝聖殿堂時不用聖物，即當撤職，因為他違反了教會傳統的規定。」

　　教會雖然反對異教的護符、咒文、咒語，視之為迷信而加以禁止，但教會卻相信聖徒遺骸中有某種「能力」。教會還引用《聖經》來支持這種說法，例如，屍體接觸到先知以利沙的骸骨時，還會復活（王下13:21）。

　　上面提到的這種現象，流行於阿爾卑斯山脈以北的德、法、西、英等國。聖徒遺骸、遺物已經成為當時的教堂不可或缺的聖物了。這是「探墓」式的朝聖方式式微後的新趨勢。但見，教堂認真收集、珍藏殉道聖徒的遺骸遺物。許多祠堂、教堂紛紛供奉遺體、遺物、聖龕、畫像，供人瞻仰憑弔。眼見，善男信女忙著在這些聖物面前，頂禮、瞻仰、燃燈、祈禱、流淚、讚嘆——這跟「枯骨崇拜」，或「物靈崇拜」，又有什麼不同呢？

　　這樣一來，有些教堂不僅供奉好多位聖徒的遺骸，甚至是他們的內臟——例如，德國曼茵茲聖約翰教堂的祭壇，曾供奉過聖波尼法修斯（672—754）的心臟。教堂因為擁有重要聖徒的墳墓，供奉有名的聖人的遺骸而身價百倍。此類教堂，若再加上聖顯奧跡，也就搖身一變，成為「朝聖教堂」，朝聖者不遠而來，爭相巡禮了。

憑弔東方三智者

　　德國科隆大教堂的大祭壇上面，有一大具酷像羅馬式教堂的「棺槨」，供奉著天下無雙，無人不曉的東方「三智者」*的遺骸。這棺槨是用

圖83：三智者的金棺。據說，裡面珍藏的遺骸是
《聖經》所載，不遠千里從東方來到伯利恆朝拜聖
嬰耶穌的三位智者。這金棺供奉在德國科隆大教
堂的大祭壇上面。

三智者

或稱為「東方三術士」，臺灣白話文《聖經》譯得很好，說他們是「東方的博士」。是的，他們是來自東方的博學之士，尊貴的賢人，可能是巴比倫宮廷的星象家。他們按「聖誕星」的引導，來到猶大地的伯利恆要朝拜聖嬰耶穌（2:1─12）。到了第3世紀，咸認他們是「國王」；教會所以這樣說，可能是要回應「諸王來朝」（詩72:11）的預言。到了第8世紀，西方教會給這三位博士命名做：巴爾他裘、梅理究、佳事巴；他們分別代表來自阿拉伯、波斯和印度的國王。

黃金打造的，鑲嵌著許多紅的、藍的寶石，金光閃閃，寶氣襲人。該教堂小冊說：

> 1164年，大主教范大徹理從義大利將一個奉厝在米蘭久久「三智者」的精雕大理石古石棺帶回德國科隆。當地市民要求造一個金銀珠寶棺槨來安裝如此重要的遺骸。於是，聘請當代最著名的匠人威東的尼哥拉斯，來進行這項重要事工。1180年，尼哥拉斯從維也納帶了一班助手來到科隆；自1190年開始工作，花了四十年工夫才完成這個金銀珠寶棺。這時正值十字軍東征的時期，有許多古寶石得以從中東「流通」到歐洲。這個寶棺上面就用這種東方寶石來裝飾。

整體看來，這寶棺採取古羅馬長方形教堂的形式，長有一‧五三公尺，高二‧二〇公尺，寬一‧一〇公尺。因為「三智者」具有「上帝的尋求者」的象徵意義，於是科隆大教堂把它當做鎮殿之寶，而成為基督教世界最偉大的朝聖勝地之一。她的地位僅次於耶路撒冷、羅馬、西班牙康柏斯特拉的聖地牙哥、德國阿亨——即使德國君王們在阿亨加冕登基之後，仍然要來科隆朝聖，參拜我主，效法「三智者」來奉獻禮物。

教會崇敬聖徒遺骸、遺物到這種地步，難免引起有識之士的異議。到了16世紀，宗教改革者反對這種做法。於是天主教會當局，藉著「天德大公會議」（1545－1563）來回應反對者：認為殉道聖徒的遺體，特別是和耶穌同時生活過的使徒，例如，彼得、雅各、約翰等人，是耶穌活生生的肢體。末後，這些人要被基督從墳墓裡叫醒，並且得到永生。基督徒必要崇敬他們，而那些主張不可崇敬聖徒遺骸的人，要受到譴責。大會宣稱，這是根據《聖經》的教導（王下2:14；13:21；太9:20；徒5:15），以及古教會尊敬殉教士的墳墓和遺骸的傳統。

顯然，遺骸崇敬不在遺骸本身，而是尊敬它的「老主人」，那位殉道聖徒。朝聖客藉著憑弔他們得以窺見聖界真相；記念他們熱愛基督，犧牲生命來服務世人，以便激發信心和勇氣。那些供奉在聖龕裡，埋在祭壇中的聖徒的遺體，使人聯想到他們生前宛如一朵一朵的雲彩，優美地見證著他們有過的神秘會遇：聯合於基督，並且藉著他的恩寵使一個平凡的人成德成聖。

大教堂巡禮去！

教堂，特別是大教堂，是一般基督徒巡禮的聖地。

為什麼大教堂也成為朝聖地呢？答案並不複雜，因為大教堂本身就是一個濃縮的神聖世界。從基督教信仰的立場來看，所有的教堂都是神與人合作建造的；但大教堂宛如一部信仰的百科全書，記載著人對於上帝的豐富經驗。同時，大教堂可看出信徒如何通過政治、經濟、文化和藝術成就來彰顯，來回應上帝的權能和恩寵——當然，大教堂也隱藏著人性的醜陋。

大教堂的入門，可說是聖和俗的分界線，它代表從世界轉換到聖界的分水嶺。朝聖者一步步向教堂的大門走來，心理上應該漸漸清楚地意識到自己要暫時與紛擾的世界「分別」的意願。一進入大教堂，該是像進入了神秘世界，要用虔誠專一的心來呼吸神聖的氣息。

進入教堂大廳，特別是著名的皇家教堂，應該試著去欣賞王者的榮耀和權柄，但不可被它的華麗所迷惑。朝聖者應該集中精神瞻仰祭壇，注視「供奉」在祭壇上的聖徒的遺物遺骸，那是「基督形象」的殘影，他們是如何的彰顯出耶穌基督新創造的人格和新的生命。朝聖者，要做到這種地步，應該先熟讀有關該聖徒的生平、事蹟，這樣才不至於索然無味，或淪落於枯骨崇拜。

瞻仰祭壇，豈可忽略那高高懸掛著的耶穌基督的十字架！歐洲大教堂往往高舉的是「苦刑的十字架」，這時最好默想耶穌在十字架上，臨終前說的七句話，即是「十架七言」（參見4—2「基督受難週」）。默想過後，敞開心懷來感悟信仰上帝的真諦，來充滿基督深愛世人的犧牲之愛，好讓神聖的感動充滿心懷。

然後，朝聖者應該瞻仰大教堂裡那些大小不一的聖徒雕像。他們往往是一群木雕，刻意被嵌在教堂迴廊的大柱上面。是的，他們是大教堂的堅固棟樑！他們是基督福音的親證者，是基督集體的形象，是耶穌基督重要的肢體；他們當然不是偶像，不是朝聖者禮拜，或祈禱的對象——這些基

督徒信仰的先進者，雖然死了，雖然被嵌進柱壁，但是仍舊因信向每一個朝聖者說話（來11:4）。

可能的話，朝聖者都會參加聖餐禮！那是信仰的，也是奧妙的聯結於耶穌基督的象徵，或實在——總之，按照個人心靈的自由，來領受上帝在基督化身的恩寵，或是恩典的記號！

大教堂的聖界巡禮完畢，慢慢的走出大門。這時，應該記得大門旁邊可能有個「奉獻箱」，有時註明那是為「救助貧民」而奉獻的。這時，朝聖者應該心甘情願地捐出一、二枚硬幣。這是慈濟，不是功德！這是朝聖者要回轉塵世之前應有的心理準備，因為在那裡有許多窮苦人，有好多善士等待著喜捨。

朝聖者的裝備

挪威出版的一本《朝聖》小冊，封底有一幅叫做〈古今朝聖客〉的漫畫。畫中僅有二個人物：走在前頭的，是個大腹便便的中年男人，頭戴西洋短邊草帽，穿短袖花襯衫，打短褲，足履步兵皮鞋，頸項圈著長鏡頭相機。他抬頭挺胸，雙手剪在背後，兩眼滑溜，萬分瀟灑自在地散步著——煞像到處觀光的美國佬！跟在後面的，是個老人。他大半個頭埋在斗篷裡，身體包裹著寬鬆粗糙的長袍，腰纏布帶，足墊草鞋，身體向前傾倒，倚仗在雙手緊握的一根又粗又長的打狗棒——曩時的一般朝聖客！

舊時，朝聖者到聖地巡禮，當然不像十字軍那樣披戴盔甲，手執長槍，背負弓箭，身騎戰馬。那麼，什麼是朝聖客應有的裝備呢？一般而言，正是上面這個朝聖者的配備：帽子、寬鬆長袍、枴杖、背袋。出發巡禮之前，這些物件都要經過神父、祭司祝福。

這些裝備都有一定的意義。戴帽或斗篷當然是要保溫取暖，遮風避雨。同時，寬鬆長袍不可以是華麗的，它類似舊時修道僧人的道袍，是簡

單的，身體必要的遮蓋物。這件「道袍」還有一層象徵意義，就是「穿戴仁愛」——朝聖主要的精神訓練課目。

背袋，宜小不宜大，因為朝聖是要操練凡事節制，凡事謙遜的功課。有的甚至主張這個背袋必須是「皮袋」，用來提醒朝聖者，人是一個必死的「臭皮囊」。朝聖過程中要訓練節制欲望，忍飢耐渴，逆來順受，克服萬般困難。還有，這個小背袋不能有「鎖」，因為一個朝聖者隨時準備接「受」，也要隨時「施」捨。在同行的朝聖者中間，時時實踐有無相通的愛德。

柺杖，要能支持體重，在崎嶇小路上做個倚靠，同時可抵禦野獸的攻擊。然而，最主要的是它的象徵意義：這根柺杖是武器，是攻擊邪惡的武器。這樣講，朝聖客不是遁世者，而是正義和真理的鬥士。

當然，現代聖地或大教堂的巡禮者，再也沒有人如此裝備或打扮的，除非精神異常者，不然就是某個修會的苦行僧。可是，其中的象徵意義，對於靈性修煉還是頗有參考價值的。

物極必反，今之朝聖者的服式裝備，真像童子軍，酷似登山客！如此，便捷靈活來尋求宗教文化之根底，探看靈性的幽谷高峰，誰曰不宜？

現代基督徒朝聖

雖然到耶路撒冷和羅馬等聖地巡禮，可能是許多基督徒的美夢，但畢竟不是大部分歐洲基督徒所能如願的。好在歐洲境內已經有了自己的朝聖地了，例如，義大利的米蘭、帕多亞、阿西西；法國的路爾得、巴黎、尼華斯；英格蘭的坎特伯里；蘇格蘭的愛丁堡；葡萄牙的法蒂瑪；西班牙康柏斯特拉的聖地牙哥；德國竇根的希得嘉、科隆、馬堡、聶維吉斯；波蘭的溫干；希臘的阿托斯等等。

然而到了18世紀時，朝聖活動相當式微；但近年來朝聖活動卻大大活

躍了起來，雖然禮拜日上教堂的人顯然減少。這種朝聖風氣不但流行在天主教徒之間，就是基督新教的信徒也是如此。例如，法國的路爾得在1992年，就有一百五十萬人前來此朝聖，飲聖泉之水，祈禱，禮拜以求治病。

圖84：朝聖求醫。這是聞名於世的法國路爾得聖地，朝聖者沾水或喝聖水，以求庇佑或醫治的神蹟。

圖85：病人等待神蹟醫治。這裡是法國西南部天主教聖地路爾得。自從1858年聖母馬利亞顯聖以後，時時傳出神蹟，醫治過許多患有絕症的人。

朝聖的現代意義

　　16世紀歐洲宗教改革的先知們，認為朝聖有礙基督徒親證基督，有荒疏研習上帝聖道而流於迷信的顧慮，於是大力反對。因此，歐洲基督新教有好長的一段時期，朝聖近乎停頓；但天主教和東正教一本傳統，巡禮朝聖不息。

　　天主教會在本世紀最轟動世界的朝聖，該算教宗約翰保羅二世了！他老人家在2000年3月20日抵達約旦首都，展開為期七天的歷史性朝聖之旅。這次巡禮，主要是循摩西以及耶穌足跡而行。從摩西逝世的約旦河東尼波山開始——那是摩西看到「應許之地」的山。其後六天，他巡禮耶穌出生地伯利恆，約旦河畔耶穌受洗的地方，以及耶穌在世最後的一站耶路撒冷。據悉這次朝聖是教宗長久以來的心願，也是梵諦岡敬祝2000年的一部分活動。

　　另一方面，近年來某些歐洲基督新教好像幡然悔悟，意識到反對朝聖是矯枉過正之舉。他們也開始強調朝聖的靈性價值，肯定朝聖在宗教、信仰和文化上的重要性。這樣的再出發吐露了幾層重要訊息：

　　一、瞻仰歷代聖徒，具有靈性修養上的價值。朝聖一次，就可「會遇」許多殉道聖徒，或教會封聖的聖人，而這些人都是蓋棺論定的基督徒楷模。若說每個聖徒是個小基督的話，那麼歷代聖徒無疑的譜成了集體的基督樣式；這對於一個虔誠的朝聖者而言，具有親炙聖徒，體會「聖徒相通」*的作用。此外，歷代聖徒都留下他

聖徒相通

這是從第2世紀以來慢慢形成，直到第7世紀才固定下來，而成為現在的《使徒信經》中的一句話。它意指在基督裡活著的基督徒，能夠和逝者交通。句裡的「聖徒」並不是信仰德行完全不缺的聖人，而是指一個人甘心歸依基督，受聖靈分別為聖的人。這種「聖徒相通」的可能性和希望是聖靈的工作和能力。

們走近耶穌基督的腳蹤，算是信仰的過來人和親證者，無疑的是基督徒天路歷程上的良伴。

二、藉著朝聖可能再發現基督教珍貴又豐富的遺產和傳統。尤其是歐洲那些千百年的朝聖大教堂，那裡頭珍藏著聖俗兩界的歷史文物。甚至可以說，每一座存留到現在的大教堂都是歐洲文化的一個博物館，默默地記錄著、彰顯著歐洲人的宗教、政治、社會、經濟、文化、藝術的歷程和結晶。然而，在物質文明的衝擊下，這些珍貴的遺產和悠久的傳統顯然被現代歐洲人所忽略。難怪，歐洲基督教會有識之士，積極鼓舞信徒朝聖，特別是到自己的國家的聖地巡禮。

三、朝聖符合現代人表現信仰的多樣方式。大小聖地巡禮不但沒有嚴肅的儀禮的規範，沒有一定的禮拜程序和方式，而且可按個人的「靈性好奇」來窺探聖界的奧跡。特別是自中世紀以來過分依靠理性，以及「道的宣講」為中心的教會傳統；朝聖活動為他們開了另一扇活潑的靈修大門。另一方面，讓現代基督徒藉著朝聖來體會基督徒的天路歷程，是相當有意義的一種方式；是現代基督徒遺忘已久的好方法。

圖86：現代的朝聖者。他長途跋涉，走到聖地，恭敬沾點聖水來淨化心靈。

圖87：古今朝聖漫畫。一個煞像苦行僧，另一個是十足的觀光客。

5-3 穆斯林大願朝天房

穆斯林朝覲天房，係指在齋戒月，也就是伊斯蘭教曆的最後一個月上旬，前來沙烏地阿拉伯麥加的天房，卡巴朝聖，以及參加麥加城外相關的一連串宗教儀式和慶典。雖然像什葉派*的穆斯林也到該派地區性的聖堂、聖地朝聖，如伊朗麥西得，或伊曼阿里李查等殉教者的墳墓，但都不能取代朝覲天房，因為這是伊斯蘭教不分派別、人種、國籍，並肩進行的最大規模儀式，是穆斯林宗教本分，五項根本「功課」之一。麥加朝聖的盛況，也許只有羅馬梵諦岡的朝聖，或教宗主持的彌撒大典，才能與之比擬！

目標麥加天房

雖然伊斯蘭諸教派之間的教義殊異，但共同接受的教條之一就是「朝覲天房」。這是每一個成年的穆斯林，在身體和經濟條件許可下，有生之年至少要一次奉行的宗教義務。若是富者自己不能親身朝聖，也得雇用替身來完成此項使命。可見朝覲

什葉派

先知穆罕默德逝世（632）那一天，在伊斯蘭這個大家庭就發生繼承權紛爭，教義見解分歧，以及宗教政治關係的緊張。這些問題，領導階層意見紛紛不一，產生各種流派。其中最重要的是遜尼派和什葉派；前者是主流，而後者是少數派。

什葉派是「阿里的追隨者」，主張伊斯蘭教權係由穆罕默德的堂弟也是女婿阿里所繼承。他們認為伊斯蘭教主伊曼不是任何活著的人所能繼承，而是神靈指引，像救世主那樣會突然出現於世界的。本派有強烈的殉教激情，重視聖徒受難，反對宗教形式主義，主張積極參與政治活動。

本派主要分佈在伊朗，革命領袖柯梅尼屬於此派。追隨者相信他就是活著的伊曼，是宗教政治的雙料領袖。

天房在教義上，在教徒的心目中是何等的重要！

「天房」就是卡巴，位於麥加中央凹地的一座廣闊而有柱廊的聖寺裡面。它是一座高十五公尺，接近立方形的建築物，用當地出產的灰色石塊砌成的，並用刺繡的布帘遮蓋起來。卡巴有一道門，裡面空無一物；但在先伊斯蘭教時期，裡面曾經擺滿阿拉伯部族的偶像。後來，卡巴唯一受崇拜的是用銀框龕起來，嵌進東牆角的那塊直徑約有八英寸的玄石。

那稱為「滲滲」的聖泉，在卡巴外面，至今泉水仍然源源不絕。據說，這是真主的天使加百列給飢渴將死的夏甲和她的孩子「以實馬利」*挖掘的。朝聖者按例要喝喝「滲滲」之水，禮成之後也會帶幾小瓶聖水回家——夏甲和以實馬利，見此地有了救命的泉水，就在這裡定居了下來；後來，麥加人看見此地有水源，也就圍繞著它來居住了。

那麼，為何卡巴神殿是穆斯林朝聖的目標呢？根據《伊斯蘭聖傳》，原初建築卡巴的是先知亞伯拉罕和他的孩子以實馬利。而卡巴嵌的這一塊玄石，是無比的神聖；傳說，這塊黑石頭是亞伯拉罕當時建造卡巴，唯一遺留下來的一塊石頭。又說，它是天使長加百列交給亞伯拉罕的，做為上帝和以實馬利的後裔立約的記號，後來引申做上帝和全體穆斯林盟約的印記。

其實，卡巴在伊斯蘭教出現之前很久已經存在，而且原來就是阿拉伯部族的朝

以實馬利

亞伯拉罕和他女奴所生的孩子。以實馬利是阿拉伯民族的祖先。按《創世記》16和21章記載的：亞伯拉罕的妻子撒萊久久不能生育，於是要亞伯拉罕和她的女奴夏甲同房，以得後嗣。果然，夏甲給亞伯拉罕生了以實馬利；然而，以實馬利不是上帝應許的後嗣，因為原配撒萊後來生了以撒，是以色列人的祖先。

有人說，以色列人和阿拉伯人不睦，是因為亞伯拉罕娶了二房夏甲，埋下大房和二房的後裔，世代成仇的惡因。」

圖88：麥加朝聖。世界宗教中最大規模的禮拜！

聖地。《伊斯蘭聖傳》指出，當先知穆罕默德在630年凱旋進入麥加時，第一個大動作就是掃除卡巴神殿裡供奉的，許許多多的阿拉伯部落的偶像，使之成為敬拜獨一上帝的聖所。穆罕默德並修改原有的麥加朝聖儀式，將之提升為伊斯蘭教根本信仰的五大支柱之一。

冒險和修練信仰

　　將朝聖和冒險連在一起，好像不是現代人所能想像的。古時候交通不發達，若是朝聖地遠在天邊，朝聖者就得成群結隊，就得跋涉千山萬水，克服一路難防的匪徒，猛獸和難以適應的瘴癘惡水。因此，許多朝聖者在出發前對於旅途都要有充分準備，甚至對於家事身後都要有所交代；非有壯士一去不復返的氣概，是不能遠行朝聖的。

那麼，現代的麥加朝聖又如何？也不是十足安全的，雖然陸海空交通便捷，但危險性仍然存在。試想，在同一個時期的幾天內，要讓二百萬人以上的朝聖者湧進同一個地點，做同樣的宗教儀式，難以保證不發生意外──事實上，每次朝聖都有喪命於交通事故，急病而亡的；人潮擠傷，或疾病加身更是常有的事。

　　朝聖天房是以齋戒修行來進行的，每一位男女朝聖者必要遵守一定的戒律：戒慾戒殺，不准同房，不准打獵。要保持潔淨的身體，包含肢體的衛生，以及宗教儀式的潔淨。男朝聖者要剃光頭，或象徵地剃掉一撮頭髮。衣著也有規定：男人身上披著兩幅無縫白布；女人可穿白色長袍，或

圖89：「磐石大清真寺」。位於猶太人耶路撒冷聖殿殿院圍裡，相傳寺裡的那個大磐石就是古時亞伯拉罕獻以撒的祭臺，也是後來先知穆罕默德升天的所在。約在西元700年，伊斯蘭建此寺。

披一幅無縫白布。女人要戴頭巾，不准佩戴任何首飾，更不能灑香水。整個儀式過程中，不准注意自己的儀容，甚至不准上廁所！

如此禁戒的意義是要向真主阿拉表示恭敬虔誠。朝覲真主，操練靈性，豈能蓬頭垢面，豈能沈溺情慾，殺戮焚心？服飾一致又樸素，是朝聖教胞彼此平等相待，不分貧賤富貴，實踐合一的穆斯林兄弟愛的要求。這一切朝聖戒律的原始意義和精神是值得肯定的，儘管現代朝聖的穆斯林，富者可能住宿於一夜萬金的觀光飯店，而一般清寒的教胞只能擠進搭在野外的帳篷過夜。

真主啊！我在這裡

當朝聖者走近麥加，卡巴出現在視野的時候，朝聖客要歡呼：「噢，真主啊！我在這裡！我在這裡！」一進入麥加，要立即到建置卡巴的大清真寺，跟著人潮以反時鐘方向兜著卡巴快步走七圈。按照傳統的禮儀，每一次走近卡巴的黑色聖石，都要親吻它；但現在動不動就幾十百萬人在一起巡禮，要接近它難如登天，不得已，只好用注目禮來代替親吻了。

以後連續幾天，要參加一連串的儀式和慶典：在一神論的祖師 —— 亞伯拉罕站立過的地點祈禱；要在莎法和馬嫺二地之間來回奔跑七趟，為的是要體驗昔日夏甲多麼焦急地給孩子以實馬利找水喝的情景（創21:8—21）—— 現在，這一段奔程已經用一個長約四分之一英里的拱廊連接起來了；拱廊外面是頑石嶙峋的山崗 —— 可見當時，夏甲和以實馬利是多麼可憐！然後，要用石頭擊打「撒旦」*，有三根石柱來代表牠們。

麥加朝聖的最根本儀式，就是巡禮阿拉法特平原了。朝聖者來這裡，要從中午站立到日落，在真主面前祈求赦免個人的罪愆，以及全體穆斯林的過犯。這裡有一座叫做「恩慈」的山坵，據說是穆罕默德最後講道的地方；就在這裡，講道者重述穆罕默德呼召伊斯蘭教胞持守「和平合一」的

遺教。如此，來自世界各地的伊斯蘭教胞，並肩站立，一起經驗超越國家、種族、經濟、性別的平等合一。

三天全程朝聖過後，就是結束的時候了。這時要舉行大慶典，就是「犧牲大節」，乃是記念亞伯拉罕順服上帝，將他的獨生子要殺為祭牲，獻給真主的偉大信德。獻祭之前，朝聖者要用石頭拋擊代表撒旦的石柱；據說，撒旦曾經試著要阻擋亞伯拉罕，教他如何給真主要賴皮，裝糊塗，不要順服上帝犧牲獨生子為祭的命令。拋擊石頭過後，要宰殺動物來獻祭；綿羊、山羊、黃牛或駱駝都是合適的祭牲。這樣做是要記念，是要體會亞伯拉罕對真主的絕對順服，以及真主信守祂給亞伯拉罕的應許 —— 最後，真主的天使出現阻止亞伯拉罕殺子為祭，而代之以山羊。

用獻祭來結束朝聖有何意義？有！表示朝聖者要學習亞伯拉罕順服上帝，隨時可將最寶貴的，來犧牲，來奉獻給祂。我們知道，這些動物對於阿拉伯人是多麼重要，不僅是他們的財產，而且彼此親密形同家庭的一分子！此外，犧牲的一部分祭肉要分贈給窮人，給缺乏食物的人。這便是伊斯蘭「兄弟愛，姊妹情」的實踐。我們知道，近年來麥加的大朝聖，動不動就有二百萬人參加，獻祭剩下的獸肉如山，處理這些物資真是個大問題。好在沙烏地阿拉伯政府發展出新的冷凍和貯藏技術，而有了妥善的處理方法，以及發放的管道。

這時，世界各地在朝聖月份沒有來到麥加巡禮的穆斯林，就在自己的地方進行連續三天的「犧牲大節」；這是穆斯林教曆中最充滿歡喜快樂的

日子。這時，人人祈禱，人人感謝真主，親朋戚友來往走動，大家忙著吃喝歡樂 —— 住在歐洲大城裡的少數伊斯蘭族群，難得營造這種氣氛，只好省下這筆錢，捐獻給慈善機構，來替他們買罐頭、肉品分送給指定的國家的貧民。

大朝聖既已完成，一些既虔誠又有錢的朝聖客，在起程回家之前繼續到麥地那巡禮，那裡有真主的先知穆罕默德的墳墓。

冠頭銜帶聖水

麥加的朝聖活動結束了！朝聖客感到非常滿足，難免有了靈性的強烈自信和一絲絲的驕傲。君不見，多少伊斯蘭教徒從此，離不了那一頂標記麥加朝聖的帽子。君不見，他們在自己的名字上面冠以「朝聖者」的頭銜 ——「馬虔誠」先生麥加朝聖回來，搖身一變，成為「朝聖者馬虔誠」了！這種頭銜在穆斯林社會是個榮耀！

此外，朝聖客參拜「滲滲」聖泉後，莫不帶一小瓶聖水回家！他們相信這聖泉的水有醫治的神功；臨終時，也可用這泉水來塗抹屍體。

麥加大朝聖，超大型的「兄弟愛」的儀式行為，令人印象深刻！她清楚顯出伊斯蘭教澎湃的宗教虔誠，有力的宗教社會理想。同時，這種朝聖的理念也已經實際地成為凝聚教胞合一，影響伊斯蘭國際間合作的力量。做為一種宗教禮儀，伊斯蘭的麥加朝聖是非常成功的！我們相信，做為世界宗教的伊斯蘭教，應該不會自限，自滿於這種宗教集體的力量，或只是鞏固伊斯蘭世界的合作，而是願意將朝聖的精神往人類愛來強調，用朝聖的熱情來締造平安的世界。

6. 人生儀禮和危機關懷

宗教信仰關涉人的一生，從搖籃，紅地毯，人生的種種危機、悲喜，甚至伴隨到病床，到老人院，到最後的安息處。在這方面，猶太教、基督宗教和伊斯蘭教都有深奧的教義和嚴肅又有豐富意義的儀禮。而這些人生階段的相關儀禮，莫不是要幫助信徒平安地經過生涯的種種關卡。

除了宗教儀禮，各宗教社會對於生老病死提供關懷、幫助、照顧。例如，歷代歐洲基督宗教設有：修道院、學校、醫院、孤兒院、老人之家。現代的基督宗教會設立了：火車站服務、冬令供施熱食、照顧街童、街頭救助、安寧療護，等等指不勝屈的服務工作！

在這一章裡，我們除了介紹幾種人生儀禮和宗教社會對於人生危機的關懷之外，也注意到這些儀禮和服務奠基的宗教信仰。這是理解歐洲宗教相當重要的一個環節。

6-1 割禮、洗禮和喪禮

　　包含埃及人和穆斯林在內，全世界約有七分之一的男人割除包皮。這樣做有許多理由：有的在快要結婚之前才進行割除包皮，以期行房順利；有的是為了清潔生殖器，說是可減少性病感染，像愛滋病、龜頭癌一類的惡疾；西方世界，有的醫師在接生後，順手割除包皮。上面所說的，是割除包皮，都不算割禮；割禮是宗教儀禮，含有信仰和禮俗的意義，例如，把割禮當做犧牲儀禮，流血獻祭給生產力的神祇；當做入會儀禮*，使受禮者成為他所隸屬的社會的一分子。

　　這裡，我們主要地瀏覽一下猶太教和基督教的洗禮、割禮和喪禮。看她們的儀式，試探相關信仰意義。

入會儀禮

廣義而言，就是一般人從甲社會進入乙社會時，必要通過的手續。經過這種儀禮之後，才正式算是這個新社會的一分子，例如，猶太教的割禮、基督教的洗禮，就是加入猶太教、基督教信仰社會的必要手續；佛教的灌頂歸依也屬此類。當然，加入政黨或黑社會的宣誓儀式，都是入會儀禮。

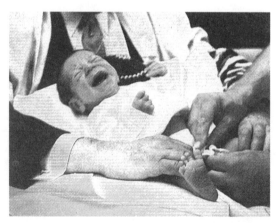

圖90：行割禮。猶太教徒的嬰兒，生出後第八天施行割禮。這是猶太人和上帝盟約的禮儀，也是他們的入會禮。

多如天星海沙

——頭戴黑氈禮帽，身穿全套黑色西服，兩鬢黑髮撚成細穗長長下垂，上唇和下巴留著大把鬍鬚，是個嚴肅的中年紳士。他雙手牽著兩個小孩，後面又跟著二、三個少年。背景是一座猶太教會堂——

您看過類似的畫面或照片嗎？也許您可能覺得相當面熟！因為他們可能出現在猶太教的書報，也可能出現在紐約、莫斯科、倫敦或巴黎的人行道上。他們不是別人，正是現代正統派猶太教徒的爸爸和他的幾個小「男生」。

那麼，這幀照片或景象傳達的信息會是什麼？可能是，這位正統猶太教徒有個大家庭！因為按照《希伯來聖經》和拉比的傳統，認為生養兒女是上帝的恩賜，而人生最大的不幸是不能生育（創16）。也可能是，這位先生頗有重男輕女的心態，難道家裡連一個小「女生」都沒有？因為猶太人數人頭時有個傳統規則：不算女人和小孩。

上面這些猜測都是可能的；據說，正統猶太教徒，除了身體健康的理由之外，是不做生育節制的；又據說，他們認為避孕都是違反摩西律法。結果，不就是兒女成群嗎？這不正是符合上帝給以色列人的老祖宗亞伯拉罕的祝福，說：「我要賜福給你，要給你許許多多的子孫，像天空的星星，海灘的沙粒那麼多」（創22:17）？

其實，這些推測大都來自對於猶太人的刻板印象，與實際情形頗有出入。現代正統猶太教徒，有的是小家庭，有的是默默地節育避孕的年輕夫妻。那麼，這幀照片，這般景象要說的是什麼呢？與其說是這位老爸精力旺盛，生養眾多，不如說是傳統以色列人對於生命和孩子的思想和態度。換句話說，這位猶太教紳士正在經驗著上帝最好的恩賜「兒女」的福氣；他在實踐著，引導孩子上猶太會堂，敬拜上帝，學習祂的律法，做祂正直的子民的宗教義務。這已經是猶太教的文化，也是一種信仰。

以割包皮為盟記

上面這位猶太教徒信仰的最高表現，該算是他們自古至今奉行不息的割禮了。所謂「割禮」，就是割除男嬰陰莖的包皮宗教儀禮。這幾乎是猶太教男嬰，除了患有血友病，健康有問題的之外，都要接受的一種宗教儀禮──病弱男嬰康復後，是要補行割禮的。既然割禮是宗教儀禮，主要用意就不在於有利陰莖的衛生上面了。

割禮一詞，希伯來文全稱是「割禮盟約」；「盟約」乃是指上帝和亞伯拉罕，及其後裔之間的契約，而「割禮」就是這件盟約的記號。《希伯來聖經》對於這件大事，做了清楚有力的宣示：

> 上主向亞伯拉罕顯現，說：「……我要跟你立約……我跟你立的約是這樣：你要做許多國家的祖宗……，我要賜你許許多多子孫；他們的數目足夠組成好些國家；他們當中會出好些君王。……你也必須堅守我的約；你和你世世代代的子孫都要堅守。你們當中的男子都必須接受割禮……你們所有的男嬰，包括那些家裡出生和向外國人買來的奴隸，在出生後第八天，都必須接受割禮，以此做為我跟你們立約的記號。留在肉體上的這一個記號表示我跟你們立了永遠的約。不受割禮的男子不再算做我的子民，因為他沒有堅守我的約。」
> ……
> 就在那一天，亞伯拉罕遵照上帝的命令，給他兒子以實馬利和家裡所有的男子，包括那些家裡出生的和買來的奴隸，都施行割禮。亞伯拉罕受割禮的時候是九十九歲，以實馬利是十三歲。（創17:4─6, 9─14, 23─25）

每當讀到「亞伯拉罕在九十九歲的時候接受割禮」，不由得想像一個近百歲的老阿公，硬著心腸，手拿著銳利的石刀，咬緊牙關，滿身冷汗地

切割著自己陽痿的陰莖包皮。每次讀到這段經文，我總是心生歡喜，偷笑數聲！不過，這是一件極嚴肅的大事，猶太經學家何等莊重地宣言道：割禮是上帝給猶太人的第一條誡命。誰受了割禮，誰就完成律法的要求！

那麼，完滿這條大戒的內容是什麼？亞伯拉罕的割禮，顯然不是衛生的理由，也非追求完全的象徵行為；而純粹是為了回應上帝的意旨，讓一個嬰孩成為「盟約的子民」的宗教儀禮。成為上帝的子民！多麼不得了的儀式啊！亞伯拉罕受割禮，真是猶太宗教史的第一大事件。

這樣講是在強調割禮做為「上帝的子民」的記號，是信仰傳承的一種「認證」。但割禮不是成為猶太人的條件；猶太人，只要父母一方是猶太人就是了。然而，凡是要成為猶太教徒，都必須如儀奉行割禮；這是傳統猶太教徒要進入他們的宗教社會的一種「入會禮」。雖然現代急進改革派猶太教不給他們的男嬰行割禮，而強調靈性的順服上帝，但是這種思想和做法並不是大部分猶太教徒所能接受的。割禮仍然是猶太教信仰最重要的儀禮，宗教意涵豐富的象徵行為。

割包皮 vs. 割禮

割禮，雖然是頗為簡單的外科手術，但卻有相當隆重的儀式。9—19世紀之間，大部分割禮在會堂舉行。按照摩西律法，男嬰哇哇墜地後第八天（利12:3），不論是否碰上「不准做工」的安息日，甚至是最莊嚴的贖罪日，割禮必須進行，除非這時小嬰孩的健康有問題。現代的猶太教正統派則比較喜歡在家庭行割禮，但需要十祈禱人*出席，為這個要進入上帝盟約中的嬰兒和家庭舉行儀式。這時，親人朋友前來慶賀；這些人是盟約的人民的一部分，他們一起來歡迎這個小嬰孩進入信仰的以色列社會。正統派猶太教徒認為在醫院由醫師執行的割包皮，不是割禮；兩者不容混淆。

執行的割禮師，希伯來語叫做摩黑爾，他施術乾淨俐落，是個受過醫

術和宗教儀禮專業訓練的人。這時在場的還有嬰孩的父祖親人、教父母和親友；母親可以不出席，據說是允許她免於看到心肝寶貝割膚的痛苦。

割包皮之所以成為「割禮盟約」是因為經過一定的宗教儀禮。首先，在場的「會眾」，包含家人、親友、十祈禱人和摩黑爾要一起誦唸：

> 上主對摩西說，非尼哈，就是祭司亞倫孫兒，以利沙的兒子，在眾以色列人面前表示對我的虔誠熱愛，所以我已經不憤怒他們，也不從他們收回我的關愛。因此，我允許他和我締結和平的盟約。

這時，受禮的嬰孩不是躺在床上，也不是縛在手術臺上，而是由祖父或父親坐在廳房裡的一張叫做「以利亞的座位」的椅子上面，雙手牢牢抱住小嬰孩於膝上，好讓割禮師來割除包皮。

應該一提的，這「以利亞的座位」來頭可不小！它表示先知以利亞出席參加這場割禮。這位先知有生之日的重要工作，就是隨時呼籲以色列人忠實遵守上帝的盟約；他曾經為了以色列人背叛上主，破壞上帝的律法而憂憤欲死（王上19:10－14）；他喜愛孩子，曾經行神蹟救活過一位寡婦的小孩（王上17:17－24）。後來，猶太教相信上帝設立以利亞做為割禮的鑑察者，以及新生嬰孩的守護天使。

但當割禮師舉起手術刀要進行割除包皮時，嬰孩的父親要做祈禱說：

> 上主是應該稱讚的…祂用誡命聖化了我們，又命令我們把孩子帶進我們的祖先亞伯拉罕的盟約。

這時十祈禱人接著回應，說：

因為這嬰孩已經進入這個盟約，他將授以上帝的律法，婚姻正道，成家立業，並且培育他成為正直的人。

上面所說的「以利亞的座位」，以利亞做為割禮的使者，以及他做為新生嬰兒的守護天使，都是中世紀猶太教發展出來的習俗；至今還流行在保守正統派的猶太教徒之間。這些雖不是所有猶太教徒的割禮儀式所必有的，但足可顯示割禮對於要成為上帝盟約的子民的嚴肅性。

割下嬰兒的包皮後，舉杯祝禱。這時，父親給嬰孩命名。他要祈禱，說：

我們的上帝，也是列祖的上帝，將這個嬰孩賜給他的父母親，好讓他用以色列人的名字叫他做「××，某某人的孩子」。

這主要是教名，在會堂禮和宗教活動，以此稱呼。至於上面所說「××，某某人的孩子」，可能像「所羅門，大衛的孩子」一式的名字。應該一提的，直到18世紀以前，猶太人只有稱名不稱姓；此後有些國家的政府，例如波蘭，強制他們登記姓氏。猶太人原來不用姓氏，這要如何是好？沒辦法，有的乾脆用祖先的，有的用祖父或父親的名為姓，有的用《希伯來聖經》裡英雄的大名為姓。筆者有位飽學的「希伯來神學」教授，是德國猶太人，尊姓「德意志」（Deutsch）！

禮成之後，接著是歡喜慶祝，賓主同感神恩。非祭司家世，一般猶太教徒的長子，在受割禮後一個月，要獻「贖回祭」（出13:12—13；利18:14—16）。現代都用捐款代替獻祭；自由派的猶太教徒，不理此一習俗。

從上所述，可以想像割禮在猶太教中的重要性。難怪拉比們爭相稱讚割禮，說：

偉哉，割禮！是上帝的第一條誡命！

偉哉，割禮！安息日還得讓他三分；不准工作，但可進行割禮。

偉哉，割禮！上主十三次叮嚀以色列人，割禮是必要履行的聖約。

偉哉，割禮！信仰之祖亞伯拉罕，九十九歲時因行割禮而成為完人。

偉哉，割禮！誰圓滿了割禮，誰就圓滿了律法。

這些讚詞都是猶太教割禮的經驗和理解。但是，在實際生活上割禮難免有淪為一種空虛的慣俗，難免有淪落成一種包皮手術。以色列先知洞察先機，大聲疾呼以色列人要「心受割禮」；心不受割禮，徒割包皮無關上帝的盟約。西元前7世紀的先知耶利米，向叛離上主的耶路撒冷人痛心疾首地宣告：

> ……耶路撒冷人哪，你們要在心靈上受割禮，把你們自己獻給我 ——
> 你們的上主；不然，你們的惡行會激怒我，使我怒火中燒，沒有人能
> 夠熄滅。（耶4:4; 9:25—26）

顯然的，割禮是猶太教最重要的儀禮，是那麼豐富又生動地滿足著做為歸屬上帝的潔淨儀禮＊，以及成為上帝的選民，以色列宗教社會一分子的「入會儀禮」的要求。噫！簡簡單單割包皮的儀式，竟然有如此莊嚴，神聖又奧秘的象徵意義！

看了如此男人中心的割禮，現代女性主義者難免怒火中燒！憤怒有理，上帝豈可只跟男人盟約，要置女人於什麼地位？所以，改革派的猶太教徒，也為女孩舉行「生命盟約」以代替「割禮盟約」。那是女嬰誕生的下一個安息日，或幾星期後的安息日，在猶太會堂舉行祝福儀式，嬰孩的父親應邀上臺讀《律法書》，並給女孩命個以色列女人的芳名，像「哈拿，米利安之女」一式的。

如此，男女嬰孩在傳統儀禮上面還沒有達到平等。不過，幸虧猶太女孩沒有行割禮的平等；不然，祭出女子割禮，那就災情慘重了！

順服阿拉的記號

無獨有偶，伊斯蘭教徒，也奉行割禮。這是他們絕對順服真主的記號，雖然《可蘭經》沒有這項誠命。這可能因為割禮是先伊斯蘭教的習俗，即是說阿拉伯民族之間早已流行了。然而，伊斯蘭教將之做為教徒的入會儀禮，則是根據《聖傳》，說：穆罕默德以前的所有先知都受割禮，先知穆罕默德本人也給他的小外孫哈珊和胡笙施行此一儀禮。所以後來的穆斯林遵照聖範，奉行割禮。

然而，伊斯蘭教的施行割禮的年紀不一定是出生後第七日（猶太教是第八日），

> **潔淨儀禮**
>
> 淨化心身罪惡，或除卻邪穢的儀式。這是原始宗教或民間信仰常有的習俗和儀禮。例如，經期中的女人、生產後的婦女、接觸屍體的祭司、性交以後的男人，都算是「污穢」的人。一定的髒污期過後，才能存入聖界，接觸聖物；此前，要行潔淨儀禮，才能得到潔淨之身。潔淨的方式很多，例如，用水、火、血、香煙等等，為「清潔劑」，再通過一定的宗教禮儀，來圓滿潔淨的要求，回復清潔的狀態。本節所說的「割禮」和「洗禮」在某一重要意義上是潔淨儀禮；基督宗教的洗禮，含有洗去原罪，恢復上帝原創的人之形象的意思。

有的是在十歲的時候；因為先知穆罕默德的堂弟，伊斯蘭教的第七代繼承人以實馬利就是在這年紀受割禮的。但土耳其的伊斯蘭教徒則在十三歲，青春期之時舉行割禮。此後，這位少年在祈禱和齋戒方面的本分都和成人一樣。

至於舉行割禮的地方，都市都在醫院，診所行割禮。家庭經濟富裕的，則大擺筵席，盛大慶祝一番。

雖然伊斯蘭教行割禮說是做為順服真主阿拉的記號，但顯然帶有人生

儀禮中入會儀禮的性質。從此，這位嬰孩或少年，正式隸屬於伊斯蘭信仰的大家庭。

另類割禮：洗禮

原始基督教會，可能有一小段時期用割禮來做為外邦人成為基督教徒的入會儀禮。按照最古的教會史料〈使徒行傳〉所記載的：第1世紀末葉，有法利賽派的基督徒要求「外邦人必須受割禮，也必須遵守摩西的律法。」（徒15:5）。這是說猶太以外的人要歸依基督的話，必先做為「猶太人」，然後才能成為基督徒。此事，在原始教會引起相當激烈的爭論。最後，耶穌的大弟子們，在耶路撒冷開會，經熱烈辯論後，決定外邦人要成為基督徒，不必受割禮（徒15:22—29）。其實，此前使徒彼得就已經用水的洗禮儀式代替割禮，做為外邦人成為基督徒的入會禮了（徒10:44—48）。

那麼，什麼是基督教會的洗禮呢？這是接受一個決心信奉耶穌基督的人進入教會的儀式。其形式因不同教派而異，但離不開：水和祈禱。水，用來潔淨；洗禮用水讓受洗者浸在河水、池水，或潑水，或滴水在頭上，來表示淨化，表示分別自其他屬性的儀式行為。

所謂「祈禱」是所謂的「三一神求告禱詞」。她是施

圖91：〈耶穌受洗禮〉。這是典型拜占廷風格的馬賽克鑲嵌畫（c 520），在義大利拉敏拿市，阿留斯教派的洗禮池。

洗的神父、牧師，一班宗教人在洗禮時的求告詞；詞句是：「我藉著聖父、聖子、聖靈的名，給你施洗！」這是祈禱，也是一種宣示。從這個祈禱詞可以看出，施洗者本人沒有洗禮的權威，洗禮是三位一體*上帝的作為。

那麼，基督宗教的洗禮從何而來？雖然猶太教和耶穌當代的洗禮約翰，都有洗禮儀禮，但基督宗教的洗禮，是根據耶穌復活之後，向門徒顯現時所交代的話而建立的。耶穌說：

> 你們要往世界各地去，使所有的人都做我的門徒；奉父、子、聖靈的名給他們施洗，並且教導他們遵守我所給你們的一切命令。我要常常跟你們同在，一直到世界的末了。（太28:19—20）

神學上言，一個人洗禮是歸屬三位一體的神；但宗教社會上看來，洗禮是信徒歸屬教會的入會儀禮。同時，大部分基督教派相信人有原罪，用洗禮來表示接受上帝的潔淨和赦罪；這樣，洗禮又是一種潔淨儀禮。這樣講，洗禮無異是另類的割禮！

然而，基督教的洗禮有很特別的另一層奧義，那是聖保羅從耶穌基督的死和復

三位一體

基督宗教有關上帝的教義，說的是：神性為一，但有做為父、子、聖靈等三個一致的位格。雖然這個名詞未見於《新約聖經》，但她供給三位一體論的基礎。從耶穌基督的教誨可看出這層意思，他曾吩咐門徒，說：「……奉父、子、聖靈的名……施洗。」（太28:19）。後來，使徒保羅也用三位一體的名分來祝福人：「願主耶穌基督的恩典，上帝的慈愛，聖靈的團契，跟你們每一位同在！」（林後13:13）

然而，三位一體成為基督宗教的根本教義，是經過數世紀，無數研究和辯論，最後在325年尼西亞大公會議通過的教義。此後直到現在，基督宗教用三位一體為宣述有關上帝神性的信式。

活的事件，關聯洗禮而發展出來的見解。聖保羅說：

你們受洗跟基督耶穌合而為一，也就是受洗跟他同死。藉著洗禮，你
們已經跟他一同埋葬，同歸於死……如果你們跟基督合而為一，經歷
了他的死，你們也要同樣的經歷他的復活。……我們的舊性已經跟基
督同釘十字架，為的是要摧毀我們的罪性，使我們不再做罪的奴隸。
（羅6:3—6）

不得了！洗禮竟然有超越入會、潔淨一類禮儀所要象徵的思想層次，
進而關聯到耶穌基督的死和復活。經由聖靈的作用，使受他們的心靈境界
和道德生活得到更新、精進、淨明。這樣，洗禮就是人性新創造的儀禮
了。偉哉，洗禮！

圖92：洗禮，基督教的入會禮。這是3世紀在義大利阿基里亞地方出土的墓石雕刻。

歐洲宗教剪影——背景・教堂・儀禮・信仰

讓塵土歸塵土！

若說割禮、洗禮是「入世」的禮儀，那麼喪禮就算是「出世」的，進入永遠的一種人生儀禮了。管見所及，世上還沒有一種宗教沒有喪禮的；然而，葬禮繁簡有別，迥然不同的處理屍體和葬禮的做法，也透露出對於生命，來生的信仰和態度的許多訊息。

正統的猶太教徒逝世，屍體受到高度的尊重。埋葬之前總要有人看守它，驗屍或解剖都是不潔的做法，雖然當地的法律可能允許。同時，要儘快埋葬，以示尊重。葬前，屍體由猶太會堂的男女教友自願組成，叫做「聖之社」——會堂中倍受尊敬，有德人士的小社團——來陪伴逝者，來潔淨屍體。男人處理男屍，女人處理女人的。

屍體要先用水洗淨，然後再行宗教儀式的潔淨禮；可在家裡或停屍間進行。這表示正統猶太教徒對於靈魂的潔淨的重視，因此他們甚至嚴禁屍體「展露」在非猶太教徒之前，或醫院，或教堂，那是一種褻瀆。

古代《聖經》時期和現代的以色列國內，猶太教徒的屍體不收殮在棺木裡，僅用贖罪日穿著的白長袍來包裹，又將剪掉一穗的祈禱披巾蓋在肩膀上——表示謙卑懺悔，因為遵守上帝的律法和誡命尚未完全；祈禱披巾兩端各有二根白繩，末端綁著繐子，用來代表上帝律法和誡命——然後直接埋進土裡。如此土葬是基於人身由塵土造成，應該回歸塵土；在土裡等待彌賽亞來臨時，肉體得以復活！由於這種信仰，保守的猶太人死後不捐贈器官，生前也不接受器官移植來苟延老命。火葬，當然不行！

急進自由派的猶太教徒，因為相信人一旦死亡，靈魂脫離臭皮囊，所以火葬可行，就是器官相贈也無不可。當然，必要的話，也敢接受別人救命的貴重器官。

現代，通常一般猶太人都用棺木了。但它必是單薄易化，不容顯示榮華富貴，或相反地露出貧窮缺乏。棺木外表不做任何裝飾，僅用黑布做為

棺罩；也不用鮮花來美化哀傷。然而應該一提的是，猶太人不准，或不要和別人葬在同一個墓園裡！他們重視墳墓，所以都立有墓石為記──墳墓上，常可看到擺著許多小石頭，那是探墓者留下來的，意思是說：「啊，我好想念您！」

安居永遠之厝

猶太教徒面對親友死亡時，清楚顯出交織著死的哀傷和來生的盼望。為表示哀傷，正統猶太教徒會撕裂自己穿著的衣裳，這是古老的習俗；有些改革派的猶太教徒，極度悲傷時，還是隨俗裂衣，來宣洩強烈的哀痛之情。

猶太人叫他們的墓園做「永遠的家」。這是說，死不是完了，死是進入永恆的開始。猶太人遇見新近遭遇喪事的家人，問候的話是那麼率直地說：「願你長命！」──不像我們兼顧「富貴」！不能用這句話來論斷猶太教徒對死亡的態度是那麼超越，她只是強調逝者和生者雙方的生命，都會好好地繼續活下去的。

其實，猶太人對於死亡大有懷抱絕望和幻滅的，認為死後一切都完了。有一位罹患重病，走近死亡幽谷的詩人向活人的上帝，懇切哀求，千萬不要讓死亡纏身。看，他毫不客氣地提醒上帝，要祂小心，千萬不可放馬過來：

你向死人行奇事嗎？
陰魂會起來頌讚你嗎？
誰會在墳墓裡述說你的慈愛呢？
誰會在陰府中宣揚你的信實呢？
誰能在黑暗之地看到你的奇事？

誰能在絕望之地看到你的良善？

（詩88:10—12）

然而，虔誠的猶太教徒，信仰上帝，交託生死！有一篇流傳千古的感恩詩章，可能是大病初癒的詩作。他這樣歌頌上主（詩23:1—4, 6）：

上主是我的牧者；
我什麼都不缺乏。
祂讓我憩息在翠綠的草地上，
領我到幽靜的溪水邊。
祂賜給我新力量；
祂照著應許引導我走正直的路。
縱使我走過死蔭的幽谷，
我也不怕災害，
因為你跟我同在。
……
我一生一世要享受你的恩寵和不變的愛；
我將永遠住在你的殿宇中。

那麼，絕症無醫，臨死的猶太教徒又將如何面對死亡呢？沒有別的，他們回歸列祖所信靠上帝，來交託必死的生命。這時臨終者誠心告白（無力誦唸時，由親人助唸），祈禱說：

我的上帝，我的列祖列宗的上帝，請接受我的祈禱……
赦免我，一生所犯的罪過……
請把我遭受的苦艱難當做替贖，並赦免我對你所犯的罪愆……
我知道，生命、死亡和康復都在於你；

或許，你有再讓我活下去的旨意。

若你的旨意是：我得為此苦難而死，那麼

願你用我的死亡來贖回我得罪你的過犯。

請用你的翅膀來遮蔽我吧！

讓我享有來世的生命！

孤兒的父上帝，守護寡婦的上主啊！請保佑我所愛的家人……

我將我的靈魂交託在你手裡了。

哦，真理的主上帝，求你救贖我。

以色列啊，主你們的上帝，是獨一的主！

上主，是上帝！

上主是上帝！

　　面對生離死別，憂傷痛苦乃人之常情，但猶太教徒善用復活的信仰和虔誠信靠的感情來面對它。喪事的第一餐，會堂的教友會給喪家準備，並在喪宅舉行祈禱。喪家第一個星期要「坐七」，就是孝男孝女，或弔喪者，要坐在矮凳上舉哀；坐七期間，喪家不參加任何公共活動，除了上會堂祈禱。為表示哀思，家人鬍不割，鬚不剃，髮不剪。以後，十一個月，每日早晨要做特別的祈禱；沒有子女的，由親戚代行祈禱。如此，慢慢用信仰來再恢復平時的生活。週年忌日，再做追思祈禱；虔誠的猶太教徒在這天禁食懺悔，點燭憂思；自由派的，仍然遵守這個紀念日，藉以永續對逝者的愛情和悼念。

朝向麥加回歸真主

　　穆斯林視死如歸阿拉真主，那是人生最重要的瞬間，因為是要終結暫時的世界，進入永恆聖界的開始。伊斯蘭教徒認為理想的死的方式是，寧

靜的面向一生朝拜的聖地麥加，衷心誦唸功信式沙哈達：「真主以外沒有其他的上帝，穆罕默德是真主的先知！」也有唸《可蘭經》的，例如第三十六章。臨終者總是太虛弱，病榻旁的親友會為他一再誦唸，好讓他在虔誠的，信仰的交託聲中走入永遠的安息。

伊斯蘭教徒相當尊重死者和屍體。屍體按性別的不同，分別由同性進行沖洗；要用肥皂清潔屍體三遍，再做儀式的潔淨禮。伊斯蘭教徒跟猶太教徒一樣，不用棺木，僅用白色細麻布包裹屍體。不過，在非伊斯蘭國家不用棺木是違反「善良風俗」的；但對伊斯蘭教徒而言，卻是事關「死後復活大事」。據悉，德國的伊斯蘭教徒用棺木入殮，還是得到開羅大學伊斯蘭神學家肯定：「棺木無妨復活！」而後才敢使用的。

伊斯蘭教徒的喪禮貴在迅速，原則上是當天埋葬完畢；若是喪事發生在夜間，則要等待天亮後舉行；這種做法，跟猶太教徒的相同。若要說有什麼重要的不同點，可能是人死後的情況的信仰。伊斯蘭教徒相信，人一死，靈魂馬上飛到真主面前，接受審判；善者善報，惡者惡報。沒有行為責任的兒童和殉道者的逝世，不需為他們做懺悔的祈禱；因為前者，行為不必自己負責；後者，殉教之功足可補償生前的罪過，足可潔淨人性的污穢──此所以，為了聖戰*而死的英雄，也不必清潔屍體，就此一身血衣入土，升天去也。

還有，雖然伊斯蘭教的法律不准有建築永久的基園，主張薄葬，墳墓要簡單，基碑要謙小。但事實不然，伊斯蘭的世界，到處有聖人和王公貴族的陵寢，例如，印度的泰姬瑪哈，是記念皇后瑪哈，基園內有清真寺等等，大而精美的建築物。她是從1632年起，動用二萬工匠來大興土木，直到1649年才竣工的！伊斯蘭世界中，例如，埃及、伊拉克、伊朗、阿富汗等地，都有「偉大」的墳墓。比對之下，猶太教和基督教重要人物的基厝，就遜得太多了！──為什麼？避免偶像崇拜吧！

追思憂傷所愛的人過往是人之常情，
所以男人撫屍痛哭，女人集體哀號，也是
穆斯林社會常見的場面。他們第一次做追
思禮拜是死後四旬：參加哀悼的人誦唸
《可蘭經》，並且用錢或食物分給窮人。

總之，伊斯蘭教徒的葬禮的最大特色
是：用宗教社會責任來對待教友的葬禮。
這樣的理解之下，有自動自發的青壯年人
來扛抬屍架，不需花錢雇用葬儀社工人；
送殯行列說是「浩浩蕩蕩」也不為過，因
為這是一種社會責任！

天家獨行不相送

社會各界重量級人物不說，歐洲都市
裡的一般基督徒的喪禮，實在看不出有任
何「場面」，也沒有「鋪張」。追思禮拜，
鄉下的，在自己的教堂舉行；都市的，在
市立墓園的小教堂。教友的喪禮，由牧
師、神父主持，參加者主要的是直系親屬
和親密的朋友；教友，非個別邀請的話，
都不參加。教會的聖歌班是不參加追思禮
拜的，經濟許可的話，可雇用樂隊來奏哀
樂；不然，葬儀社備有錄音機，可播放選
擇的聖樂。

追思禮拜後，隨即由牧師、神父引導

會眾和棺木，從墓園的小禮拜堂走到墓穴。隊伍的順序是，主持人走在前頭，接著是棺木，再來是送殯的眾人。但見，棺木放置在輪車上，有四位全身黑禮服，頭戴黑禮帽，足履黑皮鞋的紳士，慢慢地推送著。走到準備好的墓穴時，一片肅靜，紳士們謹慎地將棺木墜入壙裡。安置就緒後，主持人誦讀《聖經》，簡短祈禱，將「塵土歸還塵土，靈魂歸還上帝」。最後，神父、牧師祝禱。此前，若故人好友要說弔詞，則在埋葬前進行 ── 看他曾幾何時手忙腳亂的哇哇墜地，卻是孤孤單單的走進黃泉。真是，萬里天家我獨行，不必相送！

　　大致而言，歐洲人的喪禮都是相當小型的，因為是小家庭，個人主義的社會；同時，認為喪禮不是「做鬧熱」，又加上現代歐洲基督教徒，頂多有所謂個人和上帝的信仰關係，而難得有他和教友的社會關聯。所以，喪葬禮拜，極端的個人化，正確地反映著走進天堂，或墜落地獄都是「個人」的命運。臨終有成群子孫奉侍在側，喪禮有成隊親戚教友追思，已經是歐洲古教會的史料了！ ── 近年來，德國流行「不立墓碑」。為什麼？據說是，為要避免沒有人來掃墓、獻花、點燭的「丟臉」！

　　因應這種社會事實，葬儀社有周全的，全套的服務。只要準備好足夠的鈔票，則從太平間到陵寢，都有莊嚴，有效率的服務 ── 但牧師沒有紅包或白包，或任何外快。以曼茵茲德國福音教會的情形為例：喪事發生時，喪家聯絡葬儀社，談好埋葬的方式（土葬或火葬），選定棺木；然後，葬儀社安排追思禮拜的時間，通知牧師，因為全市共用基園的一個小教堂。牧師邀請喪家談話，做必要的了解，探詢喪家有何特別期待等等。看來，這種方式的喪禮，頗為簡便，相當莊嚴；沒有日夜祭祀，鬧得存歿不安，鄰里不寧的缺點。

　　雖然一般喪禮如此簡單，但是基督教會相信的，宣揚的死後生命長存，人類靈魂永恆的道理，卻是相當複雜。這些永生和復活的教理仍然是

喪禮中牧師、神父宣講的主題和祈願的內容。儘管一般教會已經少有「信耶穌得永生，不信耶穌下地獄」一類教條的宣傳，但天堂、永生、死後的問題和信仰，仍然是基督宗教在基督受難週和復活節，宣講的焦點。據調查，約有47%的歐洲人相信有天堂，24%相信有地獄；美國人約有78%相信有天堂，48%相信有地獄。重要的一點是，幾乎沒有基督徒認為自己死後會下地獄！一般信徒都相信，死就是安息主懷，息勞歸天。

歐洲基督宗教，對於死後的許許多多問題早已經有非常豐富的研究和資料。只是當代神學研究者似乎不敢接觸這種「非科學」的課題。結果，有許多基督新教的牧師，對於靈魂，靈魂的歸宿，天堂、地獄和陰間，審判和復活，一類「死和死後」的問題噤若寒蟬。但這方面，天主教則有比較清楚的教導和具體的做法。例如，煉獄的信仰，親人代禱的影響等等。

近年來由外國進口不少「再生輪迴」的信仰和書刊，引起歐洲基督世界的騷動，基督徒大感興趣，相信的大有人在。看來，基督教會和神學界，面對「死、死後、來世、未來的世界」等等問題，再也不容規避了！何況，死亡學、來生學、未來學，都是建立健全的人生觀的重要學問。

回歸自然免風水

常言道，「入土為安！」一般逝者，不僅要求葬身之地，更是要求按照自己的宗教信仰和習俗來進入永遠的安息地；沒入黃泉，不隨便，竟然是不分東西文化的。

歐洲某些老又大的城市，大概都有或有過，猶太人專用的基園；他們一向不願意和非猶太教徒共埋一處，例如，德國沃姆斯有非常古老的猶太基園，可遠溯至13世紀。該園至今保有1293年殉教的羅登堡拉比瑪哈蘭的墓碑。

然而，現代歐洲人的環保意識高漲，為維護水源的清潔，基地盡量限

制，不容擴張。以德國為例，方法是任何一個墓穴，埋葬屍體的期限只有二十或三十年——各地年限不同，係根據土壤消化屍體的速度的快慢而定。但是，猶太人的習俗是，一旦埋葬了，入土為安，死人等候復活，就不再清出骨骸。因此，猶太人在外國常常顯出難以入境隨俗的問題，於是，在未能擁有猶太人專用的墓園的地方只好，劃出基督徒墓園的一大區，分別出來供他們做長期間的使用。

　　至於基督徒墓穴的使用權，都是有限期的。德國的情形是：家庭墓穴可使用三十年，個人的可使用二十年。時間一到，墓地管理處，自動清理，取出骨骸以供新逝者埋葬。那麼，這些埋葬二、三十年後的骨骸是如何處理的呢？這幾乎是一個沒有人想要知道的問題。為此，我們訪問了三位葬儀社的人員，回答說：將清出的骨骸，再埋進一個隱密的，公共的地方。此後，骨骸萬善同歸，連墓石也被拆除；被拆下的舊墓碑，集合在一個廢石地。那些用火葬的，待遇也是如此。

　　骨灰甕，陶甕或石甕，可埋葬入土，也可「藏」在納骨牆。牆可二公尺高，長不過三十公尺；上面留有許多形同寄物箱的小格子，骨灰甕就放置其中。外面用薄石板密封著，刻上死者姓名和生死時間。這類埋葬，費用較少，只要新臺幣三萬元。使用的期間，也只有二十年——火葬，對於天主教徒算是比較新的方式，1964年以後該教會才允許的。

圖93：在德國沃姆斯，現存歐洲最古的猶太人墓園。墓碑上擺著省墓者留下來的小石頭，表示追思懷念。最前面這二塊墓石是羅登堡的拉比彌爾（d.1293）和他的學生亞歷山大（d.1307）的。

德國社會沒有死無葬身之地的人，就是無名的「路旁屍」、流浪人，都可享受最起碼的，最後的尊嚴：社會局出錢，火化其屍體，並將其骨骸收藏於「無名氏」一區的納骨牆。

歐洲伊斯蘭教徒的埋葬比較費事。因為沒有和其他教徒共用墓園的宗教習俗；經濟許可的，還要將屍體運回故國埋葬。不然只好勉為其難，在基督徒的墓園劃出一區來埋葬了。伊斯蘭教徒不准火葬，這也是他們比較麻煩的地方。現在，伊斯蘭教徒在德國的人數日漸增加，人多勢眾，要求政府供給他們伊斯蘭教徒專用的墓園。看來，不久可能如願。

珍重生命和親情

綜觀現代歐洲人，在世俗化的影響之下，對於喪事有二種傾向。

一、輕忽喪禮，敷衍了事：一般教徒的喪禮都頗為嚴肅，這是無關場面的，而是傳統的宗教儀式，關聯著生與死的尊重，來生的信仰和盼望，所造成的肅穆和莊嚴的氣氛。但現代有愈來愈多的人，甚至拒絕任何宗教方式的喪禮，草草了事；對待死者好像孤魂野鬼。其實，歐洲喪禮所費不多，牧師、神父主持喪禮，一文不取；會友也沒有事後答謝的習慣。所以，輕忽已經有夠簡單，有夠省錢的喪禮，真是情意不該！實在是對死者，更是對生命的一種褻瀆。

二、無名墳墓，棄如垃圾：現代歐洲人沒有，也不可能有，長久「珍藏」遺骸的可能性。這是非常不得已的，因為活人需要潔淨的水源，足夠的空間，所以墓地必要限制。然而，愈來愈多的老人，毫無經濟問題的，刻意採用「無名墳墓」，要儘快讓子女、社會忘記僅有的一點點「追念」的記號。這對於歐洲已經高度發達的「探墓文化」是個很嚴重的衝擊。兩代間的裂痕原就菲淺，如今連給子女「探墓」，恢復感情的機會也要消滅，真是情何以堪！

面對這些現象，許多政治人物和教會當局覺得不安，認為這種社會風氣，可能扭曲傳統的生命觀，誤導對待死亡應有的態度。特別是將遺骸、死胎輕率處理這回事，引起普遍關注。現在，德國政府已經立法，通過法條，規定不論在任何情況下取出的胎兒，超過五百公克的話，必須登記戶口，而後用「棺木」裝好，當做「死嬰」來埋葬或火葬。這是說，超出這重量的胎兒已經是「人」了。顯然的，這是藉著慎重處理「屍體」，來勸導妥善尊重生命。成效如何，尚待觀察！

6-2 婚禮、婦女和宗教

在歐洲常可看到的婚禮，其規模可能頗小。場面浩大的，恐怕只有少數王孫公主的婚禮——沒落帝國餘暉！就是許多成名的演藝人員、運動明星、再婚政要，也都低調從事。雖然如此，婚禮仍然是一件大事，是一件大喜事；對於虔誠的信徒，又是不能缺少的上帝的婚配，是上主願意賜予的恩寵。

婚禮中的任何新娘都是美麗的，高貴的，充分被尊重的主角。禮成以後如何呢？她們在家庭、社會和教會中的角色和地位，是否真的受到重視？她們的才能是否得到充分發揮的空間和機會？這些問題，法律雖有男女平權平等的法條，但到目前為止仍然是女權奮鬥的目標。尤其是婦女在她們宗教社會的地位，頗不理想！

婦女是歐洲宗教的要角，尤其是基督宗教的。她們的被壓抑，就是宗教的傲慢無知；她們的缺乏揮灑空間，就是宗教的病入膏肓。在這一節裡，我們把焦點對準歐洲宗教主要教派的婚禮，窺探一下姊妹們在她們的宗教傳統中，被塑造成什麼樣的形象。這樣做，對於現代歐洲婦女地位的理解，或許有些幫助。

以色列人的大婚

正統猶太教式的婚禮，含有許多美麗又意義深刻的「節目」，比起一般基督教徒和伊斯蘭教胞的婚禮，有較多的儀式行動和濃厚的宗教色彩。

按照猶太教律法，誰都可以主持婚禮，認為結婚的效力僅在當事人的同意，不在任何人的權威。但不論是在會堂，在家裡，在大小飯店舉行婚

禮，甚至在廣場，都必要十個祈禱人參加，以及二位成年的男人做證。一片喜氣洋洋的婚禮中，常有的是雙方父母出面，親戚朋友蒞臨觀禮祝福。

婚禮開始了！猶太教的結婚儀式不是在祭壇前舉行盟約的，而是在一張裝飾得五彩繽紛的婚帳下進行的。那裡，站著一位焦急等待的新郎。另一邊，由父親，有時是父母親，護送新娘到婚帳，將這顆掌上明珠交給這個男人。男女二人雙雙站在婚帳下。

這婚帳比雙人床稍大，四四方方的，四角各用插滿鮮花的彩柱撐立著，形成一個大的方錦罩。上面是一幅錦布，四方垂下一、二尺長的深紅色錦布，繡有希伯來文和圖案；每一幅，中間垂下三、四根流蘇，遠遠看來宛如我國民間的八仙彩。這婚帳要說它多麼重要，就有那麼重要；它象徵著神聖的空間，是婚姻的喜帳，是陰陽和合的巫山陽臺，更是百子千孫，萬世永昌的基地！簡單行事的，少不得婚帳，但可用祈禱披巾代替，

圖94：猶太教徒的結婚典禮。婚禮是在「婚帳」下進行的；這張婚帳算是比較樸素的，有的裝飾得非常華麗。

由四個男儐相拉緊四角，張開在新郎和新娘的頭上。

　　婚帳前，新郎和新娘左右站立著；他的父親和泰山，站在新郎的左邊；她的母親和婆婆站在她的右邊，圍成四方形。這對新人的面前，站的是拉比或主禮人，他要主持部分的儀式。

　　第一個重要的儀禮是，新郎在婚帳前迎接新娘來到。站定，只見新郎是那麼笨手笨腳地掀開新娘的面紗。這時，主持婚禮的拉比給他們第一個祝福，說：

> 我們的妹妹，願妳碩果累累，枝葉茂盛。願上帝使妳像撒萊、利百加、拉吉和利亞。願上主祝福妳，保佑妳。願主對妳顯示寵愛和恩惠。願主賜妳慈愛，給妳長足的平安。

　　好隆重的祝福啊！搬出以色列的聖祖聖婆來祝福新娘。當知，撒萊是以色列信仰之父亞伯拉罕的妻子，利百加是以撒的賢內助，而拉吉是雅各的原配，利亞是他的小妾。這些人原是人丁單薄，後來蒙上主祝福，真是生產眾多，曾經征服過迦南美地。然後，新郎和新娘共飲一杯酒。

　　婚禮繼續進行，但見新郎興奮地牽著新娘的手，走出婚帳。這時襄禮的人遞給他一杯酒。新郎飲了酒，對新娘說：

> 上主，萬世君王，你是應該得稱頌祝福的，你創造葡萄果子。
> 上主，萬世君王，你是應該得稱頌祝福的，你用誡命來聖化我們，賜我們正當的肉體合一的誡命……
> 上主是配得稱頌的，你藉著婚帳的儀禮和聖化的禮儀來聖化你以色列的子民。

　　接著是，新郎給新娘戴上婚戒，說：

看啊！按照摩西和以色列的傳統，

藉著這個戒指妳分別為聖，歸屬於我。

這樣做，古老的希伯來用語說是「聖化」，就是將原來屬於 A 的，經過宗教儀禮予以「分離」出來，使他正當地隸屬於 B 的手續。這就是猶太人結婚的重要環節，唯有如此，新娘才算是新郎正式的太太。

然後，拉比或是主席舉杯祝禱說：

上主，我們的上帝，宇宙的君王，

葡萄果子的創造者，你是配得讚美的！

接著就是婚姻的「契約」。司禮者宣讀契約書的內容：

本契約證明，在五千七百……年〔猶太曆〕，……月，……星期的第……日，假……〔地點〕，在上帝和眾人的面前，新郎和新娘完成婚約，結成夫婦。

新郎充分意識到結婚嚴肅的義務，鄭重向新娘宣告：「當按照摩西和以色列人的傳統，分別為聖，來做為我的妻子。我將愛妳，惜妳，尊重妳；我會保護妳，支持妳；我會按照猶太的律法和傳統，忠實地關心妳的需要。」

新娘向新郎宣告：「戴上了這個婚戒，我用全部的愛承諾做為你的妻子，來實現賦予一個猶太人的妻子所有的義務。」

之後，新郎和新娘簽名。這份契約書，有時包含萬一離婚的條件，或丈夫早逝承受遺產的約定等等。這份文件，一般都是用亞蘭文寫的，但用英語，或當地眾人通曉的語言，做摘要的宣讀。

然後，拉比舉杯祝福，給這對新婚伉儷做「七項祝福」──讚美上帝

創造萬物；讚美上帝按照祂的形象造男造女；讚美上帝使亞當和夏娃快樂地生活在伊甸園裡，等等。這些祝福是寓意的，用來慶賀新郎和新娘像亞當和夏娃賦有創造和生產的能力。拉比如此這般祝福，到了第五福，突然來了一個大轉彎，祝道：

> 願錫安歡喜快樂，
> 當她的子女歡歡喜喜歸來的時候。
> 哦，上帝啊，你是應得稱頌的，
> 你要帶錫安的孩子們高高興興地歸來。

這裡，錫安是不速之客，為什麼會出現在層層喜氣的婚禮呢？顯然是強烈的民族認同，民族永續觀念在升揚，在招手！歷史中的錫安城，耶路撒冷的居民，男男女女流亡天涯海角，在1940、50年代，有近三分之一死於大屠殺——這對新婚夫婦也是錫安人，在他們的人生大喜中，仍然心心念念，記得自己的民族的命運。如此忠心認同自己的民族，難怪他們能夠養育出科學、政治、經濟、教育、藝術、宗教，各界足能影響美國、英國政府決策的猶太人，來做出種種有利以色列國的政策。

拉比繼續祝福。又是何等崇高的祝福，把新婚的亞當、夏娃聯結到全體以色列人的快樂和祝福。婚禮，原是個人的、一己之私的儀禮，現在已經是錫安和以色列的大婚；多麼樂觀地關聯著，展望著彌賽亞帶來的禧年：

> 上主，我們的上帝，宇宙的君王，你是配得讚美的，
> 你創造歡喜快樂，新郎和新娘，歡笑和歌聲，
> 你賜人愛戀和敦睦，平安和同伴。
> 哦，主我們的上帝，願猶大諸城，耶路撒冷大街小巷，

新郎和新娘歡喜高興的聲音都能被人聽到。

願那些參加在婚帳下聯姻的人的嘻笑聲，

少年男女喜宴的，歌唱的聲音，響徹雲霄，遍滿人間。

然而，婚姻究竟是一男一女的，極端私人的關係，是一定要落實在快樂和幸福，現實世界和日常生活的。於是，拉比的第七個祝福是：

哦，上主啊！你是配得讚美的，你使新郎喜愛他的新娘！

多麼乾脆，婚姻的目的，不是喜和愛嗎？──且慢！拉比有言，這「新郎喜愛他的新娘」不是一般浪漫的，肉慾的愛情，而是關聯到創造、啟示和救贖的愛。此說太玄，聊備一說可也。若說這喜愛是亞當第一眼看到那個「我骨中的骨，肉中的肉」的震撼，也許比較合乎人性，更能反映男歡女愛的當前實況。

婚禮結束，有的新郎摔破玻璃杯，用腳踏碎，同時大聲喊叫：「恭喜啦！」──這種風俗的來源不可考；說是，記念受毀壞的聖殿；或說是，新郎在大喜中的覺醒，意識到悲哀和歡喜同在（耶33:10－11）。

總之，保守的正統猶太教徒的結婚儀禮，象徵的意義非常豐富，包含創造、歷史、民族、家庭、性愛、生育、社會、末世，等等猶太教重要的教義和理想。從這個角度看，現存許多古老的其他宗教的婚禮，鮮有能與之比擬的。

上面所描述的，主要是保守猶太教一派的婚禮，雖然地域性的差異，影響儀式的程序和做法，但相差不會太大。至於自由派的猶太教徒的婚禮，已經算是「另類」了；那是高度的現代化、多元化，說她是非猶太教化也不為過，因為結婚的對象不一定是猶太教徒，基督教徒有之，伊斯蘭教徒有之，就是無神論者也有之。

猶太女子的理型

要看宗教中的女人，不能不考慮她們的教派背景，自由派的都有高度的國際性和相似性。倫敦、巴黎、莫斯科的自由派猶太教女人，跟這些地方的基督宗教的自由派女人，在思想、教育，職業和婦女角色，等方面並沒有什麼顯然的差別。但保守派的，在她們活出來的女性特質裡，仍然有傳統宗教文化的風味。

保守正統派猶太教徒為數不多，但是他們的「標誌」鮮明，男人的形象有如本書前一節所描寫的。他們的女子衣著保守勝過本派的男士：衣領高不露頸，袖長要掩玉臂，裙必藏膝，足不離長襪。如此裝扮，加上端莊的神氣，只好等待「識貨」的同派君子來欣賞，來好逑了。

這一群傳統正統派的女子，不和男生一起上學，書不必讀得像男孩子那麼多，多數進入宗教學院，攻得教育證書，來做個好老師。專心準備的無他，就是很快就要膺任賢妻良母。大概二十歲出頭就已經名花有主了！她們最大的榮耀就是教育出非常傑出的孩子，譬如說：「愛因斯坦的母親！」

這一派的女生的世界是家庭，正是古代封建社會「主婦」的角色。這種好女子，甚至在猶太教的神聖社會「會堂」裡，也沒有地位，沒有可扮演的角色；就是神聖的語言「希伯來文」也可以免修——因為，摩西律法和希伯來文是本派男人的專利；宗教、政治、科學、經濟是男人的世界。

至於現代自由派的猶太教女子，則在各方面都可和猶太教男人平起平坐了！在過去，學習希伯來文，研究《希伯來聖經》和《猶太法典》是男人的專利，猶太教拉比職位更是男人獨佔的天下。柏林猶太教自由學院到了1906年才准許第一個女人「旁聽」猶太教的學問。1922年，柏林保守的猶太教神學院，才有女人就讀，畢業後在學校教授猶太教的相關學科。

經過無數猶太教姊妹們的奮鬥，猶太教才有女拉比誕生。世界第一位

女拉比是德國猶太人約拿舒，畢業於柏林猶太教學院。但當時保守的猶太教始終不能任命她成為駐會堂的拉比，只能做代理男拉比的工作。不幸，1944年死於波蘭奧斯維茲集中營。此後，美國和英國任命了幾位女拉比。

近半世紀以後，德國到了1995年，才有第二位女拉比韋俐亞，她服務於北德布蘭斯韋克會堂。她是瑞士的猶太人，畢業於倫敦利歐別克學院以及紐約的美國猶太教神學院。諷刺的是，猶太教的學問開放給女人學習，比其他學科慢得太多了。現今，猶太女人在醫學、法學、藝術、科學、文化，真是人才濟濟！

現實如此，那麼猶太教經典對女人的態度如何？地位又如何？

首先，猶太人是男性主義的，君不見以色列的祖先流行一夫多妻制，直到西元1000年，才轉變成一夫一妻的制度──雖然《希伯來聖經》沒有教訓男人納妾，但並無法超越人類父權社會的宰制。無疑的，《聖經》中女人是依附、順服男人的，具體而言是依賴她的父親和丈夫（創2:24─25;3:8）。這種依附性，在上帝創造男女的神話中，說得相當清楚：

> 耶和華上帝使亞當沈睡，他就睡了。於是取下他的一條肋骨……上帝用那人身上所取的肋骨造成一個女人，領她到他面前。那人說：
> 這是我骨中的骨，肉中的肉，可以稱她為女人，因為她是從男人身上提出來的。
> 因此，人要離開父母，與妻子聯合，二人成為一體。當時夫妻二人赤身裸體，並不羞恥。（創2:21─25）

也許可以說，這段經文表示重女輕男，因為夏娃是從人的「肋骨」造成的，而亞當只是「塵土」！如此，女人不是比較珍貴嗎？《聖經》原義不是這樣的，因為不論什麼骨，本質上都是「塵土」；這裡要說的是「依屬性」。

其次，女人的角色和地位主要限制在「妻子」和「母親」。是的，這是猶太人最能肯定的女人的角色，也是女人最偉大的天賦 —— 此二項是女人專利，男人是無能撈過界的。同時，《聖經》裡對這兩種角色給予高度尊重，是極有尊榮的。猶太人對於「賢妻」是那麼激情，毫不保留地讚美：

才德的婦人誰能得著呢？
她的價值遠勝過珍珠。
她丈夫心裡倚靠她，
必不少利益；
她一生使丈夫有益無損……
她好像商船從遠方運糧來……
……

她張手賑濟窮苦人，
伸手幫助窮乏的人。
她不因下雪為家裡的人擔心，
因為全家都穿朱紅衣服。
……

能力和威儀是她的衣服；
她想到日後的境況就嘻笑。
她開口就發智慧；
她舌上有仁慈的法則。
她觀察家務，
並不吃閒飯。
她的兒女起來稱讚她有福；

她的丈夫也讚美她，說：

才德的女人很多，

唯獨妳超過一切！（箴31:10—29）

對於美麗的女人，猶太人是頗有藝術眼光的；他們歌頌清純秀麗的少女，讚嘆成熟的，充滿性感魅力的女人。請聽這段戀歌：

我親愛的，妳多麼美麗！

妳的眼睛在面紗後面閃耀著愛的光輝。

妳的頭髮像一群山羊，

從基烈山跳躍著下來。

妳的牙齒如新剪的毛，

剛剛洗淨的綿羊一樣白，

成雙成對地排列著，

一顆也不缺少。

妳的嘴唇像一條深紅色的絲帶，

妳開口說話時秀美動人。

妳在面紗後面的雙頰像泛紅的石榴。

……

妳的雙乳像一對羚羊，

像孿生的小鹿在百合花中吃草。

……

我親愛的，妳多艷麗！

妳多麼完美！（歌4:1—7）

另一方面，猶太男人對於外貌妖嬌，內裡草包，或騷包的女人，卻有

一大堆不堪入耳的話，說什麼：「婦女美貌而無見識，如同金環戴在豬鼻上。」又說：「才德的婦人是丈夫的冠冕；貽羞的婦女如同朽爛在她丈夫的骨中。」再說：「艷麗是虛假的，美容是虛華的；唯敬畏耶和華的婦女必得稱讚。」（箴11:22;12:4）

此外，以色列女人有不少活躍在以色列歷史舞臺上的。對於民族存亡有功的女人，《希伯來聖經》給予立傳，使她流芳萬世，例如，路得、以斯帖。在戰役上有傑出貢獻的女人，也都名留青史，例如，摩西的姊姊女先知米利安，當先鋒，帶隊衝過紅海（來15:20—21）；女先知底波拉參加戰陣，鞏固以色列軍心（士4—5）。惡名昭彰的風雲女人，像霸王妖忌姬拔示巴（撒下11），又像敵對以色列眾先知的王后耶洗碧（王上19），等一班女人也都有案可稽。

雖然名女人的事跡是史家注意記錄的，但《希伯來聖經》的作者並沒有忽略無數沒沒無聞的猶太婦女。《聖經》裡隨處可以碰見她們：牧羊、擠奶、紡紗織布的少女；處理家務、教育子女的母親或妻子；慶典載歌載舞的婦女。全面看來，《聖經》中的猶太女人是尊榮的，在女人普遍受到壓制的古世界，算是已經高高地「出頭天」了！

基督宗教的婚禮

所謂基督教的結婚典禮，基本上是一種「禮拜」，會眾要唱聖歌向上帝獻上感謝和讚美；新郎和新娘要領受《聖經》的聖訓，所以有讀《聖經》，有牧師神父簡短的講道；這對新人做結婚的宣誓，所以要唸或回應「婚姻禮文」，並交換婚戒。最後是祝禱。然後，新郎！新娘走出教堂，來接受親友來賓的慶賀。

歐洲基督宗教教徒的婚禮，一般都算是小「規模」的，婚禮的「節目」也頗簡單。比較而言，最可取的是：少有宗教人長篇說教，沒有VIP開黃

腔充祝詞，沒有一隊接一隊的難聽祝詩，沒有雙方家長有口難言的謝詞，沒有何方介紹人的亂彈一通。從這個觀點看，多數歐洲基督教教徒的婚禮「沒啥」，頗不足觀也！為什麼如此「單調」？答案是：婚禮不是「迎鬧熱」或大拜拜。

但仔細一看，這簡單的儀式卻是相當有個性又多變化的，因為當事人對於婚姻儀禮中的禮文、誓言、要誦讀的經文，甚至牧師講道的內容，都可能別有要求。如此，造成各式各樣，幾乎沒有一場婚禮有相同的儀式程序。只是羅馬天主教的，就比較一元化，結婚當事人改變結婚儀禮的空間幾乎沒有。

傳統的基督徒結婚的誓約文，有這麼一問一答。性情保守的，或對於典禮無所謂的人，總是像鸚鵡學舌，問答一番：

牧師問：「彼得，你是否願意娶安娜為妻，按照上帝的誡命與她生活，不論是健康或生病，你願照顧她……不娶別的女人，一生不離開？」

彼得答：「上帝助我。我願意！」接著，問新娘。

牧師問：「安娜，妳是否願意接受彼得為丈夫，按照上帝的誡命與他生活，不論是健康或生病，你願照顧他……不跟別的男人，一生不離開？」

安娜答：「上帝助我。我願意！」

但現在，許多歐洲基督徒要求有個性的婚禮儀式，要合乎誠實原則的誓詞。於是當事人要求參與安排婚禮程序，指定牧師講道的經節，一起草擬教會和結婚人都能接受的誓詞，例如，上面的宣誓文，「……一生不離開？」可能改做「……盡力不要離開？」給將來的變卦留下所謂「誠實的迴旋空間」。據說，有的甚至乾脆改成「婚期三年，合者再議……」

歐洲人的婚姻是用嚴格的法律條文規範的，宗教的結婚儀式是可有可無的。但是，對於一對虔誠的新人來說，那是很重要的儀式；就是大多數教徒還是喜歡在教堂舉行結婚典禮，祈求上帝祝福，接受親友的祝賀，哪怕明後年，或明後天有「拜拜」而去的可能性。

教徒要在教堂結婚典禮之前，必先驗明正身，向神父、牧師交代官方結婚完成，登記手續已經完備。這樣做，不僅是尊重法律的權威，也是教會的自尊：天主教不准離婚，又視結婚為七項聖禮*之一。聖禮不會錯誤，神父的證婚豈容出錯？

基督宗教的婚禮儀式雖然簡單，但其道理是相當古老，複雜又奧妙。以天主教而言，只有新郎和新娘都是天主教徒，神父在祭壇面前的證婚才算是完全的，才算是聖禮；沒有受洗的新郎或新娘，神父不會向他們行聖禮。換句話說，神父沒有給雙方都是非教徒證婚的可能性，姑不論非教徒有無這種請託。

有一事，對臺灣基督徒頗有意思的是，筆者發現德國路德宗基督徒婚禮，鮮有誦讀《新約聖經》中〈愛的詩章〉和〈聖保羅婚姻訓誨〉的。而此二名篇卻是我們的新郎新娘的最愛，更是教堂聖歌班的必唱。所謂〈愛的詩章〉是這樣吟誦的：

愛是恆久忍耐，又有恩慈；愛是不嫉妒；

愛是不自誇，不張狂，不做害羞的事，不求自己的益處，

不輕易發怒，不計算人的惡，不喜歡不義，只喜歡真理；

凡事包容，凡事相信。凡事盼望，凡事忍耐。

愛是不止息的！（林前13:4—8）

不錯，夫婦能沐浴在這種高度浪漫、無邊理想的愛河裡，也是上帝原初結合亞當和夏娃的用意。至於天主教高度肯定的，傳統做為基督教婚姻神學基礎的〈聖保羅婚姻訓誨〉，也許陳義過高，嚇走了自覺離開聖潔頗遠的新郎、新娘，以及原罪未盡的牧師、神父，所以不敢用來規範現代信徒的婚姻。這段奧妙非凡的聖訓，是這樣宣示的：

妳們做妻子的，當順服自己的丈夫，如同順服主。因為丈夫是妻子的頭，如同基督是教會的頭；祂又是教會全體的救主。教會怎樣順服基督，妻子也要怎樣凡事順服丈夫。你們做丈夫的，要愛你們的妻子，正如基督愛教會，為教會捨己。要用水藉著道把教會洗淨，成為聖潔，可以獻給自己，做個榮耀的教會，毫無玷污，皺紋等類的病，乃是聖潔沒有瑕疵的……（弗5:22—27）

不言而喻，基督徒女性主義者是不能接受聖保羅這般訓示的！其實，聖保羅用基督和教會來類比新郎和新娘的結婚，也是大有問題。試想，患有大男人主義的傲慢丈夫，哪堪得玉潔冰清的新娘來「順服自己的丈夫，如同順服主」？那些IQ既低，EQ又缺乏的丈夫，哪堪做聰明又賢慧的「妻子的頭」呢？讓筆者做個小注腳吧！聖保羅混淆了創造和拯救的秩序！人間的丈夫，有誰能救贖他的妻子呢？丈夫何德何能？

另一方面，羅馬天主教對於教友結婚採取相當嚴謹的要求。例如，離過婚的天主教徒，天主教教會不准再給予證婚，因為結婚是聖禮，是上帝

恩典不可外加，也不會分解的恩寵。又如，天主教教友和非教友要在教堂結婚，必先請得主教的同意 —— 雖然有請必准，但仍然看守著教會對信徒的訓牧權柄。就這方面，路德宗教會就顯得寬鬆自由；別說離婚的可來聖壇再行結婚典禮，就是近年來也有牧師給同性戀的「結婚」舉行「祝福」儀式的。

這樣講，並不是意味著天主教全然食古不化，她在進步，在學習如何更妥善地對待人間的問題。例如，第二次大公會議（1965）以後，教徒和非天主教徒結婚，已經不需保證子女必須接受天主教的洗禮，以及用天主教的信仰來施行教育；此前，都是要歸化天主的。相對而言，路德宗對信徒的要求就顯得相當寬鬆了！

尊貴又完美的女人！

婦女在基督教世界的地位，應該是崇高的，充分能夠發揮婦女的能力和角色才是。因為耶穌的生活和傳統事工，有幾位叫做馬利亞的女士（太27:55, 61; 28:1；路10:38—42；約11:1ff），以及好多位婦女的關心和幫助。那首先發現耶穌復活，宣揚這消息的也是女人（太28:1—8）。

使徒保羅的傳教工作，更是獲得好多位既虔誠又有智慧的女士的協助，她們也有傳道的能力，例如，亞居拉和他的太太百基拉，給大有學問的猶太人阿波羅講解基督教的道理（徒18:24—26）。信仰的典範，女信徒也不少，例如，提摩太的媽媽友妮基，外祖母羅以（提前1:5—6）。其他又有幾位教會的棟樑，她們是做生意的婦女。顯然，婦女在初期基督教會是相當活躍地扮演著建立教會的重要角色。

然而，基督教會對於女人仍然是延續猶太教「賢妻良母」的理想，以及女人順服和依附男人的傳統，所以後來聖保羅甚至有如此難得女性主義者原諒的教訓，他說：

婦女在會中要閉口不言，像在聖徒的眾教會一樣，因為不准她們說話。她們總要順服，正如律法所說的。她們若要學什麼，可以在家裡問自己的丈夫。因為婦女在會中說話原是可恥的。（林前14:34—35）

此外，聖保羅又將女人順服男人的思想，予以儀式化，變成女人祈禱也得「蒙頭」。他說：

我希望你們明白，基督是每一個人的頭；丈夫是妻子的頭；上帝是基督的頭。因此，男人在公共場所禱告或宣講上帝信息的時候，要是把頭蒙著就是羞辱基督。可是妻子在公共場所禱告或是講道，若不蒙著頭就是羞辱自己的丈夫⋯⋯女人要是不蒙頭，倒不如剪掉頭髮⋯⋯男人不必蒙頭，因為他反映上帝的形象和榮耀。但女人是反映男人的榮耀。（林前11:3—7）

聖保羅這種說法是不可理喻的！他給女人製造了許多「頭」目，要蒙她們的頭，又要剃她們的頭。如此，跟他宣講的「人在基督裡的自由和釋放」的道理是非常衝突又矛盾的！

歷史清楚指出，基督教會沒有跳越宰制她，也是建造她的社會和文化。易言之，在猶太文化「賢妻良母」型的傳承，和羅馬父權社會的制度下，基督宗教對於女人的天賦神恩過分限制在家庭、兒女和丈夫身上。連最適合女性從事的宗教工作，神學、醫學和法律，也籠罩在男人的手中。

歐洲人處處崇拜聖母馬利亞，就像臺灣家家侍奉媽祖婆！但諷刺的是，為什麼二千年來的天主教會，即使女人選不上教宗，至少也得任命幾個女主教，或按立幾個女神甫，如絮司！為什麼連半個都沒有？為何只是允許女人當修女？路德宗教會也是故步自封的，近幾年來才選出一、二個女主教。相對於歐洲世俗社會中女人的可能性，基督宗教給她們發展才能

的空間和機會實在太小了！

根據上教堂的人，有70%是女人這個事實！保守的基督宗教不為婦女開放是不可能的。我們樂觀地預測，不久天主教會有女神甫、東正教有女祭司！有朝一日，梵諦岡的教宗是女人——克羅斯筆下的約安（855）是個女教宗*！保守的猶太教已經有女拉比了！這些老宗教都無能規避現代婦女的挑戰和改革。

那麼，這樣的樂觀預測是可能的嗎？可能！因為歐洲基督宗教中有一位廣受崇拜的女人，千百年來無數聖樂名曲歌頌讚美她，無數信徒、神父、修女信仰她、愛她、獻身給她。她就是童貞女，是聖母，又是上帝的媽媽*馬利亞！這樣強烈的女性、母性和神聖融合於一身的女人的薰陶下的宗教社會，男宗教人敢壓迫，敢不尊重，敢不趕快讓出應有的地位給女人嗎？除非這些男宗教人在敷衍聖母馬利亞！

女教宗

美國女作家克羅斯研究過五百多件古代手稿後寫成小說：《教宗約安》（*Pope Joan*. New York: Ballantine Books, 1996）。主角教宗約安是個女人，本書就是寫她的生平，她如何奮鬥而後爬上梵諦岡的寶座。雖然作者相信約安是女教宗，天主教會斷然否認，而作者對於855年發生的事件，沒能全然把握，所以只說是歷史小說。

上帝的媽媽

聖母馬利亞是也。這是天主教發展出來的教義，其邏輯推論是這樣的：馬利亞是耶穌基督的媽媽，而耶穌基督是上帝，所以馬利亞是上帝的媽媽。此說，與其說是天主教神學研究的結果，不如說是簡單的推論和千百年來馬利亞崇拜的必然結果。
聖母馬利亞被崇拜始於第4世紀初，到了宗教改革後期馬利亞崇拜大為流行，許多有關馬利亞的事紛紛出籠，例如，馬利亞唸珠、馬利亞雕像、聖心馬利亞、女王馬利亞節日、馬利亞朝聖、馬利亞學會，甚至幾乎每一個教堂都有馬利亞小教堂。為什麼？她不僅是童貞女，而是三位一體的「聖子上帝」的媽媽！

圖95：英國聖公會的女祭司。該會終於有了女教職人員，圖示1994年3月，她在布里斯多主持首次聖餐典禮。

妳願嫁他為妻嗎？

伊斯蘭教徒的結婚儀式相當簡單，可以在家裡或在清真寺，舉行婚禮。那主要是新郎、新娘和家長、親友參加。婚禮儀式主要是誓願，而這項誓願是很特別的：

伊曼問新郎：「你，阿里願意娶桑雅為妻嗎？」

新郎堅定地答曰：「我願意！」然後，

伊曼轉向新娘，問她：「妳，桑雅願意嫁給阿里，做妳的丈夫嗎？」

新娘嬌羞又大方地回答：「我願意！」

誓約的儀式還未完成。但見，

伊曼再問新娘：「妳，桑雅願意嫁給阿里，做妳的丈夫嗎？」

新娘再回答：「我願意！」

伊曼三問：「妳，桑雅願意嫁給阿里，做妳的丈夫嗎？」

新娘三答：「我願意！」

這是伊斯蘭教徒婚禮最重要的一環，也是給教外人批評不休的弱點，未免使人聯想到伊斯蘭教徒要離他的妻子，也是只要丈夫連續說三次「我

要休妳」就已生效。

　　無可諱言的，歷來歐洲人對於伊斯蘭教徒多有所不解，尤其是給人一種「男人至尊無上，女人至卑無限」的印象，例如，《可蘭經》的，表現在婚姻的一夫多妻，及離婚的方式，以及頭紗、頭巾所象徵的，不合現代文明世界的婦女權利。

　　以《可蘭經》而言，內中有許多男尊女卑的思想，例如：

> 男人是支配女人的，因為真主使他們比她們更優越……你們怕她們不服從，你們可以勸戒她們，可以和她們同床異被，可以打她們。(4:34)
>
> 她們應享合理的權利，也應盡合理的義務；男人的權利，比她們高一級。真主是萬能的，是至睿的。(2:228)
>
> 你們的妻子是好比你們的田地，你們可以隨意耕種。(2:223)

　　妻子似田地，丈夫「可以隨意耕種」。這是怎麼一回事啊？不可說，不可說！顯然是古代夫權惡霸時代的教條。可怕的是，藉著宗教信仰的勢力，來物化女人，腐化男人。

　　有關伊斯蘭女人在宗教社會中的問題，太複雜了，我們不能在這裡做到客觀的報導。但應該說明的是：先知穆罕默德的宗教改革，對於當時的社會是非常高度的道德要求，改變了許多阿拉伯部族陋俗。例如，當時阿拉伯女人是沒有什麼價值的，一個男人只要有錢，就可像購買駱駝一般地購買妻子；男人也可以隨意離婚。先知改變這種惡俗，他說：

> 如果你們恐怕不能公平對待孤兒，那麼，你們可以擇娶你們愛悅的女人，各娶兩妻、三妻、四妻；如果你們恐怕不能公平對待她們，那麼，你們可以各娶一妻，或以你們的女奴為滿足。這是更近於公平

的。（《可蘭經》4:3）

　　這樣的話，《可蘭經》顯然不主張一夫多妻。僅用現代的觀點來批評伊斯蘭教的「一夫多妻」，是不夠客觀的。

　　實際上，伊斯蘭教徒也是入境隨俗的，在歐洲這種一夫一妻的社會，太太萬萬歲的家庭，訴請離婚必由法律處理，多妻思想還敢發酵嗎？就是伊斯蘭男人，心理構造都是齊人之福傾向的話，又能怎樣？何況，立足於歐洲的伊斯蘭女教胞，在教育、經濟、政治等方面直接受到當地基督教社會和文明的影響，教育程度提高，經濟可以自立，政治權利有保障，還自甘墮落做男教胞的二、三、四號小妾嗎？

　　歐洲的女穆斯林有希望了！她們的權利和地位，與時俱增，不會日遭剝削。

6-3 人生患難的關顧

　　宗教不但開示生老病死的奧秘，教人認命或教人超脫，更重要的是鼓勵人用實際行動來關懷照顧遭遇生活困難，面對危機、患難的人。這種悲天憫人的情懷和實際，是世界宗教普遍的現象，雖然奠基的一些宗教思想可能不盡相同。

　　基督教會初創以來，病患、孤兒、危急的、窮苦的老人，等等，有教會和信徒隨時隨地關懷照顧。到了1100年，也有教會或善心的教徒設立的病院，修道院兼顧關懷人生的苦難；無數修士、修女默默地扮演著救苦救難的天使。

圖96：聖馬太病院。圖中正在照顧病人的，不是一般護士，而是修女。該院建於16世紀，義大利的佛羅倫斯；現在只剩下門廊，留給後世憑弔。本多模的畫作。

宗教改革時期，新教沒有修道院，要如何實行社會服務呢？馬丁‧路德有見於此，在宗教改革的重鎮威丁堡市區的馬利安教會設立了第一個「教區獻金櫃」，來募捐救濟苦難，扶助貧困無依的人；此事，引起改革派教會的熱烈回應。威丁堡教會獲得信徒大力捐獻，僅僅這個教會就募得支持三間慈善醫院的經費。似此，基督新教自開宗伊始，就展開教會的社會服務。

然而，不論天主教或基督新教，一直到了19世紀初，歐洲教會才有大規模的，比較全面性的社會服務！此後，基督宗教關顧人生患難的服務事業如兩後春筍，其貢獻有目共睹。

這裡，我們只能介紹幾種國人比較不熟悉的、新近的基督宗教的社會服務，藉以映托出基督徒反映上帝愛世人的精神和做法──歐洲猶太教和伊斯蘭教各有其社會服務；可惜，我們目前無能涉及那些領域。

圖97：獻金木櫃。基督新教失去原有的教會資源後，只好開始募捐來做救濟事業。本櫃設在聖馬利亞教會（c.1422），維持過三間醫院，以及其他多種慈善事業的經費。

上帝同工處處有

　　行善不必廣告，但傳播善人善事，來擴大救濟事業和效果也是很有意義的。這裡有許多堪得諾貝爾和平獎的個人和團體，他們是基督宗教社會服務機構和有關人員；他們的工作需要擴大宣傳，好聚集更多的人來擔負起人類的苦難。這些服務機構太多，不能一一，但舉數例，以供理解教會社會服務的動機和宗旨的一斑。

　　「救世軍」：英格蘭的牧師布斯在1865年創設於倫敦的。機構稱「軍」實在無關軍隊，乃是救貧、救娼、救苦、救難的教會組織；只是採用軍隊的職稱和組織形式，以及效法好軍人的嚴守紀律，勇敢精進，犧牲奉獻的精神。2001年初，救世軍在莫斯科照顧貧民，當地政府卻不理人民的需要和歡迎，說要解散他們，理由只因為他們是「軍」隊。

　　「德國福音教會社會服務機構」：這是由德國漢堡的牧師韋賢在1848年發起，而於路德宗的母會威丁堡的馬利安教會成立的「國內傳道事工中央委員會」經過數次轉型而成的；這是德國超教派，甚至是超國境的社會

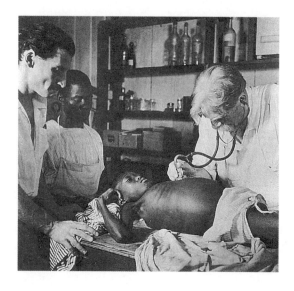

圖98：行醫中的史懷哲。集神學、醫學、哲學、音樂博士學位於一身。自從1913年以後，在非洲蘭巴特行醫傳教。他彈得一手好風琴；戰後進行救援歐洲老琴運動，保住了許多好風琴。

服務機構。顯然的，這個委員會的工作就是要救助陷在工業革命浪潮裡，失業困苦，靈性頹廢的德國人；而現在這個「德國福音教會社會服務機構」是超教派的，成員有二十四個德國州邦教會；十個自由教會；一百個職業團體；三萬一千個獨立機構，如「性工作婦女諮詢會」等等。這個機構的薪給人員有四十萬二千人；義工則有數十萬人。

應該說明的是，這個組織不僅是「龐然大物」，重要的是她的功能很好，救苦救難不分國境，例如，在1959年，該會發動「麵包救世」運動，專門救助饑荒、戰亂、自然災害、未開發等地區的難民。現在這項工作得到普遍的，熱烈的響應。該會在1977年，創設「人權工作室」，從事維護人權，拯救人權的犧牲者。上面這二種社會服務，也已經是國際性的，超教派的合作事工了。

「德國福音教會社會服務機構」不只是做那顯而易見的大事，許許多多細而不顯的重要善事，多是盡力以赴的，例如，關心流浪街頭的兒童；協助無業少年和性工作者；開設「保護婦女兒童之家」，現有四十一家，「禁藥諮詢」；「子女教育協助」；「孕育問題諮詢」；「難民協助」；「債務問題諮詢」；「單親協助」等等服務的工作。

如此，歐洲基督宗教不僅是口傳神愛世人，也是隨時隨地在召呼任何人來一起跟上帝同工。

教會服務在車站

—— 哈囉，好姊妹，請給我準備一套內衣褲，一雙襪子……

—— 請快過來！第八月臺，有一位視障的男人需要幫助。

—— 可以進來嗎？我要一杯咖啡！

—— 快！快叫救護車，有人昏倒在這裡。

──可借用您們的輪椅嗎？

──我要買張車票到畢勒菲特少了二十馬克……

──借用一下桌子！給我的baby換個尿布。

──小姐，我這隻狗要喝點水！

──我不是外國人，來此觀光丟了……

──狗屎！我要的，你們都不給！

　　上面是德國法蘭克福「基督教火車站服務」人員，常常面對的要求，或不滿的一小部分。基督教火車站服務的義工，對於打電話來的，自己進門的，都會盡其所能來幫助他，解決他的困難。

　　全德國大都市的火車站，例如，柏林、漢堡、法蘭克福、慕尼黑等，都有這種服務。顧名思義，火車站服務的工作內容，是跟坐火車有關係的事情，所以像獨自搭火車的小孩，詢問如何換車的人，殘障的、失物的、寄交物件的旅客，會來這裡要求協助。如此，應該是火車站本身的業務，為什麼「基督教社會服務」也插上一腳，這未免太「雜插」了！說的也是！火車站服務，原來創設的目的並不是要做這一類幫手的。

　　基督教火車站服務，是柏林基督教牧師布克哈特在1894年，創設於柏林火車站的。那時，這位牧師所以會如此做，實是眼見來到柏林大都市找工作的鄉下少女，是那麼容易被騙。這時，教會的火車站服務人員，是到月臺去自動提供輔導和服務的，例如，先解決她們過夜的地方，介紹到清白人家做幫傭，等等，以免落入壞人的圈套而淪為妓女。

　　這種做法對當時的社會是很有意義的，五年後（1899）法蘭克福也提供這種服務。此後，很快就擴張到全德國；現在全國有五十五個都市的火車站有這種組織，雖然服務性質大大不同於原初。

　　需要說明的是，德國布克哈特牧師此項服務工作之前，瑞士在1875年

已經有「國際少女之友協會」。她的會員都是女人，她們於1872年，就已經開始在蘇黎世火車站來特別照顧單身少女，不論是旅行或求職的。這個協會的工作，應該是德國基督教火車站服務的原型吧！

現代基督教火車站服務，並不都是那些點點滴滴的幫忙。最忙碌的可能是1950到1960年代之間，多少從東德避難到西德的難民，得到教會車站服務的大幫忙：尋親、問路、借錢買車票等等，要幫忙的事真是難以盡言。其次是，1960到1970年代，車站常常徘徊著不如意的、思鄉的外國人，那是來自義大利、希臘、土耳其的傭工。這時基督教的服務人員，有時得比手劃腳來做說明、安慰或輔導。

二次大戰結束時，千萬傷兵自前線回來。這時，基督教火車站服務人員，就得細膩的協助他們下車、出站、搬運行李。

頗不能理解的是獨裁者的想法，如此有功於社會的教會服務工作，竟然在1939年被希特勒政權關閉！

德國基督教火車站服務的歷史，可窺見德國的社會史的許多面相。

安寧歸天咱相送

時間是1967年某日，英國倫敦「基利斯多福安寧療護病房」落成了！

今天，聽到此類病房，好像沒啥，但她的誕生，是英國女醫師桑黛舒經過十八年之久的祈禱，而後實現的大夢！她敏銳深刻又豐富的愛心，結成具體工作和組織之後，無數遭受惡性腫瘤凌辱的絕望者，得到最高的尊嚴。他們在醫生、護士、專業人員照顧下，肉體的疼痛減少到最低限度，心靈的恐懼徬徨有了立命的定向。生命到了最後一刻，病床四周的慈祥天使驅逐勾魂惡鬼，讓靈魂逍遙地飛升天家。何等寶貴的安寧療護病房啊！

那麼，桑黛舒醫師這種構想的淵源是什麼？從何而來？來自中世紀歐洲基督教的修道院的一種工作。在那些世紀裡，不論是城裡或郊野的修道

圖99：教堂緊急救護。在寒冷的冬天，教堂開放給無家可歸的人。這是倫敦聖雅各教堂。

院，總準備著幾個房間來收容生病的旅人、臨死的流浪漢和身罹絕症的病人。同時，教會設立特別修會，訓練修士、修女來照顧他們；不僅是醫療技術，而且發展出生死都在基督裡的「臨終藝術」來送這些隨時會死的人於最後的一站——收容這些病患的房間就叫做「上帝的旅社」，也就是現代所謂的「安寧療護病房」了。

桑黛舒醫師創立安寧療護病房的理想，不但來自救苦救難的教會傳統，也是由於自己行醫臨床的深刻感受和反省。眼見多少癌症病患，醫藥罔效時仍然用盡辦法，不管病人的痛苦和尊嚴，只為了要延長他的一口氣。桑黛舒醫師不能認同這種做法，而主張減少身體的疼痛，讓病患自然往生的醫護原則。

此外，她的安寧療護病房融入基督教的信仰，特別是對於生命的態度。桑黛舒醫師提供她的患者理解並接受「人生就是朝聖客」的這種態度：現世的生命，要通過死亡，以到達復活，而終於最後的永生境界。所以她鼓勵病患毋須後悔哀傷來清理誤謬荒唐的過去，然後用平安歡喜的心來接受現在和未來。這是歷代基督教信仰的英雄共有的態度——抱著嚮往更美好的新生命的信心而歸去！

桑黛舒醫師的理想成為「安寧療護病房運動」，隨即引起熱烈的回

應，很快地傳遍到世界各國。據悉，現在臺灣有幾間醫院提供此項服務。

救東歐共產餓殍

1991年以後，前東德人民漸漸從共產世界的貧困中脫離，轉型成西德比較富裕的生活；西德的商人眼見商機難得，將西方世界的消費主義帶到東德。儘管東德的人民還談不上高消費的能力，但社會很快的浸淫在一片認真賺錢，努力花錢的浪潮裡。

這時，馬德堡天主教會的主教挪華克看到此情此景，激發他呼籲前東德的天主教徒，起來救助先前同時在共產主義下受苦受難的前蘇聯人民。因為，貧窮的前東德有富裕的西德支持，但蘇聯自1991年解體以後，人民窮苦至極，求助無門。於是，挪華克出來大聲疾呼，祭出《聖經》金言：「要分擔重擔，這樣就是遵行基督的命令。」（加6:2）來激勵眾人。

翌年，挪華克在他的教區成立「東歐團隊行動協會」。主教一呼百諾，捐獻源源而來，教友、學生、社會人士，甚至幼稚園的小朋友都熱烈響應，雖然捐出的錢數目不多。從此出發，漸漸獲得熱心的人士響應，基金漸多；同時，也獲得許多救助的物資，如衣服、藥品、電腦等等。

這個「東歐團隊行動協會」主要的工作重點是：

- 支持貧困、殘障、孤兒、小孩子多的貧戶。
- 支持在貧民當中工作的義工團體。
- 支持東正教設立的莫斯科第一醫院的「姊妹會」。
- 支持莫斯科東正教聖提弘神學院。
- 人員支援東正教（個人和機關）的青少年和兒童的宗教教育。

該協會最感急迫需要的援助，就是神學教育，因為幾世紀以來的東正教的前蘇聯人民，被共產主義者統治七十年後，有80%人民變成無神論

者，他們與基督教的信仰傳統割裂；他們的教堂被徹底的毀壞。教會重建的工作，正在進行，但是東正教本身在人員方面無法應付這項需求。因為該教係以儀式崇拜為傳統，現在一般東歐人實在不知道祭司行使的儀式的宗教意義；年輕祭司們的神學知識也是相當有限。現在，東正教掙扎著要建構的，就是新形態的神學教育機制。該協會在這方面的協助，已經獲得東正教方面的肯定。

該會除了上面的經濟和人員的實際幫助以外，意義深長的開設：

一、莫斯科設的「軍人的媽媽委員會」，專門關懷當兵的孩子們的人權，揭發俄國軍隊非人性的對待軍人。因為這一協會對於該國人權促進極有貢獻，而獲得諾貝爾和平獎。

二、「國際啟蒙、人權和社會關懷史協會」。宗旨是呈現並保留專制的，共產主義的真面目，以為歷史的鑑戒。

三、檔案室，以供研究。為的是幫助那些政治受難者的家屬，獲得國家賠償或洗刷罪名。

這三項協助，極具精神上、歷史的價值，值得我國救濟團體的領導人，和熱心的義工參考。

同溺相拯，可乎？

救濟援助的道理是：有錢出錢，有力出力來拖拉貧弱，使之自立。是的，這是最理想的情況。假如大家都缺錢乏力，那就一起坐以待斃囉？真的如此，也是無可奈何的事！不過，人世間要窮得這麼平均也頗不容易，所以共患難還是可能的，可以期待的吧？

要報導的，又是發生在前蘇聯的拉脫維亞地區，現在已經是獨立國拉脫維亞的里加市。在這美麗的市中央有基督教的社會服務中心，她主要的服務項目是供應數千份日食給飢餓的人和流浪街頭的兒童。

里加市的鬧區，有的是義大利流行衣飾的專櫃，法國酒吧；街上美麗又大膽的辣妹，手機附耳，邊逛櫥窗，邊談戀愛；大學生來往，單肩掛著西歐新款的小背囊；高級的咖啡廳和酒吧，出入的是新發財的生意人。無疑的，里加是觀光的美麗小城市，她保留著西歐被轟炸掉了的美麗建築物，哥德風格的聖彼得大教堂就是她的地標。

但是，從里加市往外走的話，開車不出五分鐘，就到杜加婭河這一邊。這裡您會看到一座破舊，廢棄已久的，看來隨時會崩塌的工場。這裡每星期要免費「招待」二千九百份簡單的食物；每日有四百人湧進這個廢工場來享用一份免費的「熱湯」。這些人月領的退休金只有新臺幣四百三十元左右而已，物資昂貴有如西歐國家。實在太窮了，時時掙扎在飢餓深淵裡。

那麼，是誰來養活這群窮苦人呢？主要的人員是來自立陶宛的基督教社會服務中心屬下的四位義工，她們都是退休人員。拉脫維亞本國的基督徒婦女也起而響應，雖然她們也是一貧如洗，為了這地區的貧民組織化地募集食物和舊衣服。

此外，教會社會服務中心也發動醫療服務。在里加市區改革宗耶穌教會開放場所做為診療室，有五位醫師、三位護士來做義診。市民全家每月平均收入不超過新臺幣四千二百元，這是看不起病的。

行善的熱情是會傳導，該服務中心在里加市，租用破舊房屋，加以整修來收容流浪的街童。本地滿有愛心的婦心的婦女出來修整破屋，照顧流浪兒；現在已經收容了二十個四歲到十三歲的兒童。

上面介紹的，不過是該社會服務中心二十三個事工中的小部分。這些工作令人感動萬分，因為是窮人忘記自己的貧窮，站出來幫助窮人！結果，獲得各界的共鳴，德國福音教會社會服務工作單位，也為之發動募捐。用「東歐的希望」這個名義，自1994年至2000年，已經募得九百七十

萬馬克（約新臺幣一千三百五十八萬元）的善款來救助他們 —— 募捐技術，大大不如臺灣那些功德會的小組員！

　　拉脫維亞政府還沒有足夠的能力來照顧她的窮苦百姓，仍需依賴外面來的援助，但艱苦中的人民也發揮同舟共濟的精神。他們雖然沒有錢，但都願意出力來彼此扶持，同渡苦海。

7.

餘影：灰燼中的火種

歐洲處處有教堂，有的是基督宗教無數的大小教堂，其間偶爾可能碰見門禁森嚴的猶太教會堂，以及堂貌頗為謙遜的新建清真寺。這三個宗教目前的情況是興衰互見：猶太教，不堪新納粹的威脅，能走的教徒也差不多轉進美國去了。伊斯蘭教，二代以前來西歐做傭工的穆斯林後裔，大多定居了下來，人口增加快速，穆斯林傳統文化鞏固，教勢日強。至於基督宗教，尤其是新教，信徒數急速下降，教勢衰弱，正在發憤圖強。

　　令人好奇的是，為什麼一般歐洲基督宗教教勢急速衰退？基督宗教面對這種實況，有什麼因應辦法？這是個複雜的大問題，也是由來已久的事實。早在馬丁‧路德的世代，教勢就開始走下坡了，只是二次世界大戰後，江河日下，萎縮速度快得非常嚇人。為什麼會？論者意見紛紛，說是：

- 世俗化的影響 —— 人可以依靠科學來拯救自己，無須依賴宗教。
- 人的意識膨脹 —— 人意大，神權少，道德敗壞，罪惡氾濫，宗教無能為力。
- 無神思想中毒 —— 沒有上帝、靈魂，談靈性精神成為迷信可恥。
- 基督宗教老化 —— 教義僵化，儀禮呆滯，講道鮮有說服力、感動力。
- 神學畫地自限 —— 無法回答科學、醫學發展後，帶來的信仰和倫理的問題。
- 牧師養成困難 —— 神學教育和教會脫節，多數牧師沒有發展教會的能力。

　　一籮筐大原因，真是公說公有理，婆說婆有理！

　　然而仔細一看，歐洲基督宗教一片蕭條的現況下，仍然有某些宗派的教會欣欣向榮！最顯著的是，靈恩派教會，以及部分「自由教會」—— 不

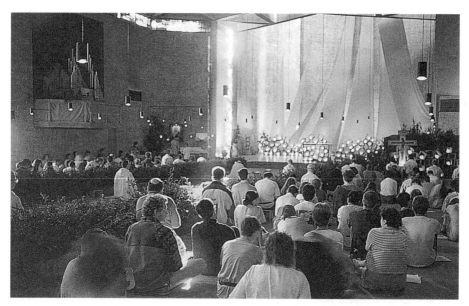

圖100：泰哲的聚會。泰哲修道團成立於1940年，創設宗旨是要救援被納粹迫害的猶太人；戰後成為超宗派的靈修團。其聚會方式相當活潑，深得年輕人的喜愛。

是教義自由，或道德離經，而是不被德國政府代徵宗教稅，不結盟傳統基督宗教的宗派，例如，浸信會、衛理公會；教友大部分是那些不滿傳統教會而跳槽的人士。此外，在主流教派疲軟的教會中，可以發現許多活躍的團契，他們各有宗旨，幾乎都以追求清新的靈性做為聚會的目標，例如，地方教會的泰哲靈修團契*；新形態的朝聖活動；查經祈禱小組，等等數不完的小團小組活動。他們給衰老的歐洲基督教會注入新血，激發生存的意志，活出新的宗教生命。

當然，歐洲基督宗教當局和領導人，

泰哲靈修團契

採用「泰哲修道團」的詩歌、儀式、祈禱文或讀經的方式來做靈修的地方教會裡的團契。這種靈修方式，贏得許多追求基督教信仰的人的喜愛，特別是青年人。

靜默運動

這是基督新教的「避靜」靈修。芬蘭路德宗發起的退修運動。因應許多「過勞」的教職人員和平信徒，需要在心靈上得到安息而構想的。他們利用芬蘭全國的休閒小屋，供需要的人，做一天至十天之久的「避靜」。避靜者晨昏在一起祈禱；然後，各人分開來守靜，只能讀《聖經》和祈禱，不能有其他的工作或計畫。需要的話，每日有一個小時和教牧人員談論問題。此一運動，深得各界好評，為許多政治人物、經理、宗教人、基督徒所愛。

靈恩運動

這說的是德國福音教會，地方個別教會的「教友靈性更新運動」。這群信徒相信《聖經》應許的聖靈的恩賜。於是，組織祈禱小組，開始祈禱，祈求聖靈賜給各種的恩賜，例如，趕鬼、治病、心理協談等等。這無關一般的「靈恩派」教會。

也清楚意識到問題的嚴重性。像天主教就大聲疾呼：「歐洲基督教再復興」，努力地做「再基督教化」歐洲的運動。其實，歐洲並沒有真正「基督教化」過。所以造成這種印象，乃是政治權力裁製的基督宗教大衣，真正穿著的是個小孩！從信仰的立場而言，羅馬帝國將基督教做為國教，並不等於基督教化歐洲；政權轄制下的洗禮奉教，有幾個是真正信仰耶穌基督的？這種但數人頭，而缺乏基督靈性的「國家宗教」，面對世俗化、無神論、唯物主義、相對主義、共產黨、納粹黨，以及普遍又強烈的個人主義的滲透、影響和挑戰，應聲投降是必然的——沒有解體，是大神蹟！

不過，歐洲教會當局和領導階層，總是反應遲鈍，推動教會發展顯得顢頇無能——比較喜歡開大會，空想計畫。君不見，地方教會早已經紛紛推出一波波復興運動：芬蘭有「靜默運動」*；德國有「靈恩運動」*；英格蘭有「希望之橋」*，有「福音和文化」* 運動；俄國有「教會重建運動」；東歐東正教的「反外來商品化基督教」* 運動。很好，歐洲基督教的地方教會有無數「運動」，隨時隨地都在「運動」，都在彼此觀摩學習靈性生活和教會發展。

反外來商品化基督教

這是俄國東正教會，在前蘇聯解體，政治自由化以後，面對一批批來自美國，五光十色的宣教活動，所做的反應。主要的態度是：一、反對美國財大氣粗的宣教方式，信徒不必分擔任何經費，就可坐享現成的，方便的各種設施。這會誤導貧困地區的求道者；這種做法對於教會長遠的發展，非常有害。二、主張俄國人留給俄國人自己來傳教。東正教認為這些無神論者，無須美國人來傳教；這裡是東正教的教區。

希望之橋

是地方教會之間，交換推動教會發展的經驗。那是市對市，工業區對工業區裡的教友和牧師，組團互相觀摩，鼓勵發展教會的活動。這種運動由英格蘭教會發起，現在也被瑞典、芬蘭、德國一些教會採用。

可用什麼來譬喻現代歐洲基督宗教的現況呢？……好像那燒柴草時代，一個驚醒過來的媽媽。她匆匆起床，快快走進廚房，往大灶撥弄著內裡的灰燼。小小火種挑了出來，掩上幾根乾草，用吹管吹著吹著……烏煙燻眼，淚水不禁……火星爆爆爆，再加些柴枝……熱騰騰的早餐啊！一家大小醒來的時候。

耶穌說：「……在這磐石上，我要建立我的教會，甚至死亡的權勢也不能勝過她！」(太16:18)

阿們，誠心所願！

福音和文化

這運動是由英國聖公會主教紐必真(-1990?)所發起的。主要是眼見當代英國教會對於所謂「多元真理」的主張過分妥協，以至於失掉基督教傳統所見證，所持守的福音的根本立場。於是，他和一群志同道合的人士，提出「福音為公眾的真理」——教會要把「福音」講清楚，說明白，指出福音已經是英國社會眾所周知的真理。

譯名對照表

譯名後的號碼，係指原文首次出現在本書的「章節」。

3劃

大利烏一世, 3—2	Darius I, 522—486 BC
大葛利果, 2—1	Gregory, Pope the Great, 540—604
大衛, 5—1	David, c 1000 BC
小亞細亞, 2—2	Asia Minor

4劃

丹尼斯, 聖, 3—1	Denis, St.
友妮基, 6—2	Eunice
夫拉維亞革利免, 2—2	Flavia Clemens
孔古魯, 1—2	Cogul
巴布, 1—1	Bab
巴西, 6—1	Brazil
巴西利卡, 3—1	Basilica
巴西流, 聖, 2—2	Basil, St., 330—379
巴杜勒, 1—2	Partula
巴拉馬漢莎, 1—1	Paramahansa, Ramakrishna, 1834—1886
巴哈, 3—1	Bach, Johann Sebastian, 1685—1750
巴哈巫拉, 1—1	Baha Ullah
巴格達, 2—3	Baghdad
巴特隆, 5—2	Padron
巴爾他裟, 5—2	Balthasar
巴爾幹, 2—3	Balkan
巴騷, 3—3	Passau
日內瓦, 4—2	Geneva
比巴加連達, 1—1	Vivekananda, Swami, 1862—1902
比薩, 3—1	Pisa

5劃

以利沙, 6—1	Eleazar

尼可拉斯, 聖, 4—2	Nicholas, St.
尼布甲尼撒, 2—1	Nebucadnezar II, 604—562 BC
尼華斯, 5—2	Nevers
尼歐, 1—2	Niaux
尼祿皇帝, 1—2	Nero Claudius Caesar, 37—68; 54—68在位
左勒阿斯特, 1—1	Zoroaster, 628—551BC
布因特美斯克, 1—2	Puente Viesgo
布克哈特, 6—3	Johannes Burckhard
布克斯佛得, 3—3	Buxtehude, Dietrich, 1637—1707
布拉卡特, 1—2	Placard
布拉格, 2—2	Prague
布拉姆斯, 3—3	Brahms, Johannes, 1833—1897
布射爾, 3—3	Purcell, Henry, 1659—1696
布特布斯鎮, 3—4	Putbus
布勞瑙, 1—1	Braunau am Inn
布斯, 6—3	Booth, William
布萊哲, 聖, 3—3	Blaise, St., ?— c. 316
布蘭登堡, 2—3	Brandenburg
布蘭斯韋克, 6—2	Braunschweig
本丟彼拉多, 2—2	Pontius Pilatus, 23—36在任
瓦特堡, 5—2	Wartburg
甘地, 1—1	Gandhi, Mahatma, 1869—1948
示羅, 5—1	Shiloh
立翁隨安克, 1—2	Ribemont-sur Ancre

6劃

伊布里斯, 5—3	Iblis
伊特魯里亞人, 1—2	Etruscans
伊曼, 4—3	Imam
伊曼阿里李查, 5—3	Imam Ali Reza
匈牙利, 5—2	Hungary
多米田奴斯, 1—2	Domitianus, Titus Flavius, 51—96
多利都, 2—1	Toledo
安古拉麥友, 1—1	Angra Mainyu
安市, 3—4	Arnstadt

安東尼, 1—2	Antony, Mark, 83?—30 BC
安波羅修, 聖, 4—2	Ambrose, St., 340—397
安提帕王, 2—2	Antipas, 4BC—AD39
安提阿哥四世, 4—1	Antiochus Epiphanes IV, 176—164在位
安斯嘉, 2—2	Ansgar, 672—754
朱利安, 1—2	Julius, Caesar 100—44 BC
朱彼特, 1—2	Jupiter
百基拉, 6—2	Priscilla
米利安, 6—2	Miriam
米勒, 2—2	Miller, William, 1781—1849
米開朗基羅, 3—1	Michelangelo Buonarroti, 1475—1564
米蘭, 3—1	Milan
艾西斯, 1—2	Isis
衣索匹亞, 6—1	Ethiopia
西里伯曼, 3—3	Silbermann, Gottfried, 1683—1753
西亞, 6—1	Western Asia
西奈山, 5—1	Mt. Sinai
西門斯, 2—2	Simons, Menno, 1496—1561
西斯汀教堂, 3—1	Sistine Chapel
伊里亞德, 1—2	Iliad

7劃

亨利一世, 2—1	Henry I, 1100—1135在位
亨利四世, 2—1	Henry IV, 1056—1106
佛羅倫斯, 3—1	Florence
伯特利, 5—1	Bethel
伯羅奔尼撒, 2—2	Peloponnese
余尼, 2—2	Unni, 917—936
余圖曼, 2—3	Uthman ibn Affan, 655—656在位
克里特, 1—2	Crete
克里瑪里地, 1—2	Grimaldi
克倫威爾, 2—1	Cromwell, Oliver
克羅威克一世, 2—2	Chlodwig I, 466—511
克羅埃西亞, 2—3	Croatia
克羅斯, 6—2	Cross, Donna Woolfolk

8劃

9劃

馬克米里安, 2—2	Maximilianus, ?—310; 386—305在位
馬利亞, 6—2	Mary
馬媧, 5—3	Marwa
馬德堡, 6—3	Magdeburg
馬賽, 2—1	Marseille
馬塞留斯, 1—2	Marcellus, Marcus Claudius, 268—208
郜尼娜, 1—2	Cunina
哥多華, 2—1	Cordoba
荀堡, 3—2	Schoernburg

11劃

曼茵兹, 2—1	Mainz
堅納斯, 1—2	Janus
康伯斯特拉, 3—1	Santiago de Compostela
康得, 4—2	Conde
掃羅, 2—2	Saul, ?—64
敘利亞, 2—2	Syria
敘利亞塞流斯, 5—1	Seleucids of Syria, the
梭美呂斯, 5—2	Soubirous, Bernadette, 1844—1879
梅理究, 5—2	Melchior,
梅湘, 3—3	Messiaen, Olivier, 1908—1992
理吉紐, 2—2	Licinius, ?—325
莎克蒂, 1—1	Shakti
莎法, 5—3	Safa
莫札特, 3—1	Mozart, Wolfgang Amadeus, 1756—1791
莫垢里, 1—2	Mercury
莉雅, 1—2	Rhea
荷馬, 1—2	Homer, 700?
麥加, 4—3	Mecca
麥西得, 5—3	Meshed
麥拉, 4—2	Myra
麥拉尼可拉斯, 4—2	Nicholas of Myra
麥雅, 1—2	Maia
畢勒菲特, 6—3	Bielefeld
莫色河, 2—1	Mosel

參考書目

一、辭書和經典

Barrett D. B. ed., *World Christian Encyclopedia*. Oxford University Press, 1982.

Buttrick, G. A. ed. *The Interpreter's Dictionary of the Bible: All Illustrated Encyclopedia*. Nashville: Abingdon, 1962.

Lexikon-Redaktion. *dtv Lexikon in 20 Bänden*. Mannheim: F. A. Brockhaus GmbH, 1990.

Metzler, P. *Statistisches Jahrbuch*. 1999.

Parrinder, G. ed. *A Dictionary of Non-Christian Religions*. London: Hulton Education Ltd., 1971.

The New Encyclopedia Britannica. (15th Ed.), Chicago, 1955.

小口偉一等編，《宗教學辭典》，東京：東京大學出版會，1974。

芮逸夫主編，《人類學》（「王雲五社會科學大辭典」第十冊），臺北：臺灣商務，1975。

《可蘭經》，馬堅譯，北京：中國社會科學出版社，1981。

《聖經》（新標點和合本），香港：香港聖經公會，1996。

《聖經》（現代中文譯本），香港：香港聖經公會，1982。

二、書籍

Azzam, H. *Der Islam*. Stuttgart: Poller, 1981.

Beuys, B., *Heimat und Hölle: Jüdisches Leben in Europa durch zwei Jahrtausende*. Rowohlt Verlag, 1996.

Bleeker, C. J. & Widengren, G. ed. *Historia Religionum: Handbook for the History of Religions*. (I Religions of the Past), Leiden: E. J. Brill, 1969.

—— *Historia Religionum: Handbook for the History of Religions*. (II Religions of the Present), Leiden: E. J. Brill, 1971.

Brendler, G. et al. *Geschichte und Gestalt: Stätten und Zeugnisse christlichen Wirkens*. Berlin: Union Verlag, 1989.

Brierley, P. ed., "The Proportion of Each Denomination by Continent in 1995." *Religious Trends 1998-99*, (No. 1). London: Christian Research, 1997.

Bryant, W.N., *European History: The European World 312-1494*. London: Thomas Nelson & Son Ltd., 1969.

Cachman, G. F. *Jewish Days and Holidays*. New York: SBS Publishing Co., 1979.

Chadwick, O. *A History of Christianity*. London: Phoenix Illustrated, 1995.

Cohn-Sherbok, D.《猶太教的世界》(*Judaism*)，傅湘雯譯，臺北：貓頭鷹出版社，1999。

Duchet-Suchaux, G.《希伯來人》(*Les Hébreux*)，黃天海譯，臺北：三民書局，1998。

Elias, J. J.《伊斯蘭教的世界》(*Islam*)，盧瑞珠譯，臺北：貓頭鷹出版社，1999。

Europäische Kommission ed. *Wie funktioniert die Europäische Union*. (2nd Ed.), Authors., 1997.

Esposito, J. L. *Islam: The Straight Path*. Oxford: Oxford University Press, 1991.

Feld, E. *The Spirit of Renewal: Finding Faith after the Holocaust*. Vermont: Jewish Lights Pub., 1994.

Foster, J. *Beginning from Jerusalem: Christian Expansion through Seventeen Centuries*. London: United Society for Christian Literature, 1956.

Grout, D. J. *A History of Western Music*. London: J M Dent & Sons Ltd., 1980.

Grunfeld, D. I. *The Sabbath: A Guide to Its Understanding and Observation*. Jerusalem: Feldheim Publishers, 1988.

Hamman, A. *Die Ersten Christen*. Stuttgart: Philipp Reclam, 1985.

Hertzberg, A. *A Judaism*. New York: Washington Square Press Book, 1963.

Jones, P. & Pennick, N. *A History of Pagan Europe*. London and New York: Routledge, 1995.

Keeley, R. *Eerdmans' Handbook to Christian Belief*. Michigan: Eerdmans Pub.

Co., 1982.

Le Goff, J. *Medieval Civilization*. tr. Barrow, J. Oxford: Blackwell, 1988.

Lewis, F. *Europe: Road to Unity*. New York: A Touchstone Book, 1992.

Lion Publishing Co. ed., *The World's Religions*. Herts, 1982.

Lippman, T. W.《伊斯蘭與穆斯林世界》(*Understanding Islam: An Introduction to the Moslem World*)，陸文岳等譯，北京：新華出版社，1985.

McManners, J. ed., *The Oxford Illustrated History of Christianity*. Oxford: Oxford University Press, 1990.

Neusner, J. *An Introduction to Judaism: A Textbook & Reader*. Kentucky: Westminster & John Knox Press, 1992.

Nonneman, G. N. & Tim, S. B. *Muslim Communities in the New Europe*. Berkshire: Gernet Pub. Ltd., 1996.

Noss, J. B. & Noss, D. S. *Man's Religions* (7th Ed.). New York: MacMillan Pub. Co., 1984.

Nouwen, H. J. M. *Behold the Beauty of the Lord: Praying with Icons*. Notre Dame: AVE Maria Press, 1987.

Ouspensky, L. *Theology of the Icon* (Vol. I). tr. Anthony G. New York: St. Vladimir's Seminary Press, 1992.

Parrinder, G. *World Religions: from Ancient History to the Present*. New York: Facts on File Publications, 1984.

Pilkingdon, C. M. *Judaism*. Berkshire: Teach Yourself Books, 1995.

Schertler, O. *Die Kelten und ihre Vorfahren*. Verlag Battenberg, 1998.

Simpson, W.W. *Jewish Prayer and Worship: an Introduction for Christians*. London: SCM Press, 1965.

Southern, R. E. *Western Society and the Church in the Middle Age* (Reprinted). Harmondsworth: Penguin Books, 1985.

Sperna-Weiland, J. *Antworten: Ein Vergleich der großen Weltreligionen in Wort und Bild*. Lahr: Benzinger Verlag, 1977.

Steinwachs, A. & Pietsch, J. M. *Die Stadtkirche der Lutherstadt Wittenberg*. Spröda: Edition Akanthus, 2000.

Stemberger, G. *2000 Jahre Christentum*. Erlangen: Karl Müller Verlag, 1994.

Steves R. & Poenshaw, G. 《遊歐洲看文化》(*History and Art for Traveler*), 冷杉譯,臺北:宏觀文化,1994。

van Gennep, A. *The Rites of Passage*. Chicago: The University of Chicago Press, 1969.

Walker, W. A *History of Christian Church* (Rev. Ed.). New York: Charles Scribner's Sons, 1959.《基督教會史》,謝受靈等譯,香港:基督教文藝,1992。

Wilson, B.《基督教的世界》(*Christianity*),傅湘雯譯,臺北:貓頭鷹出版社,1999。

Winzer, F.《歐洲文化史:自古代至今日(上、下冊)》(*Kulturgeschichte Europas: von der Antike bis zur Gegenwart*),辛達謨譯,臺北:國立編譯館,1995。

于可主編,《當代基督新教》,北京:東方出版社,1993。

李薰楓著,《歐洲地理》,臺北:大中國圖書公司,1981。

三、小冊、刊物、圖冊

Benesch, K. *Santiago de Compostela: Die Pilgerwege zum Jakobsgrab*. Freiburg: Herder, 2000.

Birnstein, U. et al. ed. *Our Church: Reports, Illustrations and Pictures of the Nordelbien Evangelical Lutheran Church*. By the Church, 1991.

Briefe aus Taizé. (Nr. 1, 4, 5), 1996.

Clotz, P. M. *Pilgerwege*. Evangelischen Kirchen in Hessen und Nassau, 1996.

Diakonie Report: Das Magazin der Diakonie. (Nr. 1, 3, 6), 2000.

Diakonische Konferenz Cottbus. *Rechenschaftsbericht 2000 des Diakonischen Werkes der Evangelischen Kirche in Deutschland*.

Domke, P. *Synagogues in Berlin*. Berlin: Kai Homilius Verlag, 1996.

Dowley, T. *Handbuch die Geschichte des Christentums*. Wuppertal: Brockhaus Verlag, 1979.

Duroselle, J.-B. *Europa: Eine Geschichte seiner Völker*. Gütersloh/ München: Chronik Verlag, 2000.

Eckert et al. *Bildwerk zur Kirchengeschichte*. (I, IV, VI.), Lahr: Christophorusverlag.

Ekroll, Ø. et al. ed. *Nidaros Cathedral and the Archbishop's Palace*. Trondheim: the Cathedral, 1995.

Freise, R. et al. ed. *Church in Germany*. Bosch Druck, 1987.

Harksen, S. *The Palace Church of Wittenburg*. Regensburg: Verlag Schnell & Stein, 1910.

Hlobil, I. *The Cathedral of St. Vitus*. tr. Gotheinerova, T., London: OPIS, 1997.

Lehni, R. *Strasbourg Cathedral*. Printed by the Cathedral,

Marton, P. *Rom: im Spiegel der Jahrhunderte*. Wien und München: Verlag Anton Schroll & Co., 1983.

Menzhausen, D. *Dresden: Der Rundgang durch die Stadt*. München: Lipp Verlag, 1992.

Mosonyi, C. ed. *Budapest Matthias Church*.

Opitz-Chen, B. "Pilgern: Wiederbeteiligung an einer uralten religiösen Tradition", *Darum*. (Nr. 1, Jan.), 1997.

Religion betrifft uns: Begegnungen der Weltreligionen.(Unterrichtsmaterialien) Aachen: Verlag Bergmoser und Höller, 1994.

Reuter, F. *Jewish Worms: Rashi House and Judengasse*. Worms: Rheinische Druckerei GmbH, 1991.

Rhymer, J. *The Illustrated Life of Jesus Christ*. New York: Grove Weidenfeld, 1991.

Schlafke, J. *The Cathedral of Cologne*. Graz: Bonechi Verlag Styria, 1984.

Schütz, F. *Juden in Mainz*. (Katalog zur Ausstellung der Stadt Mainz), 1978.

Seifert, S. *Weimar: A Guide to a European City of Culture*. Leipzig: Edition Leipzig, 1994.

Sympathie, M. *Judentum verstehen*. (Nr. 38), 1997.

Zingel, M. *Jüdischer Glaube Jüdisches Leben*. Mainz: Am Dom, 1998.

圖片出處說明

Albert, R. *Die Neue Moschee in Mannheim: Ihre Einrichtung und Ihre Ziele.* Mannheim: die Moschee, 1995.
圖33

Bakken, A. *Pilgrimage: Past and Present.* Nidaros Cathedral.
圖87

Brendler, G. et al. *Geschichte und Gestalt: Stätten und Zeugnisse christlichen Wirkens.* Berlin: Union Verlag, 1989.
圖34, 36, 39, 45, 50, 58, 64, 75

Chadwick, O. *A History of Christianity.* London: Phoenix Illustrated, 1995.
圖28, 44, 56, 63, 65, 96

陳主顯拍攝
圖21, 27, 46, 48, 49, 51, 74, 93

Darum. （Nr. 1, Jan.）, 1997.
圖86

Dogru, R. *Das Salah, Das Rituelle Gebet.*
圖78

Eckert, W. P. et al. ed. *Bildwerk zur Kirchengeschichte.* Band 1. Freiburg: Christophorus-Verlag, 1986.
圖6, 7, 11, 14, 16, 17, 26, 31, 40, 43, 47, 53, 57, 92

Folberg, N. *Historische Synagogen.* Frankfurt am Main: Zweitausendeins. 1996.
圖9, 10

Granada Cathedral （幻燈片組）
圖55

Grubb, N. *The Life of Christ in Art.* New York: Abbeville Publishing Group, 1996.
圖60, 61, 73, 76, 91

Kochav, S. *Israel: Das Heilige Land*. Erlanger: Karl Mueller Verlag, 1995.
圖 8, 32, 72, 79

Luise, M. et al. *Botschaft der Bilder: Christliche Kunst sehen und verstehen lernen am Beispiel von 9 Farbtafeln und 9 Dias*. Lahr: Verlag Ernst Kaufmann, 1990.
圖 66

Marton, P. *Rom: im Spiegel der Jahrhunderte*. Wien und München: Verlag Anton Schroll & Co., 1983.
圖 12, 15, 18, 20

McManners, J. ed., *The Oxford Illustrated History of Christianity*. Oxford: Oxford University Press, 1990.
圖 13, 24, 25, 29, 30, 54, 59, 62, 67, 68, 81

Menzhausen, D. *Dresden: Der Rundgang durch die Stadt*. München: Lipp Verlag, 1992.
圖 71

Ouspensky, L. *Theology of the Icon* （Vol. I）. tr. Anthony G. New York: St. Vladimir's Seminary Press, 1992.
圖 69

Parrinder, G. *World Religions: from Ancient History to the Present*. New York: Facts on File Publications, 1984.
圖 1, 2, 3, 4, 5

Schlafke, J. *The Cathedral of Cologne*. Graz: Bonechi Verlag Styria, 1984.
圖 37, 38, 52, 83

Sperna-Weiland, J. *Antworten: Ein Vergleich der großen Weltreligionen in Wort und Bild*. Zurich etc.: Benziger Verlag, 1977.
圖 41, 77, 80, 88, 90

Steinwachs, A. & Pietsch, J. M. *Die Stadtkirche der Lutherstadt Wittenberg*. Spröda: Edition Akanthus, 2000.
圖 97

Sympathie, *Sympathie Magazin*. Nr. 38（1997）.
圖 94

© Andes Press Agency
圖 84, 85, 95, 99, 100

© Archivi Alinari
圖 35

© Jean Dieuzaide
圖 23

© Klaus G. Beyer
圖 42

© A.F. Kersting
圖 82, 89

© David King Collection
圖 70

© Zbigniew Kosc
圖 22

© Scala
圖 19

© Weidenfeld Archives, London
圖 98

人類文明小百科

希伯來人

Gaston Duchet-Suchaux　著

黃天海　譯

一個神祕的召喚:「你要離開你的故鄉……」
　　於是亞伯拉罕來到迦南。
一個堅定的聲音:「舉起你的杖,向海伸去……」
　　於是摩西渡過紅海。
一個希望的訊息:「我必領你們返回你們被擄來的地方……」
　　於是流亡的人重返錫安。
　　希伯來人—— 一個與神立約的民族,
　　《聖經》—— 一個與神立約的銘記,
　　　關於他們的故事,
　　　盡在本書。

本系列其他著作陸續出版中，敬請期待！

歐洲建築的眼波　　　　　林秀姿 著

究竟是什麼樣的人們，經歷什麼樣的歷史，
讓希臘和羅馬建築的靈魂總是環繞不去？
讓教堂成為上帝在歐洲的表演舞臺？
讓艾菲爾鐵塔成為鋼鐵世紀的通天塔？
讓現代主義的國際風格過關斬將風行世界？
讓後現代建築語彙一再重組走入電腦空間？

邁向「歐洲聯盟」之路　　　　張福昌 著

面對二次大戰後百廢待舉的歐洲，自1950年舒曼計畫開始透過協調和平的方法，
推動統合的構想——從〈巴黎條約〉到〈阿姆斯特丹條約〉、從經濟合作到政治
軍事合作、從民族國家所標榜的「國家利益」到歐洲統合運動所追求的「共同歐
洲利益」，逐步打造一個保障和平共存、凝聚發展力量的共同體。隨著1992年
「歐洲聯盟」的建立，以及1999年歐元的問世，一個足與美國、日本抗衡的第三
勢力已經形成……

奧林帕斯的回響——歐洲音樂史話　　陳希茹 著

音樂是抽象的，嘗試從音符來還原作曲家想法的路也不只一條。本書從探索音樂
的起源、回溯古希臘、羅馬開始，歷經中古時期、文藝復興、17、18、19世紀，
以至20世紀，擷取各時期最重要的樂曲風格與作曲技巧，以一種大歷史的音樂觀
將其串接起來；並從歷史背景與社會文化的觀點，描繪每個時代的音樂特質以及
時代與時代之間的因果關聯；試圖傳遞給讀者每個音樂時期一些具體，或至少是
可以捉摸的「感覺」與「想像」。

信仰的長河——歐洲宗教溯源　　　王貞文 著

基督教這條「信仰的長河」由巴勒斯坦注入歐洲，與原始的歐洲文化對遇，融鑄
出一個基督教文明。本書以批判的角度，剖析教會與世俗政權角力的故事；以同
情的態度，描述相互對抗陣營的歷史宿命；以寬容的心，談論基督教與其他宗
教、文化的對遇。除了「創造歷史」的重要人物，本書也特別注意一些邊緣、基
進的信仰團體與個
人，介紹他們的理想
與現實處境的緊張關
係，讓讀者有機會站
在歷史脈絡中，深入
他們的宗教心靈。

欧洲系列

閱讀歐洲版畫
劉興華 著

歐洲版畫濫觴於14、15世紀之交個人式禱告圖像的需求，帶著「複製」的性格，版畫扮演傳播訊息的角色——在宗教改革的年代，助益新教觀念的流佈；在拿破崙時代，鞏固王朝的意識型態，直到19世紀隨著攝影的出現，擺脫複製及量產的路線，演變成純藝術部門的一支。且一起走過歐洲版畫這六百年來由單純複製產品走向精美工藝結晶的變遷。

閒窺石鏡清我——歐洲雕塑的故事
袁藝軒 著

歐洲雕塑的發展並非自成一個封閉的體系，而是在不斷「吸收、反饋、再吸收」的過程中，締造今日寬廣豐盛的面貌。本書以歷史文化的發展為大脈絡，自史前時代的小型動物雕刻，直到第二次世界大戰結束前的現代藝術，闡述在歐洲這塊土地上，雕刻藝術在各個時期所發展出各種不同的風貌，以及在不同時空下所面臨的課題與出路，藉此勾勒出藝術家在這過程中所扮演的角色。

恣彩歐洲繪畫
吳介祥 著

從類似巫術與魔法的原始洞穴壁畫、宗教動機的中古虔敬創作、洋溢創作熱情的文藝復興、浪漫時期壓抑與發洩的表現性創作、乃至現代遊戲性與發明式的創作，繪畫風格的演變，反映歐洲政治、社會及宗教對創作的影響，也呈現出一般的社會性、人性及審美價值。本書從歷史的連貫性與不連貫性來看繪畫，著重繪畫風格傳承的關係，並關注藝術家個人的性情遭遇、對時代的感懷。

歐洲宗教剪影——背景‧教堂‧儀禮‧信仰
Bettina Opitz-Chen 陳主顯 著

為了回應上帝向他們顯現而活出的「猶太教」、以信仰耶穌為救世的彌賽亞而誕生的「基督教」、原意是順服真主阿拉旨意的「伊斯蘭教」——這三大萌生於小亞細亞的宗教，在不同時期登陸歐洲，當時的歐洲並不是理想的宗教田野，看不出歐洲心靈有容受異教的興趣和餘地。然而，奇蹟竟然發生了……

樂迷賞樂——歐洲古典到近代音樂
張筱雲 著

音樂反映時代，而作曲家—詮釋者—愛樂者之間跨時空的對話，綿延音樂生命的流傳。本書以這三大主軸為架構，首先解說音樂欣賞的要素、樂曲的類別與形式，以及常見的絃樂器、管樂器、打擊樂器與電鳴樂器，以建立對音樂的基本認識。其次從巴洛克、古典、浪漫到近代，介紹音樂史上重要的作曲家及其作品，以預備聆賞音樂的背景情境。最後提示世界著名的交響樂團、指揮家、演奏家、聲樂家及歌劇院，以掌握熟悉音樂的路徑。

國家圖書館出版品預行編目資料

歐洲宗教剪影：背景・教堂・儀禮・信仰／陳主顯，
Bettina Opitz-Chen著.－－初版一刷.－－臺北市；
三民，民91
　　面；　　公分
參考書目：面
ISBN 957-14-3470-1　（平裝）

　　1.宗教-歐洲

209.4　　　　　　　　　　　　　　　　90015345

網路書店位址　http://www.sanmin.com.tw

© 歐洲宗教剪影
　　——背景・教堂・儀禮・信仰

著作人　陳主顯　Bettina Opitz-Chen
發行人　劉振強
著作財
產權人　三民書局股份有限公司
　　　　臺北市復興北路三八六號
發行所　三民書局股份有限公司
　　　　地址／臺北市復興北路三八六號
　　　　電話／二五〇〇六六〇〇
　　　　郵撥／〇〇〇九九九八——五號
印刷所　三民書局股份有限公司
門市部　復北店／臺北市復興北路三八六號
　　　　重南店／臺北市重慶南路一段六十一號
初版一刷　中華民國九十一年一月
編　號　S 74025
基本定價　陸元陸角
行政院新聞局登記證局版臺業字第〇二〇〇號

有著作權・不准侵害

ISBN　957-14-3470-1　（平裝）

歐洲

為了尋找國王的女兒歐蘿芭—*Europa*，
從小亞細亞跨越到希臘半島，
傳播了古東方文化，
也推動了西方文化的搖籃，
催生「歐洲」的名字—*Europe*。